세상을 움직이는 리더의 기도

세상을 움직이는 리더의 기도

지은이 | 라이언 스쿡, 피터 그리어, 캐머런 두리틀
옮긴이 | 정성묵
초판 발행 | 2024. 8. 14.
등록번호 | 제1988-000080호
등록된 곳 | 서울특별시 용산구 서빙고로65길 38
발행처 | 사단법인 두란노서원
영업부 | 02) 2078-3333 FAX | 080-749-3705
출판부 | 02) 2078-3330

책값은 뒤표지에 있습니다.
ISBN 978-89-531-4900-7 03230

독자의 의견을 기다립니다.
tpress@duranno.com   www.duranno.com

두란노서원은 바울 사도가 3차 전도 여행 때 에베소에서 성령 받은 제자들을 따로 세워 하나님의 말씀으로 양육
하던 장소입니다. 사도행전 19장 8-20절의 정신에 따라 첫째 목회자를 돕는 사역과 평신도를 훈련시키는 사역,
둘째 세계선교TM와 문서선교단행본·잡지 사역, 셋째 예수문화 및 경배와 찬양 사역, 그리고 가정·상담 사역 등을 감
당하고 있습니다. 1980년 12월 22일에 창립된 두란노서원은 주님 오실 때까지 이 사역들을 계속할 것입니다.

영적 거장들의
기도 습관에서 배우다

세상을 움직이는

리더의
기도

라이언 스쿡 ㅇ 피터 그리어 ㅇ 캐머런 두리틀 지음

정성묵 옮김

두란노

내가 아는 어떤 훌륭한 리더는 자신의 삶이 한 가지 생각으로 인해 바뀌었다고 말했다. "하나님은 더 이상 내가 기도 없이 노력하는 것을 원하지 않으신다." 이 책에는 자기 능력으로 감당하기 어려운 현실에서 자기 능력을 뛰어넘는 결과를 얻고자 하는 리더를 위한 현명하고 깊이 있고 실용적인 지혜가 담겨 있다. "주님, 제게 기도를 가르쳐 주세요"라고 기도해 본 적이 있다면, 이 책이 그 응답일 수 있다.

_ 존 오트버그, 비컴뉴(BecomeNew) 설립자, 《존 오트버그의 선택 훈련》 저자

리더십과 기도를 다루는 많은 책을 읽었지만 이 책은 특별하다. 활기찬 기도 문화를 만들고 있는, 기도하는 리더들에게 배우는 일은 이 시대에 꼭 필요하다. 당신이 인도하는 모든 팀과 함께 이 책을 읽어 보길 권한다.

_ 마크 배터슨, 내셔널커뮤니티교회 담임목사, 《하나님을 듣다》 저자

예수님을 믿는 사람들은 당연히 기도가 중요하다고 말한다. 하지만 삶의 빠른 속도, 힘든 결정 사항들, 지친 영혼의 상태 때문에, 마치 기도가 중요하지 않은 것처럼 살아가는 경우가 많다. 이 책은 기도가 정말 중요하다는 사실을 다시 일깨워 줄 뿐 아니라, 삶에서 지속적인 열매를 맺는 데 꼭 필요한 기도를 되찾아 앞으로 나아가는 데 도움을 준다. 하나님과 연결될 수 있는 자리로 들어가서 그 안에서 살며 리더십을 발휘하라는, 우리를 향한 부드럽고도 단호한 초대장이기도 하다.

_ **제이슨 미첼**, LCBC 교회 담임목사, 《쉬운 예수는 없다》 저자

리더십의 가장 위대한 도구인 기도 없이 리더가 되려는 것은 큰 실수다. 이 책은 어떤 조직의 리더이든 자신을 의지하고 자기 힘으로 성취하려는 태도를 버리고 하나님과의 역동적인 관계에 초점을 맞추라고 촉구한다. 우리는 똑똑한 리더로 인정받을 수도 있다. 비전 있는 리더로 인정받을 수도 있다. 하지만 기도하는 리더로 인정받는 것만큼 좋은 것은 없다. 이 책은 기도에 확고히 헌신해서 리더십을 발휘하고자 하는 모든 사람이 읽어야 한다.

_ **라이언 리크**, 라이언 리크 그룹(Ryan Leak Group) CEO

하나님이 일하시는 곳에 우리가 참여하지 않는다면, 영원한 가치가 있는 일은 이루어질 수 없고, 그러한 분별력은 기도를 통해 하나님과 깊이 연결될 때 생겨난다. 이 책은 여러분이 자신의 삶에서, 그리고 여러분이 인도하는 사람들의 삶에서 진정한 기도 문화를 조성하도록 영감을 줄 것이다. 모든 리더가 모델로 삼고 확산시켜야 할, 이보다 더 전략적인 훈련은 없다.

_ **산티아고 "지미" 멜라도**, 컴패션 대표 겸 CEO

Part 1
기도하는 리더로 변화되는
영적 습관

Part 2

하나님과 연결되어 세상을 바꾸는

기도 습관

Part 3

황폐한 땅을 치유하는

공동체 기도 습관

"목자들은 어리석어 여호와를 찾지 아니하므로

형통하지 못하며 그 모든 양 떼는 흩어졌도다"

_ 예레미야 10:21

서문

활동적 리더이신
예수님의 기도 습관

비즈니스 세계에 내가 좋아하는 격언이 있다. "리더는 맨 마지막에 먹는다." 리더는 자신보다 다른 사람을 우선시한다는 뜻이다. 우리 그리스도인들은 이 원칙을 '섬김의 리더십'이라 부른다. 물론 이런 리더십을 가장 분명하게 보여 준 리더가 바로 예수님이다.

우리가 예수님의 삶에서 볼 수 있는 중요한 리더십 원칙 또 하나가 있다. 그것은 바로 기도의 리더십이다. 예수님은 광야에서 40일간 기도에 집중하면서 사역을 시작하셨다. 그리고 성경 곳곳에서 예수님이 하나님 말씀에 순종하기 전에 언제나 먼저 기도의 장소를 찾으셨다는 내용을 볼 수 있다. 우리는 이 원칙을 "리더는 다른 일에 앞서서 '우선' 기도한다"라고 말할 수 있다.

누가복음의 한 구절이 생각난다. "예수는 물러가사 한적한 곳에서 기도하시니라"(눅 5:16). 헬라어 원문은 "예수님은 자주 물러나 기도하셨다"(NET), "예수님은 기도하기 위해 자주 사라지셨다"(NCV), "예수께서는 할 수 있는 한 자주 외딴 곳으로 물러나 기도하셨다"(메시지 성경)로 번역할 수도 있다.

예수님은 은둔자가 아니셨다. 예수님은 바쁘게 활동하신 리더였다. 하지만 기도할 시간을 의도적으로 많이 내셨다. "너무 바빠서 기도할 틈이 없다"라거나 "한적한 곳에 갈 시간이 없다"라고 말하는 리더들을 보면 안타깝기 그지없다. 어떻게 예수님이 가장 중요하다고 여기신 기도 없이도 얼마든지 살 수 있고 사람들을 이끌 수 있다고 생각하는 것일까?

예수님의 제자들이 랍비, 즉 스승의 아름다운 삶에 반해서 "기도하는 법을 가르쳐 주십시오"라고 요청한 것은 당연한 일이었다. 그들은 예수님을 가까이서 지켜본 뒤, 그분의 놀라운 '외적' 삶이 더 놀라운 기도하는 '내적' 삶에서 비롯됐다는 결론을 내린 것으로 보인다. 그들은 예수님이 기도하시기 위해 조용한 곳으로 자주 사라지신 후, 하나님 안에 있는 깊은 우물에서 지혜와 능력을 길어 올리고 사역의 방향을 잡는 것을 보았다. 그들도 예수님처럼 이 우물을 이용할 수 있기를 원했다.

지금도 예수님 아래서 가르침을 받는 모든 사람은 하나님 안에 있는 이 생명의 옛 우물을 이용할 수 있다.

《세상을 움직이는 리더의 기도》에서 라이언과 캐머런과 피터는 우리에게 그 고대의 우물로 가는 믿을 만한 길을 알려 준다. 교회와 비영리단체와 비즈니스 세계에서 존경받는 리더들의 개인적인 기도 생활을 조사한 이 책은 읽을 만한 가치가 있다. 이 위대한 리더들의 기도 생활을 요약 정리한 이 책은 보기 드문 선물이다.

이 책을 읽고 나면 당신도 나처럼 이전까지의 기도 생활을 돌아보고 제대로 기도하려는 열정을 품게 될 것이다.

단, 기도는 '개념'이 아니라 '실천'이라는 점을 기억하라. 이것이 이 책에서 가장 마음에 드는 점이다. 각 장은 '기도하는 리더가 된다'라는 비전을 '현실'로 이루기 위한 영적 훈련으로 마무리된다. 그 훈련을 통해 우리는 지식과 영감을 얻을 뿐만 아니라 실제 '영적 형성'으로까지 나아갈 수 있다.

실제로 예수님은 "누구든지" 도를 "**행하며** 가르치는 자는 천국에서 크다 일컬음을 받으리라"라고 말씀하셨다(마 5:19). 리더는 다른 일을 하기에 앞서 기도부터 한다.

_ 존 마크 코머, 프랙티싱 더 웨이(Practicing the Way) 설립자

이 책에 나오는 기도하는 리더들

이 책을 쓰면서 우리는 기도 리더십 때문에 존경받고 있는 많은 리더에게 배울 수 있었다. 이는 참 감사한 일이다. 인터뷰를 통해 기꺼이 시간과 일화와 지혜를 나누어 준 리더들에게 감사한다. 몇몇 리더들, 특히 역사 속 인물들에 대해서는 공개된 자료를 참조했다. 아래 목록은 리더들의 명단이다. 그들이 소개된 장을 그 옆에 표시했다.

크리스틴 바잉가나(Christine Baingana, 우르웨고 은행 대표) (4장)

마크 배터슨(Mark Batterson, 내셔널커뮤니티교회 담임목사) (11장, 결론)

리처드 보몬트(Richard Beaumont, 엔트러스트 재단 대표) (10장)

테리 보인턴(Terry Boynton, 마이애미 돌핀스 전담 목사) (2장)

앤드루 형제(Brother Andrew, 오픈 도어스 선교회 설립자) (7장)

로렌스 형제(Brother Lawrence, 《하나님의 임재 연습》 저자) (3장)

크리스틴 케인(Christine Caine, A21 설립자) (12장)

레지 캠벨(Regi Campbell, 래디컬 멘토링 설립자) (12장)

프랜시스 챈(Francis Chan, 《예수로 하나 될 때까지》 저자) (1장)

존 마크 코머(John Mark Comer, 프랙티싱 더 웨이 설립자) (2장)

데이비드 덴마크(David Denmark, 매클렐런 재단 대표) (사례 연구)

조니 에릭슨 타다(Joni Eareckson Tada, 조니와친구들 설립자) (5장)

메리 엘리자베스 엘레트(Mary Elizabeth Ellett, 프락시스 대표) (14장)

가네시(Ganesh, 네팔 사역자) (5장)

데이비드 그린(David Green, 하비 로비 CEO) (3장)

게리 하우건(Gary Haugen, 국제 정의 선교회[IJM] CEO) (14장)

로욜라의 이그나티우스(Ignatius of Loyola) (8장)

패트릭 존슨(Patrick Johnson, 제너러스교회 대표) (9장)

롭 케터링(Rob Ketterling, 리버밸리교회 담임목사) (8장)

존 킴(John Kim, 코람데오 설립자) (1장)

피터 쿠바섹(Peter Kubasek, 투자은행가) (13장)

테리 루퍼(Terry Looper, 텍슨 창립자) (5, 7장)

팀 매키(Tim Mackie, 바이블프로젝트 설립자) (6, 10장)

앙드레 만(André Mann, P&G 전[前] 임원) (12장)

제이 마틴(Jay Martin, 마틴 바이오닉스 창립자) (14장)

알렉산더 매클레인(Alexander McLean, 저스티스 디펜더 설립자) (6장)

돈 밀리컨(Don Millican, 카이저-프랜시스 오일 컴퍼니 CFO) (4장)

주다 무니(Judah Mooney, 디아코니아 대표) (13장)

마더 테레사(Mother Teresa) (1장)

플로렌스 무인디(Florence Muindi, 라이프 인 어번던스 인터내셔널 설립자) (11장)

조지 뮐러(George Müller) (7장)

이브라힘 오몬디(Ibrahim Omondi, 도브 아프리카 대표) (1장)

존 오트버그(John Ortberg, 비컴뉴 설립자) (4장)

파벨(Pavel, 교회개척운동가) (9장)

토드 피터슨(Todd Peterson, 일루미네이션스 후원자) (11장)

존 파이퍼(John Piper, 디자이어링 갓 설립자) (6장)

제이미 라스무센(Jamie Rasmussen, 스코츠데일 바이블 교회 담임목사) (8장)

로스벨(Rosebell, 내전 지역 사역자) (서문, 1장)

할라 사드(Hala Saad, 비전 커뮤니케이션스 인터내셔널 리더) (10장)

스티브 섀컬퍼드(Steve Shackelford, 리디머 시티투시티 대표) (11장)

샬롬(Shalom, 기독교 사역 단체 대표) (2, 13, 14장)

프리실라 샤이어(Priscilla Shirer, 성경 교사) (7장)

데이비드 시코라(David Sykora, 뉴햄프셔주 제약회사 임원) (12장)

아일라 타세(Aila Tasse, 라이프웨이 미션 인터내셔널 설립자) (7장)

존 타이슨(Jon Tyson, 시티뉴욕교회 담임목사) (14장)

이블린 언더힐(Evelyn Underhill, 작가) (10장)

저스틴 휘트멀 얼리(Justin Whitmel Earley, 변호사, 작가) (4장)

달라스 윌라드(Dallas Willard, 신학자, 철학자) (3, 9, 10장)

데이비드 윌스(David Wills, 미국 기독교 재단 회장) (12장)

자펫 얀메카(Japhet Yanmekaa, 나이지리아 교회 개척자) (6, 9장)

제흐라(Zehra, 이슬람 지역 방송 선교사) (3장)

마크 주(Mark Zhou, 중국 교회개척운동 리더) (3장)

니콜라스 루트비히 폰 친첸도르프(Nikolaus Ludwig von Zinzendorf, 헤른후트 설립자) (14장)

기도하는 리더가
진짜 리더다

> 지혜로운 자는 그의 지혜를 자랑하지 말라 용사는 그의 용맹
> 을 자랑하지 말라 부자는 그의 부함을 자랑하지 말라 자랑하
> 는 자는 이것으로 자랑할지니 곧 명철하여 나를 아는 것과
> 나 여호와는 사랑과 정의와 공의를 땅에 행하는 자인 줄 깨
> 닫는 것이라
> _ 예레미야 9장 23-24절

"빌리 그레이엄 목사님이 어디 계신지 모르겠어요!"

경호원이 당황해서 허둥거렸다. 그가 할 일은 한 가지였다. 빌리 그
레이엄 목사의 안전을 위해, 강당 무대 뒤편에서 그를 지켜보기만 하면 되
었다. 그런데 경호원이 통로를 확인하기 위해 잠시 나갔다 들어와 보니 그
짧은 시간에 빌리 그레이엄 목사가 사라지고 없었다.

경호원이 무대 뒤편을 살펴보고 있는데, 무대 쪽에서 절박한 울음소

리가 들렸다. 무대로 올라가 보니 빌리 그레이엄 목사가 얼굴을 바닥에 대고 기도하고 있었다. "하나님, 하나님 없이는 이 일을 해낼 수 없습니다. 하나님, 오늘 제가 설교하기 위해서는 하나님의 능력이 필요합니다."[1]

그날 빌리 그레이엄은 그렇게 많지 않은 리더들을 대상으로 15분간 짧은 강연을 하기로 되어 있었다. 빌리 그레이엄은 이미 수백만 명에게 강연을 해 왔고, 지구상에서 권세 있는 리더들과 만나 이야기를 나누기도 한 세계 최고의 웅변가였다. 그러니 자신의 카리스마로 얼마든지 15분간 청중을 열광시킬 수 있었을 것이다.

하지만 빌리 그레이엄은 자신이 전혀 그런 사람이 아닌 것처럼 기도했다. 그는 얼굴을 바닥에 대고 하나님께 절박하게 부르짖었다. 글로벌 리더로서의 경험과 자격과 지위에도 불구하고, 그는 자신이 철저히 하나님께 의지할 수밖에 없는 존재라는 사실을 늘 인식하며 살았다. 그런 인식은 그의 기도 생활에서 분명히 드러났다.

빌리 그레이엄은 "… 나를 떠나서는 너희가 아무것도 할 수 없음이라"라는 예수님의 말씀을 그대로 믿었던 것이 분명하다(요 15:5). 하지만 최근 연구에 따르면, 오늘날 이와 같은 확신을 가지고 사람들을 이끄는 리더는 별로 없다. 사람들은 빌리 그레이엄의 리더십에서 가장 중요한 점을 놓치고 있다. 그의 리더십을 지탱해 준 것은 기도로 하나님을 의지하는 태도였다는 것 말이다.

기도 생활에 관한 연구 결과

개인적인 경험을 보거나 주변 이야기를 들어 보면, 자기 힘만 의지해서 사람들을 인도하는 그리스도인 리더들이 많은 것 같다. 그런 리더들은 하나님께 자신의 계획에 복을 주시도록 기도부터 하지 않고 조사와 전략과 토의에 막대한 시간을 쏟아붓는다.

실제로 그리스도인 리더들을 조사한 결과도 마찬가지다. 대체로 그들은 자신의 기도 생활에 활기가 없다고 응답한다. 예를 들어, 한 조사에서, 목사들 중 겨우 16퍼센트만 자신의 기도 생활에 매우 만족한다고 대답했다.[2] 또 다른 조사에서는, 목사들의 72퍼센트가 "꾸준한 개인 기도"를 자신이 가장 못하는 점으로 꼽았다.[3] 기도와 관련해서 우리의 목표와 현주소 사이의 간극은 실로 크다.

미국의 한 재단은 일류 리서치 회사에 의뢰하여 기독교 기관들의 기도 습관을 조사했다. 그 리서치 회사는 이 기관들이 어떻게 기도하고 있으며 그 기도가 그 기관들의 사명과 직원들에게 어떤 영향을 미치는지 파악하기 위해 양적 조사와 질적 조사를 동시에 벌였다.

연구자들은 기도 사역을 공개적으로 권장하는 200개 기독교 기관 목록을 만들었다. 이들은 합심 기도를 실천하고 있을 것으로 기대되는 기관들이었다. 그래서 연구자들은 이런 모범적인 기관에서 나올 법한 결과를 기분 좋게 기다렸다. 하지만 그들의 보고서에는 교회와 기독교 기관에 관한 안타까운 현실이 담겨 있었다. 무엇보다도 기독교 기관 안에서도 의도적인 합심 기도는 자주 이루어지고 있지 않았다.[4]

목사들과 주요 기독교 기관의 상황도 이토록 실망스러운데, 일반 교인들의 상황은 얼마나 더 암울할까? 그리스도인 리더들이 기도하고 있지 않을 때, 그들이 이끄는 팀과 그 환경은 어떤 영향을 받게 될까?

위기 상황

이것은 결코 작은 문제가 아니다. 리더들이 실질적인 대가를 치르고 있기 때문이다. 팀 켈러 목사는 기도하지 않는 것이 그리스도인들에게는 '유해한' 일이지만 그리스도인 리더들에게는 '죽음' 자체라고 경고했다.[5] "기도하지 않으면 죽을 것입니다. 그저 상처를 입는 것이 아니라 죽고 말 것입니다." 그는 그리스도인 리더들에게 그렇게 말했다. 계속해서 이렇게도 말했다. "여러분의 교회(혹은 기관이나 소그룹)가 성공할수록 (기도하기에는) 너무 바쁘다는 생각이 더 강해질 것입니다. 이것은 치명적입니다. … 아주 치명적입니다."[6]

팀 켈러가 경고한 일이 실제로 벌어지고 있다. 우리 주변에서 그리스도인 리더들이 무너져서 불명예스럽게 자리에서 물러나는 일이 비일비재하다.

성경에서도 그런 상황을 분명히 볼 수 있다. 성경에는 위대한 리더들의 이야기가 많은데 그중 많은 리더들이 무너졌다. 리더십 학자 로버트 클린턴은 성경의 리더들을 연구한 결과, 겨우 30퍼센트만 유종의 미를 거두었음을 발견했다. 그는 오늘날에는 마무리를 잘하는 리더가 더 적은데 이는 기도와의 인과관계가 분명하다고 말한다. "사역을 오래할수록 주로 하나님을 의지하기보다 자신의 능력을 의지하는 경향이 있다."[7] 클린턴은 능력 있는 리더들의 경우에는 "강점이 오히려 약점이 된다"는 점을 지적한다.[8]

리더들이 기도를 소홀히 하면 그들만 큰 대가를 치르는 것이 아니라 그들이 이끄는 기관도 대가를 치른다. 물이 없으면 식물이 시드는 것처럼, 기도로 회복되고 영양분을 공급받지 못하는 조직은 활기와 생명력을 잃는다. 분열이 발생한다. 팀원들이 불평을 일삼고 열심을 내지 않는다. 그들은 더 바빠지지만 성과는 오히려 줄어든다. 기도를 소홀히 하는 조직은 계속해서 쇠퇴해 간다.

리더의 기도 생활은 어떠해야 하는가

수년 동안 우리(라이언, 피터, 캐머런)는 기도 생활을 소홀히 하는 것이 개인과 조직에 미치는 영향에 관해서 자주 토론해 왔다. 그 위험성을 심각하게 인식하고 있을 때, 한 성경 구절에 도전을 받고 이 책을 쓰게 되었다.

나(라이언)는 평소 성경을 읽던 시간에 사무엘상 12장 23절을 읽게 되었다. 그 구절에서 선지자이자 리더인 사무엘은 이스라엘 백성에게 말한다. "나는 너희를 위하여 기도하기를 쉬는 죄를 여호와 앞에 결단코 범하지 아니하고…." 그 순간, 나는 성경책을 놓고 벌떡 일어나 서성이기 시작했다. 사무엘의 말에 나는 비즈니스 리더이자 비영리단체 리더로서 뼈저린 반성을 했다. 더구나 그의 말이 내 개인적인 차원을 넘어, 기도를 최우선이 아니라 마지막 수단으로 삼아 온 그리스도인 리더 전체에게 도전을 던지는 것처럼 느껴졌다. 내 머릿속에 온갖 질문이 떠올랐다.

하나님은 리더가 기도하지 않는 것을 그분을 거스르는 죄로 여기실까?

하나님은 기도에 관해 리더들에게 더 높은 기준을 적용하실까?

리더십에 관해 이야기하는 리더들은 무수히 많은데 실제로 그들의 리더십은 기도 생활이라는 기초 위에서 이루어지고 있을까?

기도가 리더십의 기초라면 왜 기도에 관한 이야기를 자주 듣기 힘든 것일까?

나는 리더들의 기도 생활을 연구해 보기로 결심했고, 나와 같은 비영리단체 리더인 캐머런과 피터에게 함께하자고 요청했다. 우리는 먼저 "리더의 기도 생활은 어떠해야 하는가?"라는 질문을 서로에게 던지면서 시작했다. 처음에 이 토론은 우리 자신과 우리가 이끄는 기관인 벤처(VENTURE), 프랙티싱 더 웨이(Practicing the Way), 호프 인터내셔널(HOPE International)만을 위한 것이었다. 하지만 우리의 토론은 더 전문적인 연구로 발전했고, 결국 세상을 변화시키는 리더들이 어떻게 기도로 다른 사람들을 이끄는지 3년에 걸쳐 조사하게 되었다.

기도하는 리더에 관한 전 세계적인 연구

우리는 기도에 관한 전문가는 아니지만 기도에 관한 열정을 품은 사람들이라고 할 수 있다. 우리는 좋은 성과를 내는 기관을 만들기 위해 기도에 관해 열심히 배우고 있다. 이런 자세로 우리는 여느 리서치 업체들이 해 보지 않은 주제를 조사하기로 했다. 기도하는 리더들을 조사하기로 한 것이다. 그들의 발치에 앉아 리더로서 어떻게 기도해야 하는지를 배우기로 했다.

우리는 6대륙의 100개 이상 국가에서 활동하는 리더들을 인터뷰하는 데 100시간 이상 투자했고, 연구 팀에 이 시대와 역사 속 리더들의 기도 생활에 관한 조사를 의뢰했다. 우리가 전 세계 리더들을 연구하면서, 기도하는 리더가 되는 법을 깨닫는 순간이 있었다.

전 세계 교회에서 역사적으로 중요하고 기적적인 일이 벌어지고 있다. 선교학자들은 이런 현상을 일찍이 본 적이 없다고 말한다. 교회 역사가들도 같은 말을 한다.[9] 이란, 네팔, 아프가니스탄, 인도, 중국, 이라크, 북아프리카처럼 기독교가 들어가기 힘든 땅에서 지역개발과 전도를 통해 사람들이 그리스도를 영접하고 교회들이 개척되고 지역사회가 변화하는 일이 유례없는 수준으로 일어나고 있다.

이는 지금 우리 시대에 일어나고 있는 일이다. 초대교회 시대 이후로 보지 못했던 큰 규모의 전 세계적인 부흥 혹은 개혁이 일어나고 있다. 우리가 이런 운동 이면에 있는 다양한 리더들을 인터뷰해 보니, 단 한 명도 빠짐없이 모두가 '비범한 기도'를, 이런 극적인 변화를 견인하는 첫 번째 원칙이자 행동이며 강조점으로 꼽았다. 그들의 리더십 비결은 절대 '리더십 원칙'이 아니다. 그 비결은 바로 기도 생활이다.

첫 인터뷰

우리의 첫 인터뷰 대상은 로스벨이라는 여성이었다. 로스벨은 지뢰밭인 교전 지역에서 40년간 대량 학살 희생자들을 위해 봉사한 숨은 영웅이다.[10] 그녀는 세상에서 가장 살기 힘든 지역에서 극도로 효과적인 조직을 일구고 있다. 대부분의 사람들은 이 위험하고 고된 일을 40년은커녕 단 몇 달도 버텨 낼 수 없을 것이다. 하지만 로스벨은 늘 기쁨으로 이 일을 감당하고 있으며 그 비결로 기도 생활을 꼽는다. 그녀는 이렇게 말했다. "전쟁터에서도 예수님은 나를 더없이 행복하게 해 주신다. 어렸을 때, 십일조를 하고 싶었는데 돈이 없었다. 내가 가진 것 중에서 값진 것은 시간뿐이었다. 그래서 시간의 십일조를 드려 매일 2시간에서 2시간 반 동안 기도하고 성경을 읽고 예배하기로 결심했다. 이 일을 지난 40년간 꾸준히 해 왔다."

우리는 이 놀라운 기도의 용사가 전 세계 교회에서 예외적인 경우인지, 일반적인 경우인지 알고 싶었다. 우리와 비슷한 환경 속에서도 그녀와 같은 사람들을 계속해서 찾아보고 싶었다.

우리는 기업과 비영리단체와 교회까지 여러 분야의 기도하는 리더들로 조사 범위를 확장했다. 조니 에릭슨 타다, 프랜시스 챈, 존 마크 코머, 존 오트버그, 팀 매키, 존 타이슨, 마크 배터슨처럼 누구나 아는 리더들을 인터뷰하면서 그들의 기도 습관을 알려 달라고 요청했다. 크리스틴 케인, 프리실라 샤이어, 존 파이퍼 같은 리더들의 기도 생활은 문서를 통해 잘 알려져 있다. 우리는 그런 문서를 조사했다. 크고 작은 회사들의 그리스도인 리더들과도 이야기를 나누었다. 마지막으로, 역사 속 그리스도인 리더들의 기도 습관을 조사했다. 그러자 더없이 분명한 패턴과 원칙과 공통점이 나타났다.

훌륭한 리더들의 공통적인 원칙

백만장자 비즈니스 리더, 전쟁 난민을 섬기는 비영리단체 리더, 히말라야 산맥에 자리한 시골 교회 목사는 모두 '매우 비슷한' 기도 습관이 있었다. 하지만 그들의 습관은 전혀 새로운 것이 아니었다. 예수님의 형제 야고보부터 성 이그나티우스까지 역사 속 그리스도인 리더들의 습관이기도 했다.

우리가 발견한 것은 다이아몬드다. 모든 리더에게서 볼 수 있는 아름답고 초월적인 습관들 말이다. 우리는 중요한 사업 결정을 내리기 전에 성령의 음성을 듣기 위해 몇 시간 동안 기도하는 뉴욕의 금융업자, 자신도 열심히 기도하고 교회 리더들에게 기도 사역 예산을 책정하라고 촉구하는 목사, 만오천 개 교회를 개척하는 동안 늘 기도했던 교회 개척자, 오직 기도만을 하도록 20만 명 이상을 산으로 불러 모은 리더를 인터뷰했다.

그 결과, 특히 한 가지 사실이 분명하게 눈에 들어왔다. 의도적인 기도 생활이, 오래 가고 열매 맺는 그리스도인의 삶과 리더십에 필수적인 요소라는 것이다.

기도와 리더십의 네 가지 유형

연구 결과, 우리는 기도와 리더십의 네 가지 유형을 밝혀냈다. 그 유형을 다음과 같은 사분면으로 표현했다. 한 축은 기도 생활이고, 다른 한 축은 리더십이다.

유형 1: 좌절한 사람들 — 기도 생활이나 리더십에서 성장하지 않는 사람들

이 책에서는 이 범주에 별로 관심을 갖지 않을 것이다. 이 상태에 처한 사람들이 좌절의 악순환 속에서 같은 실수를 되풀이하고 있었다는 점만 언급하고 넘어가도 충분하다. 이런 리더들은 리더십이나 기도 생활에서 성장하려는 노력을 하지 않고 있었다. 그들은 하나님께 무관심하거나 자신의 책임을 회피하고 남을 탓했다.

유형 2: 기도 동역자 — 중보자, 기도하는 신자들

두 번째 범주에 속한 사람들은 기도 용사나 기도 동역자라고 할 수

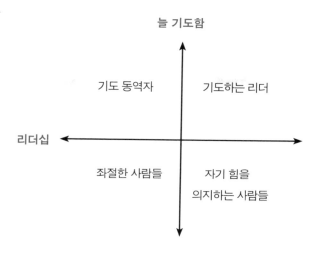

늘 기도함

기도 동역자　　　기도하는 리더

리더십

좌절한 사람들　　　자기 힘을
　　　　　　　　　의지하는 사람들

있다. 이들은 대개 공식적인 리더의 자리는 맡지 않았지만, 조직에서 중요한 역할을 한다. 중보자와 기도 동역자들은 부흥, 개혁, 문화적 쇄신, 예수님의 복음을 세상 끝까지 전하는 일 등에서 촉매제 역할을 해 왔다.

　　모든 사람이 공식적인 리더십 역할을 맡는 것은 아니지만, '모든' 신자는 열심히 기도하면서 기도 생활의 본을 보여 줄 수 있다. 기도의 본을 충성스럽게 보여 주는 사람들은 지위나 직함에 상관없이 자신의 영향권 안에 있는 사람들도 기도의 사람이 되도록 도와줄 수 있다. 이런 기도하는 리더들은 모든 문화권과 연령대에 포진해 있다. 그들은 기도를 통해 "하늘을 열고" 하나님 나라가 강력하고도 아름답게 임하도록 길을 닦는다. 대림절 이야기에서 안나와 시므온은 메시아를 기다리며 수십 년간 기도했다. 그들은 기도 동역자들의 특징인 헌신적인 기도의 본을 보여 주었다 (눅 2:22-38).

전 세계 교회에서 신자들은 조직 내에서 맡은 역할이나 책임과 상관 없이 개인 기도, 성경 읽기, 합심 기도, 예배 등에 하루에 한두 시간을 할 애하도록 훈련을 받는다.[11] 이런 공동체에서는 신자들이 비범한 기도를 실천하고 있다.

기도 동역자의 또 다른 예는 도로시아 클럽이다. 고등학교 건너편 에 살던 도로시아는 그 고등학교 학생들이 예수님을 만나기를 간절히 원 했다. 개인적으로 아는 학생은 한 명도 없었지만, 도로시아는 자기 집 창 문 앞을 지나가는 모든 학생을 위해 기도했다. 그녀의 집 창문 앞을 자주 지나가던 학생 중에 조지 버워라는 반항적인 십대 소년이 있었다. 그녀는 2년 동안 매일 버워가 학교를 오갈 때마다 그를 위해서 기도했다.[12] 나중 에 버워는 예수님과의 만남을 강하게 경험하고 오엠 국제선교회를 설립 했다. 오엠 국제선교회는 백 개 이상 나라에서 5천 명 넘는 사역자들을 통 해 수백만 명의 인생에 선한 영향력을 끼치고 있다.[13] 도로시아는 수십 년 간 오엠 국제선교회의 기도 동역자로 섬겼다.

기도 동역자의 역할이 중요하기는 하지만 기도를 남에게만 맡겨서는 안 된다는 점을 기억해야 한다. 요즘 리더들이 다른 사역과 기회에 집중하 기 위해 기도는 직원이나 자원봉사자만 해도 된다고 생각하는데 그것은 착각이다. 그런 그릇된 관행 때문에 서구의 많은 신자들이 기도하는 리더 가 되지 못하고 있다.

예수님은 그렇게 가르치신 적이 없다. 제자들은 오히려 정반대의 본 을 보여 주었다. 중보자의 역할을 잘할 것 같은 사람에게만 기도의 일을 위임한다는 개념을 옹호한 교회 리더는 기독교 역사에 단 한 명도 없었다.

유형 3: 자기 힘을 의지하는 사람들
― 자기 힘과 능력으로 하나님을 섬기려는 리더들

한 비영리단체의 리더는 이렇게 솔직히 털어놓았다. "리더로서 맡은 역할과 책임이 많아질수록 기도를 소홀히 하게 된다." 바나 그룹은 2017년에 기도에 관한 연구를 하면서 이 현상을 조명했다. 그 연구 결과, 대학 교육을 받은 사람들이 고등학교만 나온 사람들보다 기도로 하나님께 인도하심을 구할 가능성이 20퍼센트 더 낮은 것으로 드러났다.[14] 이런 연구 결과는 우리 경험과도 일치한다. 많은 교육과 훈련을 받고 경험이 많은 리더일수록 기도를 덜 중시하거나 기도의 본을 덜 보여 주거나 기도에 시간을 덜 투자하는 경향이 있다. 리더로서 입지를 다질수록 하나님을 의지하는 태도를 잃기 쉽다.

하지만 예수님은 정반대의 본을 보여 주셨다. 예수님의 사역이 더 많이 알려지고 많은 사람들이 찾아올수록, 성경은 예수님의 기도 생활을 더 많이 언급한다. 명성과 책임이 커지고 따르는 무리가 많아질수록 예수님은 한적한 곳에 가서 하나님을 홀로 만나 기도하는 시간을 '더' 챙기셨다.

하지만 많은 리더들이 예수님의 본을 따르지 않고 속으로 하나님과 '협상'을 한다. "하나님, 제가 하나님 일을 하느라 얼마나 바쁜지 아시죠? 하나님과 함께할 시간이 없어요. 그래도 제가 하는 모든 일을 축복해 주실 거죠?" 물론 우리는 이런 태도를 가르치지도 않고 인정하지도 않는다. 하지만 이런 내적 협상이 수만 가지 방식으로 이루어지고 있다.

우리는 연구를 진행하면서, 유명하고 존경받는 리더이지만 사실은 무력한 기도 생활을 하고 있다고 고백해 준 그리스도인 리더들의 솔직함에 감사했다. 연구에 의한 데이터는 이것이 서구의 대다수 그리스도인 리더들이 겪는 문제라는 점을 보여 준다.

우리에게 하나님의 임재가 절실히 필요하다는 점을 인정하기 위해서는 겸손해야 한다. 우리는 계획하고 노력하기 전에, 기도하고 하나님을 구하는 시간을 더 많이 내야 한다. 많은 그리스도인 리더들이 오른쪽 아래의 사분면인 "자기 힘을 의지하는 사람"으로 살라는 유혹에 굴복한다. 이 리더들은 하나님이 주신 카리스마와 재능으로 조직을 세우고 중요한 명분을 추구한다. 문제는 그들이 자신의 능력과 영향력을 과신하고 자신을 한계 너머까지 밀어붙인다는 것이다. 그들은 자신의 한계를, 한계가 없으신 분을 찾으라는 초대로 깨닫지 못한다.

자기를 따르는 이들이 많아지면 이런 리더는 더 성공하고 더 높은 자리에 오르기 위해 더 노력한다. 우리가 읽는 대부분의 리더십 책은 바로 이 일을 더 효과적으로 하는 데 초점을 맞춘다. 즉 스트레스나 시간이나 영향력을 관리하고, 커뮤니케이션 기술이나 전략을 강화하고, 남들이 따르고 싶은 리더가 될 때까지 자신을 발전시킬 방법을 제시한다.

이것을 추구하는 것이 잘못은 아니지만, 궁극적으로 추구할 것은 못 된다. 유치원 자녀의 축구 시합을 생각해 보라. 토요일 아침에 부모들이 사이드라인에 서서 소리를 지른다. "아니야! 몸을 돌려! 골대는 저쪽이야!" 또다시 꼬맹이 녀석들이 엉뚱한 골대에 공을 차 넣는다. 유니폼을 입은 아이들이 마구 섞이면 그들은 어느 골대를 겨냥해야 하는지 금방 까먹는다. 마찬가지로, 우리는 영향력이나 생산성이나 효율성이 아니라 예수님만이 궁극적인 목표라는 점을 자주 잊어버린다. 골은 넣지만 때로 엉뚱한 골대에 넣는다.

우리가 바쁜 삶 속에 기도를 대충 끼워 넣으려고 할 때, 예수님이 사이드라인에 서서 외치신다. "몸을 돌려! 나는 여기에 있어. 바로 내가 목표야!" 영향력과 생산성과 효율성은 그리스도께 집중할 때 나타난다. 그리스도인 리더십의 열쇠는 어디까지나 그리스도다.

유형 4: 기도하는 리더
— 역동적이고 발전하는 기도 생활 안에서 성장하는 리더

기도를 중시한다고 해서 리더십 원칙을 무조건 무시해야 한다는 뜻은 아니다. 우리는 하버드, 스탠퍼드, 캘리포니아대학교 버클리 캠퍼스, 세인트토머스에서 석박사 학위를 받고서 리더십을 행사하는 동시에 계속해서 배우는 사람들이다. 우리는 교육과 리더십 훈련과 조직 기술을 중요하게 여긴다. 하지만 리더십을 지나치게 강조하고 그리스도의 임재를 경시하면 개인으로나 조직으로나 반드시 비극에 이른다고 확신한다.

우리는 기도와 리더십의 아름다운 균형점을 찾아야 한다. 스코틀랜드 신학자 존 머레이는 이렇게 전략적인 리더십과 열정적인 기도를 둘 다 중시하는 것을 "지적인 신비주의"(intelligent mysticism)라고 불렀다.

기도하는 리더들은 성취의 제단 앞에 예배하기를 멈추고 자기만족의 환상을 깬 사람들이다. 그 결과로, 그들은 빌리 그레이엄처럼 역동적이고 계속해서 성장하는 기도 생활에 투자한다. 오른쪽 하단 사분면의 자기 노력을 버리고 오른쪽 상단 사분면의 항복으로 나아간다.

기도하는 리더들은 최고의 리더십 원칙을 따르기보다 하나님을 우선하라고 우리에게 권한다. 우리에게 배움을 준 기도하는 리더들은 심지어 '생산성'을 포기하면서까지 기도를 우선시하며 이는 그럴 만한 가치가 충분히 있다고 믿는다. 그들은 사람들을 예수님께 인도하며 하나님을 의지하고 기쁨과 평안과 쉼 가운데 리더의 역할을 감당함으로써, 하나님 나라를 위한 영원한 유산을 남기고 있다. 그들이 늘 하나님의 임재를 추구하니 그들의 삶과 조직에서는 인간의 능력을 훨씬 초월하는 일들이 수시로 나타난다.

C. S. 루이스의 영적 스승인 월터 애덤스 신부는 루이스에게 간단하지만 삶을 송두리째 바꿔 놓는 한 가지 개념을 심어 주었다. "뿌리를 보살피면 열매는 알아서 맺힐 것이다."[15] 우리는 열매에 집착해서 뿌리를 무시할 때가 많다. 영원한 시각에서 보면 이것은 지극히 어리석은 짓이다.

우리는 하늘의 능력을 버리고 우리 자신의 능력에 의지할 때가 많다. 우리는 하늘의 지혜를 피하고 자신의 생각을 좇는다. 우리는 하늘의 능력과 은혜를 받을 수 있는데도 자신의 능력을 의지한다. 우리의 능력으로 다 감당할 수 없을 만큼 많은 것으로 바쁜 삶을 가득 채우는 짓을 멈추고 이제는 하나님의 생명으로 가득 차야 한다. 우리의 계획을 버리고 하나님의 인도하심을 받아야 한다. 우리의 달음질을 멈추고 하나님과 함께 걸을 시간을 내야 한다. 그럴 때 하나님의 모든 자원을 이용할 수 있다.

하지만 기도하는 리더로 변화되는 일은 하루아침에 이루어지지 않는다. 역동적인 기도 생활을 훈련하기 위해 혼신의 힘을 다해야 한다. 우리 자신을 온전히 쏟아부어야 한다.

우리는 내적 삶에 초점을 맞추는 기도에 관한 책을 읽었다. 조직을 성공적으로 운영하기 위한 리더십 책도 읽었다. 하지만 우리는 이 둘이 따로 분리된 삶을 살고 싶지 않다. 우리가 그런 삶을 사는 것은 하나님의 뜻이 아니라고 믿는다. 우리가 기도하는 리더가 되면 어떤 일이 벌어질까? 그런 리더가 되면 기도하는 방식과 사람들을 이끄는 방식이 어떻게 변할까? 우리가 섬기는 조직의 영적 생명력에 어떤 변화가 나타날까?

두 가지 훈련의 장

우리는 기도하는 리더들이 크게 두 가지 훈련의 장에서 기도하는 법을 배웠다는 사실을 발견했다. 첫 번째 훈련의 장은 도제 수업이다. 기도하는 리더가 되기 위한 최상의 방법은 기도하는 리더에게 배우는 것이다. 그들의 습관, 자세, 기도, 리듬을 받아들여 자신에게 맞게 조정해야 한다. 흔히 "보고 배운다"는 말이 도제 수업의 개념과 일맥상통한다.

기도하는 리더들 밑에서 도제 수업을 받기 위해 우리는 그들을 인터뷰하고 오랫동안 관찰했다. 그들의 삶을 깊이 파헤치고 구체적인 본보기를 관찰하면서, 사슴이 물을 찾는 것처럼 우리 안에서 갈급함이 깨어났다 (시 42:1).

이 기도하는 리더들은 "영혼을 훈련하고", 늘 새로운 기도 방법을 찾고, 도움이 될 만한 새로운 기도문을 찾고, 성경을 마음에 새기기 위한 새로운 방법을 찾고 있었다. 그들은 날마다 기도를 더 많이 하고자 했다. 하루 종일, 한 주 내내, 사시사철 하나님을 기억하고 그분과 연결되기 위한 새로운 방법을 찾아냈다. 기도하는 리더들의 이런 습관과 리듬과 원칙은 하나로 합쳐져 리더십의 많은 열매를 맺고 리더십의 오래 가는 유산을 탄생시켰다.

두 번째 훈련의 장은 예수님의 발치다. 예수님의 기도 생활에는 열정과 아름다움과 뿌리칠 수 없는 매력이 있다. 그래서 제자들은 이렇게 요청할 수밖에 없었다. "기도를 … 가르쳐 주옵소서"(눅 11:1). 제자들이 예수님께 사람들을 인도하거나 강연하거나 설교하거나 멘토 역할을 하는 법을 가르쳐 달라고 요청한 기록은 성경에 없다. 하지만 그들은 예수님께 기도하는 법만은 꼭 배우고 싶었다. 예수님의 삶과 리더십에서 기도가 기초라는 사실을 보았기 때문이다. 예수님은 말과 행동을 통해 기도의 중요성을 자주 가르치셨다.

- "너희가 나와 함께 한 시간도 기도할 수 없느냐?"(마 26:40)
- "시험에 들지 않게 깨어 기도하라."(마 26:41)
- "기도 외에 다른 것으로는 이런 종류가 나갈 수 없느니라."(막 9:29)
- "내 안에 거하라; 너는 나 없이는 아무것도 할 수 없다."(요 15:5)
- "아버지께서 항상 나와 함께하신다."(요 8:29)
- "너희는 기도할 때에…"(마 6:5)
- 예수님은 제자들에게 항상 기도해야 한다고 가르치셨다.(눅 18:1)

하나님이 이 땅에 오셔서 우리 가운데 살면서 기도하는 법을 가르쳐 주셨다는 사실은 생각할수록 놀랍다. 성경에 기록된 예수님의 기도 생활은 우리가 탐구할 모든 습관의 핵심이다. 그래서 우리는 각 습관을 탐구할 때마다 예수님에게서 그 뿌리를 찾을 것이다.

포틀랜드 소재 브리지타운교회의 크리스천 도슨 목사는 이렇게 표현했다. "예수님을 따르는 사람들은 가장 먼저 예수님의 기도 생활에 놀랐다. 예수님의 기도 생활에 매료되었다. 예수님은 아침 일찍 일어나 기도하셨다. 녹초가 되었을 때 홀로 기도하셨다. 사역을 성공리에 마무리하신 뒤에는 한적한 곳으로 사라져 기도하셨다. 시험을 당하실 때는 밤새 기도하셨다. 예수님은 항상 기도로 시작하고 기도로 마무리하셨다. 우리의 랍비는 잊어버리기 너무도 쉬운 사실을 늘 기억하셨다. 기도만큼 하나님과 그분의 백성, 그리고 이 세상에서의 그분의 사명을 향한 우리의 사랑을 불타오르게 하는 것은 없다는 사실 말이다."[16]

제자들은 예수님이 기도하시는 모습을 보고 그분께 직접 배우기를 원했다. 우리도 주님께 직접 기도를 배우는 아름다운 경험을 할 수 있다. 예수님은 지금도 여전히 그분의 리더들에게 기도하는 법을 가르치고 계신다. 1,500년이나 된 찬송가가 아름다운 노랫말로 표현하고 있듯, 예수님은 여전히 우리에게 "밤에나 낮에나 주님 생각"을 불어넣고 계신다.[17] 성경은 또 다른 비밀을 알려 준다. 예수님이 지금도 우리를 위해 기도하고 계신다는 것이다. 그분은 "항상 살아 계셔서 (우리를) 위하여 간구"하고 계신다(히 7:25).

그리스도인 리더에게 필요한 것은 또 다른 리더십 원칙이 아니다. 그들의 리더십을 송두리째 바꿔 놓을 수 있는 새로운 통찰이 있는 것이 아니다. 그들이 역동적인 기도의 삶을 살고, 자신이 가르치고 이끄는 사람들에게도 같은 열정을 불어넣는다면, 지역사회와 나라가 크게 변화되고 그 변화가 수 세대에 걸쳐 이어질 것이라고 역사와 성경은 말한다. 하나님은 이스라엘 백성에게 말씀하셨다. "내 백성이 … 스스로 낮추고 기도하여 내 얼굴을 찾으면 내가 하늘에서 듣고 … 그들의 땅을 고칠지라"(대하 7:14). 하나님은 우리가 무릎 꿇고 기도하기를 간절히 기다리고 계신다.

사랑하는 예수님, 제가 어디를 가든 주님의 향기를 퍼뜨리게 도와주십시오. 제 영혼이 주님의 영과 사랑으로 넘치게 해 주십시오. 저의 온 삶이 오로지 주님으로 빛나도록 저의 온 존재를 관통하고 사로잡아 주십시오. 저를 만나는 모든 영혼이 제 영혼 속에 있는 주님의 임재를 느낄 수 있도록, 제 안에서, 그리고 저를 통해서 빛나 주십시오. 그들이 더 이상 제가 아니라 주님만 보게 해 주십시오. 저와 함께해 주십시오. 그러면 주님이 빛나시니 저도 빛날 것입니다. 그렇게 제가 사람들에게 빛이 되게 해 주십시오. 아멘.

— 마더 테레사

· 기도 가이드 ·

각 장을 당신이 기도로 리더십을 발휘하도록 돕기 위한 실천적인 도구로 마무리할 것이다. 추가적인 도구와 자료는 www.leadwithprayer.com에서 구할 수 있다.

우리 문화에서는 기도를 주로 개인 활동으로 여기지만 우리는 당신이 이 여행에 친구나 동료를 초대할 것을 추천한다. 당신의 기도 생활에 의미 있는 변화를 가져오는 데 도움이 될 사람들이 있는가? 그들을 이 과정에 초대해서 이 책을 함께 읽어 보라.

팀으로서 이 책을 쓰는 과정은 매우 즐거웠을 뿐 아니라 이 책의 내용을 실제로 적용하는 데 큰 도움이 되었다. 이 책은 공동체 안에서 쓰였다. 당신도 공동체 안에서 이 책을 읽어 보기를 추천한다.

이 책을 읽는 내내 당신도 기도하기를 바란다. 수시로 읽기를 멈추고 기도하라. 인터뷰 내용이 마음에 와 닿을 때마다 기도하라. 이 책에 수록된 기도문으로 기도하라. 이 책에 소개한 시편으로 기도하라. 우리가 이것을 자신 있게 권할 수 있는 이유는 이 책의 내용 대부분이 우리에 관한 것이 아니라 우리가 만난 **훌륭**한 그리스도인들에 관한 것이기 때문이다.

Lead with
Prayer

PART 1

기도하는 리더로 변화되는

영적 습관

1.

하나님과 함께하는 시간을
귀히 여기다

내가 매일 신경 써야 하는 가장 중요한 일은 내 영혼이 주님 안에서 기뻐하게 하는 것이다.
_ 조지 뮐러

오래전에 나(라이언)는 감동적인 이야기를 들은 적이 있다. 외국 대통령이 대한민국의 목사를 만나기 위해 찾아갔는데, 약속 시간보다 조금 일찍 도착했다. 그런데 목사의 비서는 목사가 정오 기도를 마칠 때까지 그 대통령을 기다리게 했다. 그 목사가 하나님과 함께하는 시간은 아무도 방해할 수 없다고 말했다. 대통령으로서는 화가 날 수밖에 없었다.

대통령은 짐짓 노한 표정으로 비서에게 말했다. "내가 누구인지 아시오?"

그러자 비서는 차분한 목소리로 대통령을 깨우쳤다. "지금 우리 목사님이 어떤 분과 이야기를 나누고 계신지 아십니까?"

이 목사와 그의 비서 같은 관점을 가진 리더는 드물다. 이 두 사람의 관점은 세상의 어떤 권력자나 시급한 일도 만왕의 왕과 보내는 시간보다 중요하지 않다는 것이다.

리더들이 시간을 써야 할 일은 차고 넘친다. 그렇게 꽉 찬 일정은 기도하는 리더가 되는 데 문제가 된다. 이 문제는 신학적인 문제에 뿌리를 두고 있다. 그 신학적인 문제란 바로 우리가 누구와 이야기하고 있는지 잊어버린다는 것이다.

우리 자신이 일정이나 삶이나 조직을 통제한다는 착각에 빠져 있으면 기도할 필요가 없다. 우리가 통제한다고 믿으면, 기도하는 것이 우리의 한정된 시간을 가장 효과적으로 사용하는 방법임을 알 길이 없다. 원래 하나님의 것이었던 통제권을 그분께 돌려 드릴 때, 우리는 바르게 기도할 수 있다.

나(피터)는 기도의 중요성을 누구보다 잘 알고 인정하면서도 기도를 최우선으로 삼는 것이 늘 힘들었다. 심지어 기도하기 위해 시간과 장소를 정해 놓고도 삶의 속도를 늦추기란 쉽지 않다.

내가 섬기는 호프 인터내셔널에서는 분기마다 며칠간 기도회를 가진다. 나도 기도회에 열심히 참여하기는 한다. 하지만, 진행자가 팀원들에게 한적한 장소를 찾아 조용히 기도하라고 하면 나는 우리 조직의 운영과 인사 문제에 관해 고민하면서 기도 시간을 보내곤 했다. 산책하면서 내 힘으로 문제를 해결하는 데만 집중했다.

기도회 마지막 날, 나는 귀중한 기도 시간을 산책하는 데 써 버렸다. 그 시간에 '내'가 해야 할 일만 골똘히 생각했다. 전략과 계획을 짜고 고민했다. 인간적인 노력이 우선이고, 기도는 형식적이었다. 기도회가 끝났지만, 나는 아무런 평안도 없고, 분명한 인도하심도 받지 못했다. 그때 내 기도 생활에 문제가 있고, 내 삶을 누가 통제하는지에 대해 내가 잘못 판단하고 있음을 처음으로 분명히 알게 되었다.

십 년을 절약해 준 한 시간

나(라이언)의 가족은 우리 삶을 누가 통제하고 있는지 깊이 깨달은 적이 있다.

내가 십 대였을 때, 아버지가 설립한 사업체는 나날이 번창하고 있었다. 아버지가 십 년간 밤낮없이 일하고 전국을 종횡무진으로 다닌 끝에, 포춘(Fortune) 100대 기업으로 선정된 회사에서 독점 계약을 제안받게 되었다. 모든 스타트업이 부러워할 만한 계약이었다. 이 제안을 무조건 수락하는 것이 당연해 보였다. 하지만 아버지는 잠언 3장 6절을 기억하면서 먼저 그 문제를 놓고 기도하셨다. "너는 범사에 그를 인정하라. 그리하면 네 길을 지도하시리라." 아버지는 그 계약을 놓고 한 시간 동안 기도하셨다. 이토록 매력적인 제안을 받았으니 기도할 시간에 계약서에 서명하고 언론 인터뷰를 준비하는 편이 더 현명해 보였다. 하지만 기도하던 아버지는 그 계약을 거절하라는 하나님 음성을 분명히 느꼈다. 그 이유는 알 수 없었지만 말이다.

성경은 이렇게 말씀한다. "너희는 … 평안히 인도함을 받을 것이요…"(사 55:12). 이 계약이 표면상으로는 거부할 수 없을 만큼 매력적으로 보였지만, 아버지는 평안과는 정반대되는 느낌을 받았고, 그래서 그 제안을 거절했다. 당연히 아버지의 동업자는 화를 내며 말했다. "바로 이런 걸 위해 평생 달려온 거 아니요?" 하지만 아버지는 입장을 굽히지 않았다.

몇 달 뒤, 그 포춘 100대 기업에 선정된 회사는 업계의 예기치 못한 변화로 파산을 선언함으로써 월 스트리트와 세상을 충격에 빠뜨렸다. 만약 아버지가 그 계약서에 서명했더라면 아버지의 회사는 그 기업과 함께 침몰했을 것이다. 기도하며 주님께 드렸던 그 한 시간은 십 년간의 투자와 아버지 회사가 창출한 많은 일자리를 지켜 주었다.

그 일로 우리 가족은 하나님과 함께하는 시간이 결코 헛되지 않다는 확신을 얻었다.

기도하는 리더들에 관한 데이터

우리가 인터뷰한 기도하는 리더들은 단 한 명도 예외 없이 예수님과 함께하는 시간이 인생에서 가장 생산적인 시간이라고 말했다. 이 리더들은 기도를 중심으로 리더십을 발휘한 결과 그들의 영향력이 훨씬 강력해졌음에 관해 놀라운 증언을 해 주었다. 그리고 우리의 연구는 그들의 일화가 보여 주는 주장을 뒷받침한다. 우리가 바나 그룹에 의뢰하여 진행한 연구는 고무적인 결과를 보여 주었다. 기도를 우선시하는 기관에서 다음 같은 결과가 나왔다.

- 응답자의 91퍼센트는 기관의 사명을 더 무겁게 받아들이고 있다.

- 85퍼센트는 하나님이 자신의 사역을 통해 더 분명하게 역사하고 계신다고 믿는다.
- 78퍼센트는 "매일 해야 할 일에서 스트레스를 덜" 느끼고 있다고 말한다.
- 70퍼센트는 자신의 "생산성이 높아졌다"는 데 동의한다.

연구 결과에 따르면, 개인 기도보다 합심 기도를 할 때, 기도를 선택 사항이 아니라 필수 사항으로 여길 때, 어떤 일이 생겨야 기도하는 것이 아니라 미리 적극적으로 기도할 때, 이런 효과가 특히 두드러지게 나타났다.[1]

우리는 하나님이 기도를 통해 "우리가 구하거나 생각하는 모든 것에 더 넘치도록" 역사하심을 확인했다(엡 3:20). 단, 기도가 반드시 우리가 예상하거나 원하는 결과와 성장으로 이어진다고는 말할 수 없다. 기도의 열매는 우리가 예상한 응답을 받는 것보다 훨씬 더 복잡한 문제다. 기도하는 리더들은 기도하는 시간 자체가 생산적이고 비옥한 시간이며, 기도하는 시간이 리더십의 나머지 모든 측면을 떠받치는 기초라고 말한다.

지뢰밭에서 발휘한 리더십

"내가 열네 살이었을 때, 갑자기 우리 마을에 폭탄이 떨어지기 시작했다. 우리는 숨을 곳을 정신없이 찾았다. 나는 작은 동굴에 들어갔다가 독사와 마주쳤다. 뒤에서는 폭탄이 터지고, 앞에서는 독사가 버티고 있었다. 나는 무릎을 꿇고 하나님께 독사를 막아 달라고 기도했다. 그 옛날 사자를 막아 다니엘을 살리신 것처럼 해 달라고 간절히 기도했더니, 하나님이 정말로 그렇게 해 주셨다. 독사는 나를 물지 않았다."[2]

믿음을 강화해 준 첫 번째 기도 응답 이야기를 들려 달라고 부탁하자 (우리가 서문에서 소개했던) 로스벨은 이 이야기를 해 주었다. 이 외에도 지난 40년간 주권자 하나님이 기도에 놀랍게 응답해 주신 이야기를 계속 들려주었다.

로스벨은 덜 유명한 마더 테레사라고 보면 정확하다. 그녀는 전쟁터에 있는 아이들에게 음식과 교육, 보금자리와 안전한 통행을 제공하는 리더들의 지하 네트워크를 이끌고 있다. 이 조직은 매우 큰 성과를 거두고 있다. 한편, 그곳의 상황은 수시로 변한다. 로스벨은 계속되는 위기에 대응하기 위한 행동 계획을 짜느라 잠시도 쉴 틈이 없다. 모든 리더의 하루가 힘들겠지만, 지뢰가 매설되어 있고 박격포가 쏟아지는 한복판에서 아이들을 지키는 일은 보통 어려운 일이 아니다.

전쟁터에서의 40년도 이 기도하는 리더를 쓰러뜨리지 못했다. 내(라이언)가 로스벨이 거주하는 대나무 마을을 처음 방문했을 때 그곳에는 두려움이 가득했다. 우리는 지뢰 희생자들과 시간을 보냈다. 지뢰 폭발로 그들의 몸은 심각하게 손상되었고 그들의 정신은 트라우마에 빠졌다. 우리의 방문은 금방 끝났다. 군인들이 몇 시간 내로 마을에 들이닥친다는 정보가 들어와 다급하게 피신해야 했기 때문이다.

수십 년간 이 마을 사람들은 이런 끊임없는 위험과 불확실성 속에서 살았다. 통제할 수 없는 일이 너무도 많았다. 하지만 로스벨의 주변에 가득한 죽음, 절박함, 부상, 두려움, 상실의 어두움은 그녀가 환하게 발하는 기쁨의 빛과 극명한 대조를 이룬다. 그녀는 하나님의 임재 안에서 보내는 시간이 그 비결이라고 말한다. 18세에 시간의 10퍼센트를 하나님께 드리 겠다고 결심한 뒤로, 기쁨으로 충만한 그녀의 사역은 늘 기도라는 기초 위 에서 이루어졌다.

사역을 막 시작했을 때 로스벨은 모든 난민이 꿈꾸는 전화를 받았다. 그녀가 안전한 나라로 망명할 수 있도록 도와주겠다는 전화였다. 하지만 그녀는 이것을 무조건 하나님의 선물로 여기지 않고 우선 그 문제를 놓고 기도했다. 그리고 꿈에서 그곳에 머물며 동포를 섬기라는 명령을 예수님 께 직접 들었다. 그런 꿈을 한 번이 아니라 여러 번 꾸었다.

로스벨은 몇몇 아이들을 자기 집에 데려오는 것으로 사역을 시작했 다. 현재 그녀는 수천 명의 피난민 아이들을 섬기고, 전쟁 피난민들이 교 회를 개척하고 농사를 짓도록 훈련하고 있다. 그녀와 그녀가 구성한 팀은 절망적이고 어둡고 고통스러운 지역에 영원한 기쁨과 소망의 씨앗을 뿌 리고 있다. 그녀는 자신들을 지탱해 주는 것이 바로 기도라고 분명하게 말 한다.

극복하기 불가능해 보이는 상황 속에서도 믿음과 기쁨을 잃지 않는 로스벨을 보고 우리는 그녀에 관해 더 많은 것을 알고 싶었다. "로스벨, 당 신처럼 기도하는 법을 가르쳐 주세요."

로스벨의 기도 리듬은 아침에 30분간 홀로 산책하면서 기도하는 시 간으로 시작된다. "저는 매일 아침 예수님과 산책해요. 정교하고 아름답 게 설계된 거미줄을 보면 예수님이 나의 삶을 얼마나 정교하고 아름답게 엮으셨는지를 생각하게 되죠. 주님을 기억하게 하는 그런 작은 것들에 대 해 주님께 감사를 드려요. 모든 것이 그분을 생각나게 합니다. 그렇게 나 는 항상 예수님을 누릴 방법을 찾습니다." 아침 산책 후에는 팀원들과 함께 모여 30분간 기도를 드린다.

로스벨은 기도하며 예수님께 평안을 얻기 위한 시간을 수시로 낸다. 기도는 그녀의 삶에 깊이 뿌리내리고 있다. 어려움에 처해 있는 사람을 예기치 않게 만나면 그를 위해 기도한다. 난민 캠프에 가기 위해 지뢰가 가득한 정글을 통과할 때 위험을 인식하면서도 기도하며 하나님의 다스리심을 신뢰한다.

저녁에는 성경을 공부하고, 필요한 것을 위해 기도하고, 기도 수첩을 쓴다. 기도 수첩을 지니고 다니면서 한쪽 칸에는 기도 요청을 기록하고, 다른 칸에는 해당 기도에 대한 응답을 적는다. 그렇게 수십 년 지나고 보니 기도 수첩이 수북이 쌓였다. 로스벨은 그 수첩을 보며 응답된 기도를 기억한다. 그렇게 하고 나면 믿음이 더욱 솟아나고 현재의 필요를 하나님께 기꺼이 맡기게 된다.

포화 한복판의 꽃다발

최근 로스벨은 우리에게 물을 채운 방수포 사진을 보냈다. 그녀의 사역 팀은 무장 충돌이 벌어지는 지역에서 그렇게 임시 장소를 마련해 세례식을 진행했다. 임시 세례식 장소의 네 모퉁이는 꽃다발로 장식되어 있었다. 전쟁터 한복판에서 싱싱한 꽃으로 장식한, 소망 가득한 세례식 장소는 예수님을 떠올리게 만든다. 예수님은 전쟁터의 싱싱한 꽃과도 같다. 그분은 상상할 수 없는 시험과 시련의 한복판에서 솟아나는 기쁨과 같다.

리더십을 발휘하기 위해서는 생산성뿐 아니라 연민과 에너지와 비전이 필요하다. 로스벨은 예수님과의 교제만이 자신의 영혼을 소생시킬 수 있음을 안다. 매일 아침 하나님의 새로운 자비와 신실하심을 발견할 때만, 상황을 초월하는 기쁨과 힘을 얻을 수 있다.

로스벨은 생산성을 목표로 삼지 않고 예수님과의 교제에 많은 시간을 '허비'한다. 오스왈드 챔버스의 표현을 빌리자면, 그 시간에 예수님은 이 세상의 것이 아닌 기쁨을 그녀에게 "매일 새롭게" 채워 주신다.[3] 그녀가 꾸준히 사람들을 섬기고 열매를 맺을 수 있는 비결은 예수님을 깊이 누리는 시간을 내는 것이다.

"하루에도 여러 번 예수님께서 주시는 기쁨을 받지 않으면 이 일을 단 하루도 할 수 없을 것이다." 로스벨은 하던 일을 수시로 멈추고 미소를 지으며 우리에게 말했다. "비결은 바로 예수님입니다. 내가 하루 중에 어떤 일을 만나든, 예수님으로 인해 내 안에는 행복이 가득합니다."

우리 대부분은 전쟁터에서 사람들을 섬기지는 않지만, 어떤 형태의 리더십을 행사하고 있든 연민 피로(compassion fatigue)를 느낄 수 있고 영혼의 에너지가 서서히 고갈될 수 있다. 리더가 받는 스트레스와 압박은 실질적이며, 어려운 일을 당하면 마치 전쟁터에서 공격받을 때처럼 리더 내면에서는 아드레날린이 과다 분비될 수 있다. 그리스도와 연결되는 시간이 주기적으로 없으면, 리더십에 따르는 압박으로 인해 기쁨과 힘과 생명력을 잃을 수 있다.

로스벨의 기도 생활은 결심으로 시작되었지만, 그 생활을 계속하게 하는 원동력은 바로 기쁨이다. 그녀의 사례는 철학자이자 작가인 제임스 K. A. 스미스의 결론과 일치한다. 스미스는 사랑의 감정을 훈련할 수 있다고 말한다. 즉 우리는 꾸준히 하는 것을 점점 더 사랑하게 된다. 우리가 만난 기도하는 리더들을 보면 정말로 그렇다. 그들은 기도를 더 많이 할수록 기도하는 시간을 더욱 사랑하게 되었다.

한 리더는 우리에게 이렇게 말했다. "내가 살면서 보니, 가장 꾸준하고 활력 넘치는 기도 생활을 하는 사람들은 기도를 '좋아하는' 법을 배운 사람들입니다." 그들은 불가사의한 기도 능력을 타고난 것이 아니다. 그들은 기도하기를 좋아하는 법을 '배운' 사람들이다. 기도에서 기쁨을 찾는 것은 그리스도인에게 중요한 리더십 기술이다.

기도로 리더십을 발휘한다는 이야기를 처음 듣는 사람들은 기도 시간이 허비되는 시간이라고 생각할 수 있다. 하지만 우리가 인터뷰한 기도하는 리더들은 하나님 아버지와 함께하는 시간에서 더없이 큰 기쁨과 즐거움과 열매를 얻고 있었다. 이제 그들은 하나님께 '시간을 허비하기'를 원하고 있다. 그들은 하나님과 함께하는 기쁨을 갈망한다.

예수님과 교제하는 기쁨

로스벨의 지역과 맨해튼의 투자 회사는 그 환경이 달라도 너무 달라 보인다. 하지만 수십억 달러를 다루고 MIT 박사 학위가 있는 존 킴(John Kim)도 로스벨처럼 기도에서 기쁨을 누리고 있었다. 킴을 이끄는 것은 생산성과 투자 수익률이 아니다. 그를 이끄는 것은 바로 기도다. 그는 맨해튼 중심부에 코람데오(Coram Deo, "하나님의 얼굴 앞에서 사는 것")라는 이름의 기도 처소이자 기업을 설립했다. 우리에게 하나님과 함께 '시간을 허비하는 것'이라는 개념을 처음 소개한 사람이 바로 킴이었다. 처음에 우리는 그 표현을 듣고 고개를 갸웃거렸다. 우리는 조직에서 효율성을 극대화하고 낭비를 최소화하기 위해 부단히 노력해 왔기 때문이다. 하지만 킴에게 그 표현에 관한 설명을 듣고서 로스벨 같은 기도하는 리더들이 그런 허비의 본을 보여 왔음을 알았다.

킴은 자신의 기도 습관을 설명하면서 사이 좋은 친구들은 특별한 목적 없이 만난다는 것을 예로 들었다. 그는 투자자이자 기업가이며 목사이자 이사이고 남편이자 어린 아들의 아버지다. 그런 만큼 허비할 시간이 조금도 없다. 하지만 매일 "특별한 목적 없이 예수님과 함께하기" 위한 시간을 충분히 낸다.[4] 그 시간의 목적은 연결, 함께하는 경험, 기쁨이다. 그 시간은 결코 허비되는 것이 아니라 기쁨과 지혜의 원천이다.

킴은 투자 건으로 오랫동안 고민했던 이야기를 해 주었다. 그는 그 문제를 놓고 기도했다. "그리스도께 시선을 고정한" 채로 평소보다 몇 시간 더 집중해서 기도했다. 우리가 계획에 대해 친구나 가까운 동료와 상의하는 것처럼 그는 자신의 아이디어를 들고 예수님 앞으로 나아갔다. 대화하는 중에 하나님은 그의 아이디어를 다듬어 주셨고, 그렇게 해서 탄생한 과감하고 자신감 넘치는 투자 전략은 상상을 초월하는 성과로 이어졌다. 하지만 킴은 이 이야기를 할 때 성공에 초점을 맞추지 않았다. 성과는 언제나 부차적이다. 그는 예수님과의 교제에 초점을 맞춘다. 자신과 시간을 보내기 원하시는 하나님을 섬길 때 찾아오는 기쁨에 초점을 맞춘다. 그에게 가장 중요한 것은 예수님과의 교제에서 오는 기쁨이다.

킴은 성부 하나님이 예수님을 기뻐하신다고 선포하실 때의 배경을 이해하고 큰 변화를 겪었던 순간을 이야기했다. "이는 내 사랑하는 아들이요 내 기뻐하는 자라"(마 3:17). 이 사건은 십자가 사건이나 예수님이 5천 명을 먹이신 사건이나 기적적인 치유 이후에 일어난 것이 아니다. 성부 하나님은 예수님이 그 어떤 성과도 거두기 '전에' 그분을 향한 기쁨을 선포하

섰다. 예수님이 그 누구를 치유하거나 가르치거나 인도하기도 전에 성부 하나님은 그렇게 선포하셨다. 하나님은 우리가 특정한 목표를 달성할 때만 우리를 기뻐하시는 것이 아니다.

마찬가지로, 예수님이 젊은 리더들을 훈련의 장으로 부르신 첫 번째 이유는 특정한 결과나 목표를 이루기 위해서가 아니라 그저 그들과 '함께하기' 위해서였다. "열둘을 세우셨으니 이는 자기와 **함께 있게** 하시고…"(막 3:14).

하나님을 기뻐할 때 얻는 힘

도브 아프리카(DOVE Africa)의 리더 이브라힘 오몬디는 아프리카 동부와 중부에서 교회들과 사역 단체들을 관장한다. 이것은 보통 힘든 역할이 아니다. 그가 담당하는 목사들과 연락을 취하는 일만 해도 일 년 내내 눈코 뜰 새가 없다. 하지만 로스벨과 마찬가지로 이런 압박 속에서도 그는 포기할 수 없는 기쁨이 있다. "하루도 기도하지 않는 날이 없다. 여호와로 인하여 기뻐하는 것이 나의 힘이다."

그는 느헤미야 8장 10절을 인용하면서 껄껄 웃었다. 이것이 진부한 말처럼 들린다는 것을 그도 잘 알고 있다. 하지만 그와 로스벨을 비롯해서 기도하는 리더들은 이것이 엄연한 사실임을 인정한다. "하나님은 내가 낙심과 좌절의 구름을 넘어 날아오르게 도와주신다. 물론 이런 구름은 분명 존재한다. 하지만 나는 이런 것에 짓눌리지 않는다. 나는 이 모든 것을 다루실 수 있는 만왕의 왕이요 만주의 주를 바라본다. 그분이 나를 향해 웃으시기에 나도 웃는다."[5]

성경은 주님 안에서 기쁨을 찾으라고 '명령'한다(빌 4:4). 이것은 살인이나 간음을 저지르지 말라는 명령만큼이나 직접적인 명령이다. 하나님 안에서 기쁨을 찾으라는 것은 가벼운 제안이 아니다. C. S. 루이스의 말을 빌리자면 "기쁨은 천국의 중요한 일이다."[6] 이와 비슷하게 G. K. 체스터턴도 기쁨을 "기독교의 거대한 비밀"이라고 말했다.[7]

기쁨이 기도의 핵심적인 목표 중 하나라는 점이 아직도 의심스럽다면, 그리스도께서 훈련받는 리더들 곧 제자들에게 하신 말씀을 들어보라. "… 구하라 그리하면 받으리니 너희 기쁨이 충만하리라"(요 16:24). 예수님은 아버지와 함께하실 때 기쁨을 얻으셨고, 제자들도 그렇게 하기를 원하셨다.

하나님이 윙크하시다

예수님은 제자들과의 작은 상호작용을 통해 우정의 본을 보여 주셨다. 우리 친구 중에 이런 상호작용을 "하나님의 윙크"라고 부르는 사람이 있다. 예를 들어, 예수님이 부활 후에 베드로에게 직접 나타나시기 위한 방법이 수만 가지는 될 것이다. 그런데 예수님이 선택하신 방법은 베드로와의 관계를 시작할 때 보여 주신 기적을 다시 행하시는 것이었다(요 21:1-6). 이 방법은 현대 시나리오 작가가 과거의 상황을 기억나게 하는 장면을 쓰는 것과 비슷하다. 하나님의 유희성(playfulness)과 기쁨과 개성은 예수님이 부활 후에 여러 번 변장하고 나타나신 사건에서도 드러난다(눅 24:13-31; 요 20:11-18).

나(라이언)도 이런 "하나님의 윙크"와 우정의 제스처를 경험한 적이 있다. 열아홉 살 때 아버지와 나는 기도로 하나님의 인도하심을 구하기 위해 숲으로 도보 여행을 했다. 아버지와 나는 폐쇄된 공산주의 국가에서 지하교회를 섬겨야 한다는 소명을 느끼고 있었다. 그곳으로 가는 것은 보통 위험한 일이 아니었다. 그래서 우리는 그것이 단순한 충동이 아니라 하나님의 부르심이라는 확증을 얻고 싶었다. 산 정상의 공터에서 우리는 함께 기도했다. 그런데 우리가 "아멘"이라고 말하자마자 흰머리독수리가 우리 머리 바로 위를 날면서 울음소리를 냈다. 이것이 우리에게 주시는 초자연적인 신호라고 볼 수는 없었지만, 나는 그것이 하늘의 작은 윙크처럼 느껴졌다. 우리는 그 독수리를 보며 그리스도께서 제자들에게 보여 주신 유희성을 떠올렸다.

그렇게 기도하고 나서 그 공산주의 국가로 간 우리는 군인들에게서 여러 번 기적적으로 탈출했고, 수년 동안 수많은 지하 교회 리더들을 도울 기회를 얻었다.

20년이 지난 뒤 나는 코로나 팬데믹으로 회사를 잃을 위기에 처했다. 그 회사를 일구기 위해 늦은 밤까지 고생하고 위기를 극복하고 돈을 쏟아붓고 스트레스를 감내했던 일이 불과 몇 달 사이에 물거품이 될 상황이었다. 어느 날 아침, 평소처럼 기도하며 산책했지만 부담감으로 인해 심지어 걷는 것조차 힘들었다. 그때 하나님께 물었다. "우리가 이 위기를 극복할 수 있을까요?"

그 순간, 흰머리독수리가 내 머리 바로 위까지 급강하를 했다. 그 길을 천 번 이상 걸었지만 독수리를 본 적은 한 번도 없었다. 특히, 그렇게 낮게 내려온 독수리를 본 적이 없었다. 하나님이 또다시 윙크를 하셨다. 그것은 하나님의 사랑이었다. 하나님이 장난스럽게 나를 격려하고 계셨다. 그 순간 찾아온 기쁨과 평안 덕분에 절망의 시기에도 계속 희망을 품고 사람들을 이끌 수 있었다.

제럴드 맨리 홉킨스는 하나님의 유희성에 관한 시에서 이렇게 말했다. "그리스도께서는 수많은 곳에서 노니신다."[8] 거미줄과 독수리로, 제자들과 하신 물고기 이야기 속에서, 하나님은 그분의 자녀에게 윙크와 미소를 보내신다.

성과보다 교제가 먼저다

예수님은 제자들과의 교제뿐 아니라 하나님과의 교제에 관해서도 본을 보여 주셨다. 예수님은 기도를 통해 아버지와 깊이 연결되는 것에 관해서 자주 말씀하셨다. "아버지여 내 말을 들으신 것을 감사하나이다", "아버지께서 행하시는 그것을 아들도 그와 같이 행하느니라", "아버지께서 내 안에, 내가 아버지 안에 있는 것같이 그들도 다 하나가 되어 우리 안에 있게 하사"라는 말씀은 깊은 교제와 신뢰를 바탕으로 한다(요 11:41; 5:19; 17:21).

하나님이 시공간을 통과해 우리 가운데 오셔서 사막 한가운데서 모닥불 주위에 앉아 평범한 사람들과 친구가 되신 것은 실로 엄청난 불가사의다. 이런 우정을 통해 예수님은 평생 몇몇 작은 도시에만 머무셨지만 온 세상을 뒤엎으셨다.

우리는 이렇게 교제를 우선시하는 '시간 허비' 전략을 제안하는 리더십 전문가를 본 적이 없다. 하지만 하나님은 우리의 열매가 그분과의 교제에서 흘러나오게 하셨다. "… 그가 내 안에, 내가 그 안에 거하면 사람이 열매를 많이 맺나니…"(요 15:4-5).

　　예수님의 사례 외에도 우리는 성경 곳곳에서 성과보다 하나님과의 교제를 우선시한 여러 본보기를 볼 수 있다. 다윗과 모세와 아브라함은 '위대한 성경의 리더들' 명단에 무조건 들어갈 것이다. 하지만 성경은 그들의 성과가 아니라 하나님과의 교제로 인해 그들을 칭찬한다. 성경은 다 윗을 "그(하나님)의 마음에 맞는 사람"이라고 하고(삼상 13:14), 하나님이 "자기의 친구와 이야기함같이" 모세에게 이야기하셨다고 하며(출 33:11), 아브라함을 "하나님의 벗"이라 칭한다(약 2:23).

하나님과 산책하며 대화를 나누다

　　로스벨의 경험은 작가이자 교회 개척자인 프랜시스 챈의 기도 생활과 여러모로 닮아 있다. 챈과 마주 앉았을 때 우리는 그와 로스벨의 공통점이 너무 많아 깜짝 놀랐다. 챈은 대형 교회 목사로 시무한 적이 있으며, 베스트셀러인《크레이지 러브》저자다. 하지만 몇 년 전 그는 성공의 정점처럼 보이는 자리에서 돌연 물러나, 하나님과의 교제에 오롯이 집중하기 시작했다. 그는 자신의 삶에서 기도가 가장 중요하다는 말을 자주 한다.

　　나는 뭔가를 이루어 내고 성과 내는 것을 좋아한다. 게다가 우리는 불과 5분 만에 꽤 많은 것을 해낼 수 있는 시대에 살고 있다. 그래서 모든 것을 잘하고 싶은 유혹을 받는다. 그때마다 나는 정신을 차리고 이렇게 말해야 한다. "누가 전화했는지 확인하지 않겠다. 무슨 일이 나를 기다리고 있는지 확인하지 않겠다." 절제란 이렇게 말하는 것이다. "문자 메시지를 확인하고 싶다. 오늘 얼마나 많은 일을 해야 하는지 확인하고 싶다. 하지만 그렇게 하지 않겠다. 왜냐하면 지금 내가 정말로 해야 하는 유일한 일은 기도이기 때문이다."[9]

챈은 우리에게 기도가 중요한 동시에 시급하다는 점을 일깨워 주었다. 기도야말로 가장 중요한 것이다. 챈은 사역자들에게 이런 말을 자주 한다. "매일 하나님과 한 시간을 함께하지 않는다면 말해 주세요. 당신을 해고하고 다른 사람을 고용할 수 있게 말이에요."[10]

챈은 리더들의 기도 생활을 그만큼 중시한다. 그는 교회에서 장로들과 모일 때면 항상 기도로 시작한다. 어떤 모임은 처음부터 끝까지 기도만 하다가 끝난다. 챈은 껄껄 웃으면서 말했다. "때로는 기도만 하다가 5분을 남겨 놓고 '간단히 이야기할 사안이 있나요?'라고 말하기도 해요." 하지만 그럴 때도 그는 곧 기도로 돌아갔다. "주님, 저희가 이야기해야 할 것들에 관해서 도와주세요."

챈의 삶과 리더십에서 기도는 핵심이다. 그는 "내 인생에서 가장 위대한 순간"은 기도로 하나님과 교제하는 순간이었다고 말한다. 그에게 하나님을 아는 것은 "기독교의 일부가 아니라 기독교 자체이기" 때문이다.[11]

챈은 기도를 시작하기 전에 자신이 누구와 이야기하고 있는지를 상상하기 위한 특별한 습관을 길렀다. "서둘러 눈을 감고 뭔가를 말하기보다는, 내가 대화하는 분이 어떤 존재인가를 구체적으로 상상하기 시작했다. 이 하나님은 어떤 분이신가? … 나는 그분과 본질적으로 다르다. 그분은 나와 구별되는 분이다. 하지만 그분은 가까이 다가오라고 나를 초대해 주신다. 그분은 이것이 은혜의 자리라고 말씀하신다. … 나는 성경에 관한 나의 모든 지식을 동원해서 먼저 내가 누구와 대화하는 것인지를 상상한 뒤에야 비로소 말하기 시작한다."

로스벨과 마찬가지로 챈은 "산책하면서 기도하는 것, 그저 하나님과 이야기하고 그분께 감사하고 그분을 예배하는 것"을 좋아한다.[12]

하나님과 이렇게 교제하며 동행하는 것은 전 세계 기도하는 리더들의 공통된 습관이다. 이것은 에덴의 회복이라 할 만한 측면이 있다. 에덴동산에서 하나님은 서늘한 저녁에 아담과 하와와 함께 거니셨다. 하지만 인간의 죄로 인해 이 동행은 갑자기 끝났다.

성경에서 그다음으로 기도가 언급된 곳은 에녹의 이야기다. 에녹은 "하나님과 동행하더니…"(창 5:24). 이것이 인간과 창조주 사이의 깨진 관계가 회복되는 시작점이었다. 예수님은 에덴동산에서의 동행을 회복하시고, 다시 한 번 창조주의 임재 안에서 수치심 없이 자유롭게 살도록 우리를 초대하신다.

리더들이 하나님과의 교제에 '시간을 허비할' 때마다 이 땅에서 낙원이 회복되어 간다. 하나님 나라가 우리를 소생시키고 우리를 통해 흘러나가 다른 사람들까지 소생시킨다. 그 결과는 기쁨이다. 이 기쁨은 실제 전쟁터에서의 삶 혹은 전쟁터 같은 삶을 이겨 내도록 도와준다.

그저 예수님 옆에 머물다

로스벨을 비롯해서 기도하는 리더들의 삶에 도전을 받은 나(라이언)는 그저 하나님과 함께하는 즐거움을 누리기 위한 시간을 보낸다는 이 개념을 직접 실험해 보았다. 그 결과, 삶의 방향이 완전히 바뀌었다. 나는 침대 위에서 하나님께 무릎을 꿇고 별다른 목적 없이 대화하고 싶다고 말씀드렸다. 나중에는 하나님께 이렇게 물었다. "예수님, 예수님의 마음에는 무엇이 있나요? 제가 무엇을 위해 기도해야 할까요?" 그때 한 나라의 이름이 들렸다. 그래서 그 나라를 위해 기도하기 시작했다. 그랬더니 정말 이상한 일이 일어나기 시작했다. 뜨거운 열정이 솟아났고 눈물이 났다. 결국 나는 그 나라에 가서 사역하게 되었다. 내가 하나님과 함께 '시간을 허비한' 덕분에 수많은 인생에 영향을 끼치게 되었다.

이제 주일마다 나는 하나님께 특별히 뭔가를 구하지는 않지만 오랫동안 기도하는 시간을 가진다. 그냥 예배하고 찬양하고 귀를 기울이고 묵상할 뿐, 요구하는 것은 없다. 처음에는 그렇게 하기가 힘들었다. 나도 모르게 뭔가를 요구하거나, 누군가를 위해 간구하거나, 뭔가가 필요하다거나 부족하다고 말하는 기도로 돌아갔다. 하지만 시간이 지날수록 특별한 목적 없이 하나님과 함께하는 시간을 갈망하는 법을 배웠다. 그분과 함께 있기만 해도 형용할 수 없는 기쁨이 밀려온다. 이제 나는 하루 중 기도하는 시간을 손꼽아 기다린다. 그 시간은 내게 기쁨의 샘이 되었다. 그 기쁨은 전쟁터에서 로스벨을 지탱해 주는 것처럼 나를 지탱해 준다.

하나님을 사모하는 시간

유명한 신학자이자 작가였던 헨리 나우웬은 하나님의 임재에서 오는 기쁨을 얻지 못하고 문제들로 인한 무거움에 짓눌려 있을 때 영적 조언을 듣고자 마더 테레사를 찾아간 적이 있었다. 그는 그 만남을 이렇게 회상했다. "로마에 있는 마더 테레사를 찾아갔던 일이 기억난다. 모든 사람이 그녀와 이야기하기를 원했고, 나도 그녀를 만나고 싶었다. 내 삶에는 몇 가지 문제가 있었다. 개인적인 문제들이 조금, 아니 꽤 많이 있었다. 그 문제들을 어떻게 다루어야 할지 마더 테레사에게 묻고 싶었다. 나는 모든 문제를 들고 그녀를 찾아갔다. … 내 모든 문제에 관해 이야기했다. 그러자 그녀는 나를 쳐다보며 말했다. '… 하루에 한 시간씩 하나님을 사모하고, 잘못이라고 생각하는 일은 일체 하지 않으면 괜찮아질 거예요.' … 분명 그녀가 말한 것 중에 내가 모르는 것은 하나도 없었다. 하지만 그 짧은 말이 너무도 옳게 느껴져서 그것으로 충분했다."[13]

여기서 우리는 궁금해질 수밖에 없다. 마더 테레사에게 하나님을 사모하는 시간은 어떤 시간이었을까? 그녀가 기자에게 설명한 것을 들어보면, 그 시간은 하나님과 함께 '시간을 허비하는' 것과 비슷해 보인다.

"기도할 때 하나님께 뭐라고 말씀하시나요?"

기자의 물음에 테레사는 이렇게 대답했다. "아무 말도 하지 않아요. 그냥 듣기만 한답니다."

"하나님이 뭐라고 하시나요?" 기자가 집요하게 다시 물었다.

"아무 말씀도 하시지 않습니다. 그냥 듣기만 하시죠. 이걸 이해하지 못하신다면 저로서는 설명할 길이 없네요."[14]

테레사는 나중에 이렇게 썼다. "모든 것은 기도에서 시작된다. 하나님께 사랑을 구하지 않으면 사랑을 품을 수 없고, 남들에게 사랑을 주기는 더더욱 불가능하다. … 하나님의 평강과 기쁨과 사랑을 전해 줄 수 있으려면 먼저 우리가 그것을 소유해야 한다. 갖지 못한 것을 줄 수는 없기 때문이다."[15]

리더에게 기쁨은 필수적이다

캘리포니아대학교 버클리 캠퍼스는 "경외", 특히 그리스도인들이 "하나님을 기뻐함"이라고 부르는 영적 경외가 우리 뇌에 미치는 영향을 광범위하게 연구했다. 인간이 초월적인 경외를 경험하면 뇌에서 시냅스 발화가 이루어져 다음과 같은 변화가 측정 가능한 수준으로 나타난다.

- 더 겸손해진다.
- 인내심이 더 많아진다.
- 남들과 더 연결된다.
- 더 친절해진다.
- 더 후해진다.

다음과 같은 경험도 하게 된다.

- 비판적 사고 능력이 강화된다.
- 기분이 좋아진다.
- 물질주의적 사고가 줄어든다.[16]

다시 말해, 예배를 드리며 경외감을 품으면 우리 삶 속에서 성령의 열매가 나타나며 이 변화는 과학적으로 측정 가능하다. 이런 특성을 키우면 예수님처럼 사람들을 이끌며 그들의 삶을 복되게 할 수 있다.

하나님과 함께 '시간을 허비하기' 위해 삶의 속도를 늦추는 것은 유례없이 빨리 돌아가는 이 시대의 리더에게 어려운 일이다. 하지만 기도하는 리더들은 찬송가 "저 장미꽃 위에 이슬" 가사처럼 산다. "우리 서로 받은 그 기쁨은 알 사람이 없도다."[17] 기쁨을 얻으려면 함께 시간을 보내겠다는 결심이 필요하지만, 함께 보낸 시간은 우정의 기초이며 예수님과의 우정은 그리스도인 리더십의 기초다.

동서고금을 망라해서 기도하는 리더들은 하나님 임재 안에서 '시간을 허비하는' 법을 배웠고, 그 결과 수많은 세대가 변화를 경험했다.

———————— ❧ ————————

오, 영원 전부터 계시고 영원토록 계시는 주님을 빨리 사랑하지 못했습니다. 주님을 빨리 사랑하지 못했습니다.
주님은 제 안에 계셨지만 저는 밖에 있었습니다. 저는 밖에서 주님을 찾고 있었습니다.

저는 주님이 창조하신 사랑스러운 것에 사랑 없이 빠져들었습니다.
주님은 저와 함께 계셨지만 저는 주님과 함께 있지 않았습니다. 제가 주님께 가지 못하도록, 창조된 것들이 저를 붙잡았습니다. 그것들은 원래 주님 안에 있지 않았다면 전혀 존재하지 못했을 것들입니다.

주님은 부르시고 소리를 지르시며 제 막힌 귀를 뚫고 들어오셨습니다.
주님은 타오르고 빛을 비추며 저의 눈먼 것을 없애셨습니다.
주님은 주님의 향기를 제게 발하셨습니다. 저는 숨을 들이켰고, 이제 주님을 갈망합니다.

주님을 맛보고서 이제 더 맛보기를 갈망합니다. 주님은 저를 만지셨고, 이제 저는 주님의 평강을 열망합니다.

— 성 아우구스티누스

· 기도 가이드: 하나님과 함께 걷기 ·

1. 하나님과 동행하기 위한 가이드
프랜시스 챈과 로스벨을 비롯해서 우리가 인터뷰한 많은 리더들은 매일 산책하는 시간에 하나님과 함께 '시간을 허비하며' 그분과 교제했다. 최근 연구에 의하면, 걷기는 몸과 마음, 뇌와 영혼의 건강에 더없이 좋은 활동이다.

정신적 건강
걷기는 뇌의 좌반구와 우반구를 연결해서 뇌의 활성화를 돕는다. 엔도르핀과 신경전달 물질을 분비시켜 더 명료하게 사고할 수 있게 해 준다.

육체적 건강
한 걸음을 걸으면 인간의 몸에서 200개 이상의 뼈와 600개 이상의 근육이 움직이고, 심장혈관 계통으로 피가 통하며, 신경 기관이 가동되어 긴장이 풀린다.

뇌의 건강
꾸준히 걸으면 기억력이 향상되고, 뇌의 경직성이 풀리고, 장기적으로 수많은 측면에서 뇌의 기능과 건강이 좋아진다.

영적 건강
무엇보다도, 하나님과 함께 걸으면서 기도하는 것은 기도 생활을 개선하기 위한 쉬운 방법이다. 뇌의 양쪽을 다 사용하면서 하나님과 교제할 수 있다. 좌뇌형이든 우뇌형이든 상관없이 기도 가운데 온 존재로 하나님과 상호작용할 수 있다.

2. 걸으면서 기도할 때 유용한 방법

• 함께 걸어 달라고 예수님께 요청하라.
• 성경을 들고 다니면서 암송하라.
• 걷는 동안 시편 한 편을 여러 번 읽으라.
• 걸으면서 찬양을 들으라.
• 주변 경관을 보며 그 아름다움에 관해 하나님을 찬양하라.
• 듣기만 하는 시간을 내라.
• "하나님, 하나님이 필요합니다", "예수님, 사랑합니다", "할렐루야" 같은 간단한 말을 여러 번 반복해 보라.
• 걱정, 두려움, 좌절감, 근심, 난관, 문제를 하나님께 아뢰라.
• 소망과 꿈, 당신을 흥분시키는 것, 당신 안에서 활력을 일으키는 것을 하나님께 아뢰라.
• 주님과 교제하기 위해 산책하는 중에, 누군가를 보거든 그를 위해 기도하라.
• 당신의 삶, 가족, 사역을 돌아보고 모든 것을 그리스도의 손에 맡기라.

예수님을 누리고 그분 안에서 기쁨을 얻기 위한 방법을 찾으라. 예수님 안에서 얻는 기쁨과 그분과의 교제는 그리스도인 리더십의 기초다.

2.
내 영혼을 훈련하기 위한
계획을 세우다

모든 기도와 간구를 하되….
_ 에베소서 6장 18절

미국 미식축구 프로 리그(NFL)의 마이애미 돌핀스 전담 목사인 테리 보인턴은 역사상 정말 훌륭한 운동선수들을 목회했다.

보인턴이 목회하는 미식축구 선수들은 정해진 시간에 정확한 양의 단백질을 섭취하고, 100만 분의 1초 단위로 폭발력을 측정하기 위해 레이저 타이머를 놓고 벤치프레싱을 하고, 근력과 스피드가 최적의 균형을 이룰 수 있는 이상적인 몸무게를 찾는 식으로, 끊임없이 최상의 훈련법을 개발한다. 경쟁에서 조금이라도 앞서기 위해 모든 방법을 동원한다.

운동선수들은 자기 몸에 잘 맞는 새로운 기법을 채택하고 훈련법을 계속해서 다듬는다. 그 과정을 무한 반복하며 끊임없이 몸을 훈련한다. 하지만 보인턴은 선수들에게 기도로 영혼을 훈련하는 데도 같은 열정을 쏟으라고 조언한다. 기도 생활에도 같은 노력과 관심을 기울인다는 것은 실로 심오한 접근법이다. 보인턴의 도움으로 선수들은 육체 훈련 못지않게 기도 생활과 제자 훈련도 계획을 세워 열심히 하기 시작했다.

의도적으로 계획한 기도 생활에서 유익을 얻는 것은 운동선수뿐만이 아니다. 우리가 전 세계 기도하는 리더들을 만나 보니 그들은 하나님과의 더 깊은 관계를 누구보다 열심히 추구하고 있었다. 이 리더들은 다윗처럼 "나의 영혼이 주를 **가까이 따르니**"라고 고백하고 실제로 그 고백대로 살고 있었다(시 63:8).

그 리더들은 하루, 한 주, 한 해의 기도 계획을 세워 열심히 실천했다. 그들은 다양한 기도의 리듬과 습관을 실험했다. 아침 큐티, 기도원, 기도 모임, 저녁 기도, 옛 기도문을 포함해서 개인적인 기도 리듬을 찾기 위해 다양한 기법과 접근법을 실험했다. 그들은 '위에 속한 모든 것'을 꾸준히 실천했다.

좀 극단적으로 들릴지 모르지만, 성경의 한 리더는 여기서 한 걸음 더 나아갔다. 바로 다니엘이다. 다니엘은 기도의 리듬을 지키기 위해 그 야말로 목숨을 걸었다. 다니엘은 바벨론에 포로로 끌려간 젊은 유대인이었다. 뛰어난 지혜의 사람으로 인정받은 그는 역사상 큰 제국의 총리 자리까지 올랐다. 그의 책임은 한 나라가 아니라 여러 나라를 다스리는 것이었다. 이를 시기한 동료들은 그의 신실한 기도 생활을 꼬투리 잡아 그를 죽일 계획을 세웠다. 그러나 다니엘은 자신의 기도 습관을 바꾸느니 사자 굴에 던져지는 편을 선택했다(단 6장).

굶주린 사자가 등장하는 이 극적인 이야기에서 우리는 다니엘의 지위가 얼마나 압박이 심한 자리였고 기도를 향한 그의 열정이 얼마나 대단했는지 알 수 있다. 그가 아침에 혼자 몰래 기도하기로 선택했다면 사자 굴에 들어갈 일은 없었을 것이다. 하지만 매일 정한 대로 무릎을 꿇고 하나님과만 시간을 보내는 것이 그에게는 너무도 중요했다. 이 기도의 리듬 없이 국가를 이끄느니 죽는 편을 선택할 정도였다.

다니엘뿐만 아니라, 우리가 인터뷰한 리더들도 수 세기 동안 생활 규범(Rule of Life)으로 알려진 개념의 본보기를 보여 주었다. 생활 규범은 4세기 기독교에서 탄생하고 1,500년 이상 수많은 그리스도인이 실천해 온 개념이다.

아주 오래된 개념인 만큼 많은 정의가 존재하지만, 마조리 톰슨은 이런 유용한 틀을 제시한다. "생활 규범은 거룩함에서 성장하기 위한 구조와 방향을 제공하는 영적 훈련의 패턴이다."[1] 간단히 말해, 생활 규범은 그리스도께 더 가까이 다가가기 위한 훈련 계획이다.

한 리더는 생활 규범의 중요성에 관해 이렇게 썼다. "대부분의 기도가 시작되기도 전에 마귀의 공격으로 무너지는 것은 우리가 계획을 세우지 않은 탓이다."[2] 또 다른 기도하는 리더는 자신의 생활 규범을 이렇게 묘사했다. "나는 기도 계획을 정한 후에 그것에 따라 삶의 나머지를 계획한다."

옛것을 새롭게 하다

《슬로우 영성》저자이자 오리건주 포틀랜드 소재 브리지타운교회의 설립 목사인 존 마크 코머는 옛 영적 훈련을 21세기로 가져오는 일에 열정적이다. 이 열정은 프랙티싱 더 웨이(Practicing the Way[도를 행하기])라는 비영리단체 설립으로 이어졌다. 이 단체에서 마크 코머는 포스트-기독교 세상에서의 제자 훈련과 영적 형성을 위한 자료를 만들고 있다.

나(캐머런)는 수년간 기독교 가정들과 재단들이 새로운 나눔의 기회들을 찾도록 도운 뒤, 지금은 마크 코머와 함께 프랙티싱 더 웨이 대표로 섬기는 특권을 누리고 있다. 내가 사역 기관들을 평가해 보니 많은 열매를 맺는 사역 기관은 기도를 많이 하는 사역 기관이기도 했다. 기도와 성과 사이의 상관관계를 분명히 확인한 나는 이제 마크 코머와 함께 너무 바쁘고 자극적인 문화 속에서 기도와 같이 수 세기를 이어 온 기독교 영적 훈련을 부흥시키기 위해 노력하고 있다. 우리 사역은 그리스도의 제자들이 각자의 영역에서 세상에 영향을 미치도록 돕는 것이다.

마크 코머와 나는 계획적인 기도와 즉흥적인 기도 사이의 균형이 중요하다고 믿는다. 기독교에서는 이 두 접근법을 각각 '정한 시간에 드리는 기도'와 '하나님의 임재 연습하기'라고 부른다. 정한 시간에 드리는 기도에 대해서 마크 코머는 이렇게 말했다. "예수님 따르기를 일정표에 넣지 않으면 그 일을 하지 않게 되거나 기껏해야 어쩌다 한 번씩만 하게 될 뿐이다."[3]

마크 코머에게 생활 규범에 관해서 물어보면 분명 달라스 윌라드의 말을 인용할 것이다. "하나님과 함께하는 일상 속에서 깊은 만족과 기쁨과 확신을 경험할 수 있도록 우리는 매일을 계획해야 한다."[4]

마크 코머의 생활 규범에는 시편 55편 17절에 있는 아침, 점심, 저녁 훈련이 포함된다. 그 시편에서 다윗은 항상 그 간격으로 하나님께 부르짖는다. 마크 코머는 아침에 눈을 떠서 시편을 읽고 기도 가운데 하나님의 음성에 귀를 기울인다고 말한다. 그는 하나님께 "오늘 제가 주님을 기쁘시게 하기 위해 무엇을 해야 합니까?"라고 묻고 나서 그분의 음성에 귀 기울이는 습관을 길렀다. 그는 성경을 연구하고 묵상하고 성경으로 기도하면서 하루에 여러 가지 방식으로 성경을 읽는다.

정오가 되면 마크 코머는 잠시 산책하기 위해 사무실을 나간다. 그 시간에 그는 주기도문으로 기도한다. 그러고 나서 사람들의 이름, 꿈, 문제들을 적은 기도 카드를 보며 기도한다. 저녁에는 '성찰 기도'(Examen)를 한다. 이 기도 시간에 그는 돌아보고(Replay), 기뻐하고(Rejoice), 회개하고(Repent), 결심한다(Resolve).[5]

매일 이렇게 정해진 일정에 따라 꽤 길게 기도하는 습관은 마크 코머의 생활 규범에 있는 다른 모든 영적 훈련의 기초가 된다.

빠른 기도와 느린 기도

심리학 교수 대니얼 카너먼은 베스트셀러 《생각에 관한 생각》(*Thinking Fast and Slow*)에서 두 가지 주된 정신 상태 혹은 우리가 세상을 경험하는 두 가지 주된 방식을 기술한다.

첫 번째 상태는 빠른 사고 곧 우리의 디폴트 모드(default mode; 기본 설정값)다. 이것은 우리가 자동적으로 재빠르게 생각하는 상태다. 돌아볼 시간이 없다. 그래서 자극이 오면 바로 반응한다. 빠른 속도로 돌아가는 세상에서 우리는 이런 정신 상태에서 대부분의 시간을 보낸다. 하지만 이 디폴트 모드는 두 번째 상태의 통제를 받는다.

두 번째 상태는 느린 사고다. 이것은 문제를 생각해 보고 심지어 우리의 생각 자체를 돌아보는 상태다. 이 유형의 사고를 하려면 시간과 노력과 집중이 필요하다. 전략, 인생을 바꾸는 결정, 분석, 반성이 모두 이런 느린 사고 상태에서 이루어진다.[6]

카너먼의 책에서 진정으로 중요한 내용은 우리가 느린 사고 상태에 있을 때 빠른 사고 상태에서 어떻게 판단할지를 결정한다는 것이다. 예를 들어, 반성하고 느리게 사고하는 시간에 우리가 평소 남의 말을 잘 끊는다는 것을 깨닫는다면, 다음에 빠른 사고 상태에서 조심하기로 결심할 수 있다. 느린 사고에서 깨달은 것을 빠른 사고의 디폴트 모드에 적용하면 결국 우리의 습관이 바뀐다.

이 현상 이면에는 많은 신경과학적 사실이 있다. 느린 사고는 우리 뇌에서 완전히 다른 구역을 사용한다. 말 그대로 시냅스가 다르게 발화된다. 위대한 리더들은 천천히, 신중하게, 의식적으로 사고하는 시간을 정해서 자신의 디폴트 모드를 훈련할 줄 안다. 그리고 이런 훈련은 기도에도 똑같이 적용된다.

우물에서 힘을 끌어오라

대부분의 그리스도인들은 빨리 기도하는 법을 배운다. 우리는 친구를 축복할 때, 식사를 할 때, 도움을 요청할 때, 찬양하거나 예수님의 임재를 떠올릴 때, 빠르게 기도하는 법을 알고 있다. 하지만 빠른 사고가 느린 사고의 통제를 받는 것처럼, 빠른 기도는 '느리게 기도하는' 시간으로부터 힘을 얻는다. 느린 기도란 우리가 아침이나 저녁에 정식으로 자리를 잡고 기도하는 것을 뜻한다. 우리가 인터뷰한 리더들 중 상당수는 아침과 저녁에 모두 그런 기도 시간을 가진다.

우리가 매일 삶의 속도를 늦춰 기도에 집중할 때 우리 마음의 우물이 채워진다. 그러면 평소에 빠른 기도를 할 때 그 우물에서 힘을 길어 쓸 수 있다.

아마도 평소에 많이 해 둔 느린 기도가 빠른 기도에 힘을 더해 주는 것을 잘 보여 준 역사적 사례는 예수님이 죽은 나사로를 살리신 사건일 것이다. 예수님이 마리아와 마르다가 오빠 나사로와 함께 살던 집에 도착하셨을 때는 나사로가 죽은 지 이미 나흘이나 지난 때였다. 예수님의 많은 기적을 보고서 그곳에 모인 군중은 예수님이 늦게 도착하신 것을 비난하는 투로 말한다. "맹인의 눈을 뜨게 한 이 사람이 그 사람은 죽지 않게 할 수 없었더냐"(요 11:37). 그들은 예수님이 그곳에 계셨다면 상황이 달라졌을지 모른다고 생각했다.

하지만 예수님은 그곳에 도착하기도 전에 "이 병은 죽을병이 아니라"라는 약속을 이루고 계셨다(요 11:4). 예수님은 이미 오랜 시간 동안 기도하여 나사로를 살리기 위한 하나님의 은혜를 받으신 상태였다. 예수님이 무덤에 오셔서 "아버지여 내 말을 들으신 것을 감사하나이다"라고 기도하신 것으로 보아 이것을 알 수 있다(요 11:41). 이어서 예수님이 손짓을 하시자 나사로가 무덤에서 걸어 나왔다.

최근에 나(라이언)는 국가조찬기도회에 참석했다. 비즈니스 리더들끼리 따로 모이는 시간에 한 프랑스계 캐나다인 사업가가 자리에서 일어나

기도했다. 그는 수천 명의 직원을 거느린 지혜롭고 성공한 리더였다. 하지만 가장 놀라운 것은 그런 눈부신 이력이 아니라 그의 기도였다. 정확히 말하면, 그것은 기도라기보다는 한 단어였다.

그는 눈을 감고 그저 "예수님"이라고 한 단어만 말했다. 그 순간, 예수님의 존재가 너무도 강력하게 느껴져 그곳에 있던 모든 사람이 눈물을 흘렸다. 이 남자는 예수님과 함께 수많은 시간을 보낸 것이 분명했다. 그 한 마디, 그가 부른 예수님 이름에 장내가 하나님의 임재로 가득해졌다. 그는 더 이상 다른 말을 할 필요가 없었다.

예수님 이름을 부르고 멈추는 것은 빠른 기도다. 하지만 그 순간의 힘은 수년간의 느린 기도가 응축된 그의 깊은 우물에서 나온 것이었다.

느린 기도를 연습할수록 빠른 사고의 순간에 하나님과 더 깊이 연결된다. 그래서 직관적으로 문제를 해결하고 일을 진행할 수 있게 된다. 길고 느린 기도의 시간에 하나님의 영은 약한 우리를 소생시키고 진흙으로 천천히 보화를 빚어 주신다. 창조와 마찬가지로 기도도 흙과 성령이 만나 생명이 탄생하는 순간이다.

습관에서 정체성으로

가끔 골프를 치는 사람과 골퍼, 가끔 노래를 부르는 사람과 가수는 엄연히 다르다. 가끔 불평하는 사람과 불평쟁이 역시 다르다.

뭐든 반복하면 그것이 우리 정체성의 일부가 된다. 예를 들어, 시편을 보면 다윗은 하나님께 기도하는 습관을 기르다 보니 '가끔 기도하는 사람'에서 아예 '기도의 사람'으로 변했다(시 109:4). 수시로 기도하는 사람에게는 기도가 곧 정체성이며, 그 정체성은 그에게 하나님과의 관계에 대한 확신을 준다.

이 개념이 성경 언어인 헬라어에 녹아 있다. 헬라어에서는 어떤 것을 습관적으로 하는 사람이 곧 그것이라고 표현한다. 헬라어에서는 "그녀가 골프를 친다"라고 말하는 대신 "그녀는 골프다"라고 표현한다. 이것을 우리말로 번역하면 "그녀는 골퍼다"가 될 것이다.

누가는 예수님의 기도 생활을 기술할 때 이 개념을 사용했다. "예수는 물러가사 한적한 곳에서 기도하시니라"(눅 5:16). 이 구절의 헬라어 원문은 예수님이 워낙 자주 이렇게 하셔서 이것이 그분 정체성의 일부였다는 점을 함축한다. 이 구절은 이렇게 번역할 수 있다. "예수님은 기도이셨다." 예수님은 가끔 기도하는 리더가 아니라 늘 기도하는 리더이셨다.

기도는 우리 뇌에 좋은 변화를 일으킨다

토머스제퍼슨대학교와 이 학교 병원의 신경과학자이자 불가지론자인 앤드루 뉴버그는 "생존해 있는 신경과학자 중 영향력이 큰 30인" 중 한 명으로 꼽힌 인물이다. 뉴버그는 How God Changes Your Brain(하나님은 당신의 뇌를 어떻게 변화시키시는가)를 비롯해서 여러 권의 책을 썼고, 기도가 인간의 뇌에 미치는 영향에 관해 광범위한 과학적 연구를 했다. 그의 저작은 NPR[7]에서 의학 저널[8]까지 다양한 출판물을 통해 소개되었다. 그의 결론은 다음과 같다.

생물학적으로 보면, 8주간 주기적으로 길게 기도하면 뇌 검사로 측정이

70

가능할 정도로 뇌는 변화할 수 있다.[9]

기도는 사회적 상호작용, 연민, 사람에 대한 민감성과 관련된 뇌의 영역에서 새로운 신경 경로를 형성하거나 강화한다. 주기적인 기도는 우리의 신경 화학적 구조를 긍정적으로 변화시켜 불안과 스트레스와 우울증을 과학적으로 측정 가능할 정도로 확연히 줄여 준다.[10] 긴 기도를 꾸준하게 하면 스트레스 호르몬이 줄어들어 뇌에서 분노와 경직성이 낮아진다.[11]

위스콘신대학교 매디슨 캠퍼스의 심리학 및 정신과학 교수이자 건강한정신센터(Center for Healthy Minds) 설립자 겸 소장인 신경과학자 리처드 데이비슨은 이렇게 말한다. "헬스클럽에 가서 근육을 형성하는 것처럼 우리는 뇌를 형성할 수 있다. 우리의 뇌는 우리가 원하든 원치 않든, 의식하든 의식하지 않든, 끊임없이 형성되고 있다."[12]

뉴버그는 이 개념을 더욱 확장한다. "십자말풀이를 잘하고 싶다면 연습을 하면 된다. 하지만 십자말풀이 연습을 한다고 해서 다른 것도 잘하게 되지는 않는다. 하지만 기도는 역기 운동이 근육의 크기를 키워 다른 스포츠 활동도 잘하게 해 주는 것과 똑같은 효과를 내는 것으로 보인다."[13]

여기서 의문이 생길 수 있다. "마음 챙김 활동도 같은 효과를 내지 않는가?" 연구에 따르면 그렇지 않다. 볼링그린주립대학교의 케네스 파가먼트는 한 연구에서[14] 마음 챙김과 기도를 비교했다. 그 결과, 기도를 한 사람들과 마음 챙김이나 명상을 한 사람들은 다양한 상황에서 정신적, 육체적으로 큰 차이가 있었다.[15]

곧바로 변화가 나타나는 것은 아니지만, 기도는 신경 기관에 측정 가능한 수준의 육체적 변화를 일으킨다. 딱 한 번 5분간 역기를 든다고 해서 더 강해지지 않는 것처럼, 기도 습관을 시작한다고 해서 곧바로 결과가 나타나지는 않는다. 하지만 몇 달간 30-60분간 역기를 꾸준히 들면 육체적으로 큰 변화가 나타난다. 기도 생활도 마찬가지다. 시간이 지나면 우리 안에서 변화가 생기고 세상을 바라보는 시각이 바뀐다.

성경은 영적 훈련을 육체적 훈련에 자주 빗댄다. 신경 과학 분야의 최근 발견들은 수천 년 전 성경의 주장을 증명해 주고 있다. 육체적 훈련이든 영적 훈련이든 측정 가능한 변화를 낳는다.

교차 훈련

루틴과 다양성 사이에는 아름다운 상호작용이 이루어질 수 있는데, 다양성은 루틴에 신선함을 더할 수 있다. 운동선수들은 이것을 교차 훈련이라 부르고, 역도 선수들은 '근육 혼돈 훈련'(muscle confusion)이라는 표현을 사용한다. 매주 같은 운동 루틴을 반복하는 것보다 여러 루틴을 섞는 것이 우리 몸에 더 유익하다. 우리 영혼도 마찬가지다. "모든 기도"를 하라는 사도 바울의 권면은 이 개념을 함축한다(엡 6:18). 성경이 가르치고 있으며, 기도하는 리더들이 실천하는 많은 종류의 기도 중 몇 가지만 소개하면 다음과 같다.

성경 묵상하기(시 1:2)	노래하기(시 5:11)
기도 노트 쓰기(시 102:18)	외치기(시 98:4)
기뻐하기(시 1:2)	찬양하기(시 145:2)

속삭이기(삼상 1:13)	찾기(시 27:8)
고백하기(시 51장)	기다리기(시 27:14)
손 들기(시 141:2)	중보하기(딤전 2:1)
박수 치기(시 47:1)	간구하기(빌 4:6)
엎드리기(시 95:6)	듣기(시 25:14)
무릎 꿇기(시 95:6)	

기도 생활에서 교차 훈련을 하기 위해서는 매일 하겠다는 결심과 창의성이 필요하다. 우리는 프로 역도 선수나 NFL 선수가 아니다. 힘을 점점 키우겠다는 목표를 세우고 처음에는 작게 시작하면 된다. 하나님과 함께하는 하루를 계획하고 그 계획을 조금씩 확장하면 된다.

영혼 훈련

우리에게 기도의 교차 훈련에 관한 좋은 본보기를 보여 준 사람은 에티오피아에 사는 샬롬이다.[16] 샬롬은 역동적이고 효과적인 교회개척운동을 이끌고 있다. 그는 교회를 개척하기 시작했고, 그 교회는 다시 다른 교회들을 개척하기 시작했다. 그렇게 해서 현재 복음이 들어가기 불가능해 보이는 여러 국가에서 15,000개 이상의 교회가 세워졌다. 그의 행적은 그야말로 현대판 사도행전이라고 할 만하다.

샬롬은 그 운동 전체가 기도라는 기초 위에서 이루어진다고 말한다. "기도하지 않으면 우리가 일하는 것이다. 하지만 기도하면 하나님이 일하신다." 샬롬의 팀은 리더십 수련회로 모이면 첫날에는 무조건 기도만 한다. 하루 종일 기도한 뒤에야 사역을 하기 위한 모임으로 넘어간다.

샬롬은 우리에게 말했다. "기도하지 않는 리더는 날개를 활짝 펴지 않고 날려고 하는 새와 같아요. 아무리 날개를 펄럭여도 날 수 없죠. 활동량은 많아도 영원한 열매는 맺지 못합니다."

샬롬이 매일 드리는 기도의 순서는 다음과 같다.

찬양을 많이 하고 경배에 깊이 들어가면서 아침 기도 시간을 시작한다. 하나님은 내게 많은 노래를 주시고, 나를 그분의 임재 안으로 초대하신다. 때로 나는 부드러운 찬양을 연주하면서 그분의 임재 속으로 들어간다. 목표는 하나님의 위대하심을 진정으로 경외하는 것이다. 하나님이 얼마나 크신지를 알면, 내가 얼마나 큰 죄인인지, 용서가 얼마나 절실히 필요한 사람인지를 알게 된다. 그러면 한참 동안 내 죄를 고백하면서 내 영혼을 예수님께로 연결시킨다.

성경은 우리를 방해하는 원수, 죽이고 훔치고 파괴하려는 원수가 있다고 말한다. 그래서 나는 하나님의 전신갑주에 관한 에베소서 6장으로 기도한다. 예수님의 이름으로 사탄의 공격을 물리치는 기도를 드린다. 그다음에 내가 사역하는 나라와 가족들과 개인들을 위해 기도한다.

그다음에 경배로 돌아간다. 큰소리로 경배한다. 큰소리로 기도하면 정신을 바짝 차릴 수 있다.

아침 기도, 정오 기도, 저녁 기도

사실상 우리가 조사하고 인터뷰한 모든 기도하는 리더들은 개인적으로, 그리고 직장에서도, 하루, 일주일, 일 년의 기도 리듬을 정해서 실천했다. 몇 가지 사례를 들어 보겠다.

1) 아침 기도

철학자이자 베스트셀러 저자인 달라스 윌라드는 침대 위에서 시편 23편을 외우며 하나님의 아름다운 사랑을 묵상하며 자신의 영혼을 깨운다.

내셔널커뮤니티교회 담임목사이자 《서클 메이커》 저자인 마크 배터슨은 기도 수첩 쓰기와 성경 읽기로 아침을 시작한다.

바이블프로젝트 공동 설립자인 팀 매키는 하늘을 향해 두 손을 펴고 자신의 영혼을 잠잠하게 하고 하나님 음성에 귀를 기울이면서 하루를 시작한다.

프랜시스 챈과 로스벨은 아침에 산책하면서 조금이나마 천국을 맛본다.

나(라이언)는 매일 아침 침대에서 나오면 곧바로 무릎을 꿇고 여러 시편과 옛 기도문으로 하나님을 향한 갈망을 표현한다. 그렇게 하루를 시작하기 전에 하나님과 연결되려고 노력한다.

아침 기도는 우리의 마음과 눈과 영혼을 하늘로 향하기 위한 시간이다. 하나님 사랑이 종일 우리를 통해 흘러나가 사람들에게 영향을 미치도록 그 사랑을 다시 기억하는 시간이다.

2) 정오 기도

존 마크 코머처럼 많은 기도하는 리더들이 정오에 혹은 하루 중에 틈

틈이 활동을 멈추고 다시 하나님을 향하는 시간을 갖는다. 이것에 관해서는 3장에서 자세히 살펴보자.

3) 저녁 기도

우리가 만난 리더들 중에는 저녁 기도 습관을 가진 리더가 많았다. 흔한 저녁 기도 형태에는 다음과 같은 것들이 있다.

- 성찰 기도(Examen): 반성하고 회개하고 결단하기 위한 기도
- 깨끗함을 위한 기도: 하루 동안 우리 영혼에 쌓인 더러운 것을 깨끗이 청소하고 모든 것을 하나님께 맡기기 위한 기도
- 저녁 예배: 찬양과 감사

규칙적인 기도를 하기 위한 생활 규범을 짜라

운동선수가 훈련 계획을 세우지 않고 어쩌다 한 번씩 찔끔찔끔 운동하면 큰 변화를 기대할 수 없다. 하지만 간단한 계획만 세워도 큰 효과가 나타날 수 있다. 이 책의 한 가지 목표는 독자의 기도 생활을 돕는 개인 트레이너가 되는 것이다. 리더들이 기도 습관을 정하고 그것을 생활 규범 안에 포함시키게 하는 것이다. 이번 장의 말미에 매일, 매주, 매년 실천할 구체적인 습관을 간단한 표로 정리해 놓았다.

우리가 만난 기도하는 리더들은 하루에 한두 시간을 성경 읽기와 개인 기도나 합심 기도에 할애했다. 그 시간을 어떤 식으로 나누든, 삶의 속도를 늦추고 오래 기도하는 시간이 반드시 하루 일정에 포함되었다. 그들

은 그 시간에 하나님의 임재 안에서 기쁨으로 충만해지고, 자신이 이끄는 사람들을 위해 열정적으로 기도하고, 성경을 묵상하고, 다양한 유형의 기도를 했다.

NFL 소속 목사인 보인턴은 다음과 같이 설명한다.

> 많은 사람들의 경우에, 몇 시간씩 기도하는 것은 밖에 나가 마라톤을 하는 것과 같다. 훈련 없이는 마라톤에 필요한 인내력, 근육 기억, 집중력, 폐활량 수준의 근처에도 갈 수 없다. 하지만 우리 대부분은 처음 1킬로미터를 달릴 힘은 있다. 적절한 훈련 계획을 세워 꾸준히 실천하기만 하면, 많은 사람들이 생각보다 훨씬 빨리 마라톤을 완주할 수도 있다.

기도하는 리더의 여정

우리는 형식적인 기도가 아니라 진정한 기도로 나아간 리더들이 3단계 여정을 거쳤다는 사실을 발견했다.

1. 기도를 우선시하여 생활 규범의 일부로서 꾸준한 기도 습관을 기르기 시작한다. 그 습관의 틀 안에서 기도하고, 기도 즐기는 법을 배워간다.
2. 다양한 기도 습관을 실천하면서 하나님과의 관계가 자라고 기도 생활의 본을 보이기 시작한다.
3. 기도 문화를 형성하는 일에 투자하여 자신이 속한 조직 안에서 기도 습관을 퍼뜨린다.

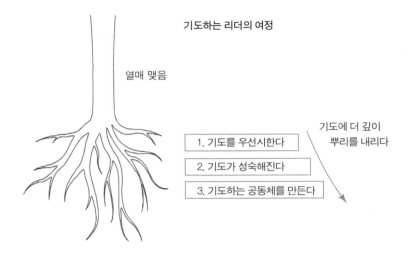

기도하는 리더의 여정

열매 맺음

기도에 더 깊이
뿌리를 내리다

1. 기도를 우선시한다
2. 기도가 성숙해진다
3. 기도하는 공동체를 만든다

이 틀은 기도에 더 깊이 뿌리내린 사람이 되기 위해 겸손히 아래로 내려가는 여정을 보여 준다. 우리는 '뿌리에 집중하는' 리더가 되어야 한다.

우리 대부분은 1단계나 2단계에 있다. 여기서 기도에 더 깊이 뿌리를 내려 기도의 사람이 되어 가야 한다. 우리는 수 세기 동안 기도하는 리더들이 발견해 온 것을 발견해야 한다. 우리는 그리스도로 인한 무한한 기쁨과 하늘의 자원을 얻을 수 있다. 이를 받기 위해서는 우리 마음을 열고 공간을 마련하기만 하면 된다.

이 세상의 정복자이신 예수님,

이 교만의 세상을 이기고

겸손하게 살도록 도와주십시오.

이 쾌락의 세상을 이기고

주님의 임재 안에서 기쁨을 찾도록 도와주십시오.

이 탐욕의 세상을 이기고

단순하게 살도록 도와주십시오.

이 성취의 세상을 이기고

순종하며 살도록 도와주십시오.

이 두려움의 세상을 이기고

평안 속에서 살도록 도와주십시오.

이 이기주의의 세상을 이기고

제 권리를 내려놓도록 도와주십시오.

이 어두움의 세상을 이기고

순전한 빛 가운데 살도록 도와주십시오.

이 미움의 세상을 이기고

매일 사람들을 깊이 사랑하도록 도와주십시오.

이 분노의 세상을 이기고

친절하게 살도록 도와주십시오.

이 험담의 세상을 이기고

침묵 가운데 안식하도록 도와주십시오.

이 게으른 세상을 이기고

훈련하는 삶을 살도록 도와주십시오.

주님을 잊어버린 세상을 이기고

매일 감사하며 살도록 도와주십시오.

주님은 모든 유혹을 이긴 제 안에 살아 계십니다.

나의 하나님, 일어나소서.

제 마음속에서 강하게 역사하여

제가 승리를 거두게 하소서.

제가 마주할 가장 큰 난관이

제 자신의 기만적인 욕심에 있기 때문입니다.

이 세상을 이기도록 도와주십시오.

이 세상을 바라는 저의 욕구를 없애 주십시오.

나의 그리스도, 나의 선장이신

주님만을 일편단심으로 갈망하기 원합니다.

– 라이언 스쿡

·기도 가이드: 기도 계획표·

모든 운동 계획은 '뭔가'를 시도하겠다는 결심으로 시작된다. 당신의 상황에 맞춰 당신만의 생활 규범을 짜기 위한 도구를 마련했다. 이것을 완전히 고정된 틀로 여길 필요는 없다. 이 책을 다 읽고 난 후에, 시도해 보고 싶은 다른 전략이나 하나님과 주기적으로 연결되기 위한 다른 방법을 발견하게 될 수도 있다. 하나님이 당신의 기도 습관을 비롯한 생활 규범을 사용하여 차츰 당신을 변화시키시고, 당신의 리더십을 성장시켜 주실 것이다. 가끔 기도하는 리더에서 늘 기도하는 리더로 성장할 것이다.

	주일	월요일	화요일	수요일	목요일	금요일	토요일
주제							
시편							
실천							
아침 기도							
정오 기도							
저녁 기도							
성경							

다음은 나(라이언)의 기도 계획표다.

	주일	월요일	화요일	수요일	목요일	금요일	토요일
주제	경배, 감사	가족	일, 사역	고백, 듣기, 용서	나라, 가난한 사람들	구원을 위한 기도	성장, 인격
시편	19, 84, 148편	63, 112편	27, 91편	25, 51편	10, 67편	34, 103편	139편
실천 1	찬송가를 처음부터 끝까지 쭉 읽는다.	가족을 위해 기도하고 축복한다.	직원, 회사, 일, 목표를 위해 기도한다.	악한 생각과 행동, 태만을 회개한다.	열국의 복음화, 핍박받는 교회, 선교사들을 위해 기도한다.	가족, 친구, 이웃, 직장 동료를 위해 기도한다.	성령의 열매, 팔복, 하나님의 전신갑주
실천 2	복음의 핵심, 성경의 진리를 고백한다.	가족을 위해 써 놓은 기도문대로 기도한다.	교회와 국가 리더들을 위해 기도한다.	생각나는 사람을 위해 기도한다.	가난하고 압제받는 사람들을 위해 기도한다.	사람들에게 복음 전할 기회를 위해 기도한다.	내가 그리스도의 인격을 갖추기 위해 기도한다.
아침 기도	찬양과 감사 목록	에베소서 1, 3장	주기도문, 성 패트릭의 기도	용서의 기도, 항복의 기도	골로새서 1장	빌립보서 1장, 에베소서 1장	성 프란체스코의 기도
정오 기도	한 문장 기도, 찬양	한 문장 기도, 찬양	한 문장 기도, 찬양	한 문장 기도, 찬양	한 문장 기도, 찬양	한 문장 기도, 찬양	한 문장 기도, 찬양
저녁 기도	성찬식, 성찰 기도, 경배	성찬식, 성찰 기도, 경배	성찬식, 성찰 기도, 경배	성찬식, 성찰 기도, 경배	성찬식, 성찰 기도, 경배	성찬식, 성찰 기도, 경배	성찬식, 성찰 기도, 경배
성경	읽기 계획표, 오늘의 잠언	읽기 계획표, 오늘의 잠언	읽기 계획표, 오늘의 잠언	읽기 계획표, 오늘의 잠언	읽기 계획표, 오늘의 잠언	읽기 계획표, 오늘의 잠언	읽기 계획표, 오늘의 잠언

3.

평범한 순간에도
하나님의 임재를 기대하다

우리가 할 수 있고 해야만 하는 가장 우선되고 기본적인 일
은 늘 하나님을 생각하는 것이다.
_ 달라스 윌라드

수백 년 전, 프랑스의 작은 수도원에서 설거지하던 수사가 혁신적인
뭔가를 시도했다. 매 순간 하나님의 임재를 의식하는 실험이었다. 그는
큰 팀을 이끈 적도 없었고 학위도 없었다. 하지만 매 순간 그리스도께 생
각과 관심을 집중하는 습관을 자세히 쓴 일련의 편지로 수백만 명에게 영
향을 미쳤다. 그는 이렇게 종일 기도하는 습관을 "하나님의 임재 연습"이
라 불렀다. 그가 쓴 편지를 모은 책은 역사적인 기독교 베스트셀러가 되었

다.[1] 그는 바로 로렌스 형제다.

물론 로렌스 형제는 하루에 몇 시간씩 기도에 집중하던 사람이었고, 그렇게 정해진 기도 시간을 마치면 놀라운 일이 일어나곤 했다.

이 패턴이 그의 모든 일상에 스며들었다.

로렌스 형제는 삶의 모든 순간, 모든 평범한 일, 모든 친절과 섬김의 행위 속에서 하나님의 임재를 경험했다. 그는 하루 종일 끊임없이 기도하며 기도의 자세를 유지했다. 그는 "하나님, 제 머릿속에 계시옵소서"(God be in my head)라는 시대를 초월한 켈트족의 기도를 삶으로 실천했다.

로렌스 형제는 마치 "아멘"이라는 말로 기도 끝내기를 거부한 사람 같았다. 그는 기도실에서 가졌던 기도하는 마음 자세를 주방과 작업용 의자에까지 가져갔다. 그는 사람들에게 이 습관을 갖도록 격려했다. "하나님과 끊임없이 대화하면서 늘 그분의 임재를 의식해야 한다." 그는 하나님과 어떻게 이야기했을까? "지극히 단순하다. 하나님께 뭐든 있는 그대로 솔직하게 아뢰고, 일이 생기는 대로 그분께 도우심을 간구하면 된다."

이 습관의 열매는 걱정 없는 행복이었다. 그는 이 실천을 "하나님과 함께하는 습관적이고 조용하고 비밀스러운 영혼의 대화"라고 불렀고 그로 인해 "늘 내 안에서 기쁨과 환희가 흘러나온다"라고도 말했다.

헨리 나우웬은 로렌스 형제의 기도 개념을 처음 접했을 때 이렇게 말했다. "단순한 것 같았고, 심지어 다소 순진하고 비현실적인 것으로도 보였다." 하지만 시간이 지나면서 나우웬은 정반대 결론에 이르렀다. "로렌스 형제의 조언은 … 17세기 수사의 고상한 개념에 불과한 것이 아니라 우리 시대 상황에서 가장 중요한 도전이다."[2]

이 시대 리더들은 하루 내내 하나님 안에 거하라는 단순해 보이는 초대를 여전히 쉽게 받아들이지 못하고 있다.

CEO와 설거지하는 사람

하나님의 임재 안에 늘 거하는 삶은 누구나 누릴 수 있다. 예수님이나 17세기 수사뿐 아니라 우리 같은 평범한 사람도 그런 삶을 경험할 수 있다. 지구상에서 가장 바쁜 리더라도 말이다. 하비 로비(Hobby Lobby)의 설립자이자 CEO인 데이비드 그린의 삶을 살펴보자.

겉으로만 보면, 그린의 삶은 시골 수도원에서 설거지하는 수사의 삶과 닮은 구석이 전혀 없다. 하비 로비는 매우 큰 기업으로, 연간 매출이 수십억 달러에 이르고 직원 숫자는 수만 명을 헤아린다. 그린이 우리에게 하비 로비의 시설들을 보여 주었는데 예수님을 향한 열정이 회사를 향한 열정보다 훨씬 크다는 점을 분명히 느낄 수 있었다. 그의 기도 생활에 관해서 물었더니, 그는 하나님의 임재를 연습하게 된 여정을 진지하게 설명해 주었다.

세계 최대 민간 기업[3]의 리더에게 로렌스 형제의 삶과 너무도 흡사한 경험을 듣노라니 경이로운 느낌마저 들었다. 그린은 사무실에서 "하루 종일 하나님의 임재를 의식한 상태를 유지하고 하나님과 끊임없이 대화하기" 위해 노력한다고 말했다.[4]

기도는 그의 리더십의 기초다. 그의 기도 여정에서 결정적인 순간이 하비 로비가 아직 규모가 작고 재정적으로도 열악한 초창기에 있었다. 그가 한 교회 집회에서 몇몇 선교사에게 성경책 구입이 절실하다는 말을 듣고 나서 비행기를 타고 집으로 오고 있었는데, 하나님이 그에게 믿음으로 나서서 그들의 필요를 채워 주라고 촉구하셨다. "비행기 창문 밖을 내다보는데 특이한 일이 일어났다. 내면에서 작은 목소리가 이렇게 말하는 듯했다. '성경책 구입비로 네가 3만 달러를 내라.'"[5]

당시 그린의 수중에 현금 3만 달러는 없었지만 4개월 뒤에 지불하는 7,500달러짜리 수표 네 장을 그 교회에 보냈다.[6] 그린은 이렇게 말했다.

> 그 교회 직원이 내 헌금에 감사를 전하기 위해 내게 전화를 해서는 흥미로운 말을 했다. "선생님의 편지에 소인이 찍힌 날이 우리 교회에서 아프리카 선교사님 네 분이 성경책 구입비를 위한 특별 기도회를 열었던 날이에요. 하나님이 선교사님들의 기도에 응답하신 것 같습니다."[7]

이 사건은 그린의 마음속에 열정의 불을 일으켰다. 그는 자신이 정말로 하나님의 음성을 들었다는 것을 깨달았고, 하나님과의 대화를 이어 가고 싶었다.

데이비드 그린과 마찬가지로 이스라엘 왕인 다윗도 지속적인 연결에 관한 비슷한 습관을 이야기한다. "내가 여호와를 항상 내 앞에 모심이여…"(시 16:8). 여기서 그가 사용한 "모심"이라는 단어는 행위 동사다. 이는 지속적인 노력을 의미한다. 데이비드 그린과 로렌스 형제와 다윗 왕은 모두 하나님을 "머릿속에" 모시기 위해 시간과 노력과 의지를 동원했다.[8]

우리 연구에서 하나님의 임재 연습은 두 번째로 널리 실천된 습관이었다. 기도하는 리더들의 개인적인 기도 생활에서 이보다 더 공통적이고 핵심적인 습관은 기도 시간을 정해 놓는 것뿐이었다. 우리가 인터뷰했던 수많은 리더들은 각기 다른 언어로 같은 원칙을 설명했다.

- "우리는 기도로 하나님 아버지와 대화한다. 우리는 기도로 하루를 연 후에, '아멘'이라는 말로 기도를 끝맺지 않는다. 우리는 하루 종일 하나님과의 연결을 끊지 않는다."
- "나와 성령님의 교제는 지속된다. 나는 일하면서 기도한다."
- "나는 항상 예수님과 이야기한다. 나는 종일 기도실을 들고 다닌다."
- "순간순간 '하나님 아버지의 생각은 무엇입니까?'라고 여쭙는다."
- "항상 기도하라. 날마다, 일할 때마다, 기도하는 상태를 유지하라. 늘 하늘에 연결되어 있어야 한다."

이 리더들은 예수님이 본으로 보여 주시고 함께하자고 초대하신 '거함'(abiding)의 삶을 살고 있다.

예수님은 하나님의 임재를 어떻게 연습하셨는가

누가복음 11장 1절에서 제자들은 예수님께 기도하는 법을 가르쳐 달라고 요청했다. 그 요청은 유명한 '주기도문' 탄생으로 이어졌다. 하지만 그 기도 이전에 제자들이 본 예수님의 기도 생활이 어떠했는지를 보자.

"예수께서 한 곳에서 기도하시고 마치시매…"(눅 11:1)

누가는 여기서 "마치시매"라는 단어를 사용하지만, 예수님은 기도를 진짜로 마치신 적이 없었다. 예수님은 늘 하나님 앞에서 하나님과 함께 사셨고, 하나님 아버지와의 대화는 계속 진행 중이었다. 예수님의 모든 행동은 하나님 아버지의 행동을 그대로 본받은 것이었다. "내가 진실로 진실로 너희에게 이르노니 아들이 아버지께서 하시는 일을 보지 않고는 아무것도 스스로 할 수 없나니…"(요 5:19). 그리고 예수님은 모든 순간을 아버지와 함께 보내셨다. "나를 보내신 이가 나와 함께하시도다 나는 항상 그가 기뻐하시는 일을 행하므로 나를 혼자 두지 아니하셨느니라"라고도 말씀하셨다(요 8:29).

대화 중에 예수님의 한 눈은 대화 상대를 향하고 다른 한 눈은 아버지를 향해 있었다. 사람들의 말을 들을 때 예수님의 한 귀는 그들을 향하고 다른 귀는 아버지의 음성에 집중되어 있었다. 예수님은 말로 기도하기도 하셨지만, 기도로 충만한 삶의 본도 보여 주셨다.

예수님은 아버지와의 지속적인 연결을 통해 아버지 안에 거하는 삶이 영적 거장만의 전유물이 아니라고 말씀하신다. 열매를 맺는 유일한 길은 예수님 안에 '머무는' 것이기 때문에 우리는 모두 그런 삶을 배워야 한다.

초대교회는 하나님의 임재를 어떻게 연습했는가

사도 바울은 지속적인 기도의 본을 보여 준다.

"이로써 우리도 듣던 날부터 너희를 위하여 **기도하기를 그치지 아니하고** 구하노니 너희로 하여금 모든 신령한 지혜와 총명에 하나님의 뜻을 아는 것으로 채우게 하시고"(골 1:9)

바울은 늘 기도했기 때문에 성도들에게 함께 기도하자고 권면하는 것이 자연스러웠다. 그는 서신서 곳곳에서 기도하라고 권면했다.

- "기도를 계속하고"(골 4:2)
- "항상 성령 안에서 기도하고"(엡 6:18)
- "쉬지 말고 기도하라"(살전 5:17)

"쉬지 말고 기도하라"라는 구절에서 바울은 헬라어 동사 '디아레이포'(dialeipo)에서 온 단어인 '아디아레이프토스'(adialeiptos)를 사용한다. '디아레이포'는 뭔가의 사이에 간격 혹은 틈을 둔다는 뜻이다. '아디아레이프토스'에서 접두사 '아'(a)는 '디아레이포'를 부정한다. 따라서 바울은 문자적으로 기도 생활에 간격이나 틈이 없어야 한다고 말한 것이다. J. D. 왓슨 목사에 따르면, '아디아레이프토스'는 "로마 시대에 멈추지 않는 기침을 언급할 때 사용되었다. 사람이 끊임없이 기침하는 일은 별로 없겠지만 자주 기침할 수는 있다. 따라서 시간이 지나도 '여전히 기침하고 있는' 사람에 대해 이 표현을 사용할 수 있다."[9]

우리는 바로 이런 사람이 되기를 추구해야 한다. 즉 하루를 기도로 시작하고 나서 하루가 다 지나도록 여전히 기도하고 있는 사람이 되어야 한다.

하나님의 임재 연습은 과정이다

달라스 윌라드는 《잊혀진 제자도》에서 이렇게 말했다. "우리가 할 수 있고 해야만 하는 가장 우선되고 기본적인 일은 늘 하나님을 생각하는 것이다. … 이것이 우리의 영혼을 돌보기 위한 근본적인 비결이다. 따라서 하나님의 임재를 연습할 때 우리의 역할은 우리의 정신을 지속적으로 그분께로 향하게 하고 또다시 향하게 하는 것이다."[10]

하지만 윌라드는 하나님 안에 거하고 우리 정신을 그분께로 계속 향하게 하는 일이 하루아침에 이루어지지 않음을 알았다. 이것도 역시 키워야 할 '근육'이다. 윌라드는 계속해서 다음과 같이 말한다.

> 처음에는 하나님 대신 사소한 것들을 골똘히 생각하는 나쁜 습관 때문에 힘들 수 있다. 하지만 이것은 중력의 법칙이 아니라 어디까지나 습관이다. 다시 말해, 바꿀 수 있는 습관이다. 하나님을 늘 생각하기 위해 의식적인 노력을 하면 은혜로 충만한 새로운 습관이 이전의 습관 대신 자리를 잡는다. 나침반 바늘이 계속해서 북쪽으로 돌아가는 것처럼 우리의 정신이 금방 하나님께로 돌아간다. … 하나님을 우리 영혼의 주된 갈망으로 삼으면, 하나님이 우리 내적 존재의 북극성이 되신다.

우리는 지속적인 기도가 가능하기를 소망한다. 우리는 예수님, 바울, 로렌스 형제가 그런 기도를 했고, 우리가 인터뷰한 전 세계 리더들도 그런 기도를 하고 있다고 믿는다. 따라서 우리도 하나님의 임재를 연습할 수 있다. 우리에게 가르침을 주었던 기도하는 리더들은 병행해야 할 두 가지 단계를 제시했다. 이 두 단계는 하나님과 동행하며 걷는 두 발과도 같은데, 바로 계획과 신호다.

계획: 기도를 중심으로 하루를 정렬하라

우리가 인터뷰했던 리더들 중에 제흐라만큼 죽음의 위협을 느끼며 살아온 사람은 거의 없다.[11] 제흐라는 기독교로 개종한 후 이슬람교도 중심 사회에서 복음을 전하기로 결심한 탓에 공격의 표적이 되었다. 하지만 하나님의 임재를 연습한 덕분에 제흐라는 죽음의 위협 속에서 오히려 성령을 더 깊이 의지하고 예수님과 더 가까이 동행했다. 그 모습은 실로 아름다웠다.

제흐라의 사역은 주로 라디오와 인터넷을 통해 복음을 전하는 것이다. 그녀의 사역을 통해 수많은 이슬람교도들이 예수님을 믿었을 뿐 아니라 그녀의 지역에 있는 여성들이 전에 없이 큰 능력을 얻었다. 그녀와 그녀의 동역자들은 사도행전에 기록된 내용을 떠올리게 하는 기적들을 경험하고 있다. 이를테면 귀신 들렸던 사람이 온전한 정신을 되찾고, 하이에나들이 밧줄을 물어뜯어서 포로들이 해방되고, 글을 읽을 줄 모르는 사람이 성경을 읽는 기적이 일어나고 있다. 제흐라가 미전도종족에 복음을 전할 때, 복음을 들은 사람들이 꿈에서 예수님을 보거나 그분의 음성을 들었다는 이야기를 자주 한다. 제흐라는 자신의 사역을 통해서 그들이 꾼 꿈을 확증해 보이고 있다.

제흐라는 이슬람교도로 자랐고 "종교적 열심으로" 자신의 신앙을 추구했다. 그녀는 기독교로 귀의하면서 극적인 삶의 변화를 경험했지만, 이슬람교도였을 때의 습관들, 특히 자주 기도하는 습관은 예수님과 더 친밀해지는 데 도움이 되었다. 그녀는 이렇게 말한다. "이제 의식을 행하지는 않는다. 그 대신 루틴을 유지한다. 예전처럼 하루에 다섯 번 기도해야 한다는 강박관념은 없다. 하지만 예수님과 늘 대화를 나눈다. 이제 나는 하

루 종일 기도의 골방을 지니고 다닌다. 이것은 전적으로 자유와 사랑 때문에 하는 일이다."¹²

제흐라는 하루하루와 매 순간을 하나님 중심으로 정렬하는 것이 얼마나 중요한지를 배웠다. "나는 새벽 네다섯 시에 일어난다. 곧바로 침대에서 나와 바닥에 엎드려 하나님의 이름을 부르며 말한다. '하나님이 제 하루의 주인이십니다. 하나님이 제 CEO이십니다.'"

제흐라는 하루를 시작하며 가장 먼저 하나님을 생각하고, '두 시간마다' 10분씩 모든 일을 멈추고 다시 예수님을 생각한다. 눈을 감고 주님의 임재 속으로 들어간다.

신호: 기도할 시간을 알려 주는 종소리

마을 중심에 있는 종탑의 전통적인 기능은 주민들이 하나님의 임재를 연습하도록 격려하는 것이었다. AD 604년 교황 사비니아노는 매일의 기도 시간을 알리기 위해 교회 종을 울리는 것을 공식적으로 재가했다.¹³ 수 세기 동안 종탑은 전 세계 마을의 중심에서 하루에도 여러 번 종을 울려 신자들에게 마음을 하나님께로 향할 시간이 되었다고 알려 주었다. 매 시간 울리는 종소리는 하나님의 사랑과 임재를 기억하라는 신호였다. "매 시간 저는 주님이 필요합니다"(Every hour I need thee, "주 음성 외에는" 영어 가사 — 역주)는 찬송가 가사로만 끝나지 않는다. 그것은 기독교 세계 전역에서 사람들이 기억하는 실질적인 현실이었다.

하나님의 임재를 연습하는 사람들은 매일의 삶 중심에 '종탑'을 세우는 법을 배웠다. 특정한 사건, 특정한 순간, 특정한 사람, 심지어 특정한 건물도 잠깐 일상을 멈추고 기도하거나 찬양을 드리거나 하늘의 하나님께 기도를 속삭이라고 신호를 보내는 '종소리' 역할을 할 수 있다.

우리가 인터뷰한 리더들의 기도 생활에는 예수님께로 돌아가야 할 시간이 되었음을 알려주는 갖가지 종이 있었다. 공통적인 종으로는 '식사, 모임, 감정, 순간'이 있다.

1) 식사

예수님이 하늘을 우러러보시며 식사 기도를 하셨던 것처럼, 우리가 인터뷰한 모든 리더는 식사 시간을 기도의 신호로 사용한다.

2) 모임

우리는 모임 전에 기도하는 사역 단체를 많이 보았다. 이것은 꽤 흔한 경우다. 하지만 우리가 인터뷰했던 리더들은 모임 중에도 왠지 혼란스러워지고 지혜가 필요할 때면 모임을 멈추고 기도하면서 하나님 음성에 귀를 기울였다. 중국에서 대규모 교회개척운동의 2세대 리더로 활동 중인 마크 주는 이렇게 말했다.

> 우리가 모임을 기도로 시작하는 것은 지극히 자연스러운 일이다. 모임을 진행하는 중에도 우리는 이렇게 말한다. "다른 관점으로 보기 위해 잠시 모임을 멈춥시다. 기도하면서 (우리가 논의하는 일이) 하나님의 뜻인지 확인해 봅시다." 그러면 사람들은 하나님의 응답을 경험하고 관점이 바뀐다.[14]

모임 중에 기도하는 이유는 분명하다. 성령이 존재하시고, 성령이 우리가 이해할 수 있는 방식으로 말씀하시며, 하나님은 우리 모임에서 다루는 안건에 대해 우리가 모르는 것까지 다 알고 계시기 때문이다. 마크 주를 비롯해서 기도하는 리더들은 회의실에서 가장 지혜로운 분께 상의하지 않는 것은 있을 수 없는 일이라고 믿는다.

3) 감정

성경에서도, 그리고 기도하는 리더들도 크고 작은 감정을 기도하라는 신호로 여긴다. 성경에서 기도하라는 신호로 여기는 감정을 조금만 소개해 보면 다음과 같다.

- 고난 중에 있을 때(약 5:13)
- 즐거울 때(약 5:13)
- 아플 때(약 5:14)
- 죄에 빠져 있을 때(약 5:16)
- 정치가 걱정될 때(딤전 2:1-2)
- 염려될 때(빌 4:6-7)
- 모욕을 당할 때(눅 6:28)
- 핍박을 당할 때(마 5:44)
- 무슨 말을 해야 할지 모를 때(롬 8:26)

마크 주는 좋은 일만 기도의 신호인 것은 아니라고 말한다.

실망스러운 일을 하나님께 아뢰는 것도 기도의 일부라는 점을 배웠다. "주님, 왜 이런가요? 하지만 주님, 그 이유를 알 수 없어도 주님을 믿겠습니다." 그럴 때 고난 속에서 새로운 시각을 얻는다. 하나님은 우리가 그분의 뜻에 맞추게 하신다.

사도 바울도 빌립보서 4장 6절에서 비슷한 뜻을 전달한다. "**모든 일에** 기도와 간구로, 너희 구할 것을 감사함으로 하나님께 아뢰라." 기도(prayer)와 간구(petition). 여기서 왜 바울은 두 가지 단어를 사용했을까? 헬라어로 "간구"에 해당하는 단어는 우리가 '기도' 하면 흔히 생각하는 것이다. 즉, 필요한 것을 구하는 것이다. '기도 제목들'을 쭉 훑으면서 기도하는 것이 바로 간구다.

이 구절에서 '기도'의 헬라어는 더 흔히 사용되는 단어인 '프로슈코마이'(proseuchomai)다. 이 단어는 두 부분으로 이루어진다. '프로스'(prós)는 교환을 의미한다. 이것은 돈을 닭과 교환할 때처럼 시장에서 사용하는 표현이다. 두 번째 부분인 '유코마이'(euxomai)는 '바라다'를 의미한다. 따라서 기도는 '바라는 것들의 교환'이다.[15]

예수님의 겟세마네 동산 기도에서 이것을 확인할 수 있다. "내 원대로 마시옵고 아버지의 원대로 되기를 원하나이다"(눅 22:42). 하나님, 제가 바라는 것은 이렇습니다. 하지만 하나님은 무엇을 원하십니까? 신약성경에서 '기도'에 해당하는 가장 흔한 단어는 기도 제목과 끝없는 요청에 관한 것이 아니다. 더 깊고 진정한 개념은 '내가 바라는 것을 하나님이 원하시는 것과 교환하는 것'이다. 현재 우리 기분과 상관없이, 우리는 기도하면서 하나님이 바라시는 것과 우리가 원하는 것을 교환해야 한다.

4) 순간

개인적으로 나(라이언)에게 깊은 영향을 미친 기도의 신호는 무리 속의 낯선 사람들을 볼 때이다. 줄에 서 있을 때 나는 내 앞과 뒤에 있는 사람들을 위해서 기도한다. 공항에 있을 때 주변에 있는 사람들을 위해 기도한다. 내 우버 운전자를 위해 조용히 기도한다. 거리에서 근처에 있는 사람들을 위해 기도한다. 때로는 성령이 이 낯선 이들을 위한 구체적인 기도 제목을 알려 주실까 싶어서 가만히 귀를 기울인다.

출퇴근하고, 줄을 서고, 거리를 걷는 시간이 모두 남을 위해 기도할 기회다. 그렇게 기도하다 보면 때로는 주변 사람들에게 사랑을 표현하고 싶은 마음이 강하게 일어난다. 하지만 그렇게 되지 않는다 해도, 하다못해 그런 기도는 짜증 난 내 기분을 조금 덜 짜증 난 상태로 바꾸는 데, 그리고 조금 더 사랑하게 하는 데 도움이 된다. 예수님께 조금 더 연결되게 한다.

리더들은 특정한 순간을 기도할 기회로 삼는다. 새로운 팀원을 영입할 때, 혹은 중요한 재정적 결정을 내릴 때가 그런 경우들이다. 한 리더는 이렇게 말했다. "나는 기도 없이 그 어떤 결정도 내리지 않는다. 회의 중에 하나님의 인도하심을 구한다. 내가 옳은 방향으로 가고 있을 때는 마음이 무겁거나 불편하지 않고 가볍다."

어떤 리더는 업무 목록을 쓸 때 우선 맨 위에 "나는 예수님을 사랑하기 때문에"라고 적는다. 자신이 하는 모든 일이 예수님을 사랑하기 때문에 하는 것임을 기억하기 위해서다.

캐나다에서 석유 화학 업체를 운영하는 리더는 거의 매 순간 기도한다고 말한다. "'하나님 아버지의 생각은 무엇인가요? 하나님 아버지, 무엇을 원하시나요?' 그렇게 성령께 민감한 것이 내게는 더없이 중요하다."

성령과 연결된 상태를 유지하는 것은 뭔가를 다르게 한다는 뜻이 아니라 '하나님과 함께하는 것'을 의미한다. 로렌스 형제는 하나님을 닮아 가는 것이 "우리의 일을 바꾸는 것에 달려 있지 않고, 우리가 흔히 자신을 위해 하던 일을 하나님을 위해 하느냐에 달려 있다"라고 말했다.[16]

한 문장 기도

단 몇 단어의 힘을 보여 주는 유명한 사례는 '헤밍웨이의 도전'이다. 21세기 문학계의 거장 헤밍웨이는 많은 의미를 간결한 언어로 응축하는 능력으로 유명하다. 문학계의 전설에 따르면, 한번은 헤밍웨이가 동료 작가들에게 자신이 단 여섯 단어로 이야기를 쓸 수 있다고 장담했다. 동료들이 말도 안 되는 소리라고 비웃자, 헤밍웨이는 곧바로 여섯 단어로 이야기를 만들었다. "아기 신발 판매. 신은 적 없음."(Baby shoes. For sale. Never used.) 동료 작가들은 특별한 감정을 일으키는 여섯 단어 이야기에 놀라움을 금치 못했다.

여섯 단어 이야기가 강한 힘을 발휘할 수 있다면 짧은 기도의 힘은 얼마나 엄청날지 상상해 보라. 한 문장 기도는 바쁜 하루 일과나 모임 중에, 그뿐 아니라 언제 어디서라도 하나님의 임재를 연습할 수 있게 해 준다. 짧은 기도는 별것 아닌 듯 보이지만, 연구에 따르면 단 한 문장만으로도 우리의 정신과 의지와 감정을 예수님께로 다시 향하게 만들 수 있다.[17]

리더 느헤미야는 한 문장 기도의 힘을 보여 주는 성경의 좋은 사례다. 그는 고향 유대 땅에서 멀리 떨어진 타국에서 바사 왕에게 술잔을 올리는 관리로 일하고 있었다. 그러던 중 예루살렘 성벽이 허물어지고 성문이 불타서 사랑하는 고향이 무방비 상태에 놓였다는 소식을 들었다. 그는 왕이 던진 중요한 질문에 답하기 전에 잠깐 동안 재빨리 "하늘의 하나님께 묵도"했다(느 2:4). 우리는 느헤미야가 장황하게 기도할 시간이 없었을 것이라고 충분히 상상할 수 있다. 그러나 느헤미야에게는 기도가 중요했고, 하나님과 함께했던 바로 그 순간으로 인해, 그는 고향으로 돌아가 성을 재건하게 해 달라고 왕에게 담대히 요청하기 위한 확신과 용기를 얻을 수 있었다.

예수님은 단 한 문장으로 인생들과 역사를 바꿔 놓으셨다.

- "아버지 저들을 사하여 주옵소서"(눅 23:34)
- "아버지여 … 내 원대로 마시옵고 아버지의 원대로 되기를 원하나이다"(눅 22:42)
- "나사로야 나오라"(요 11:43)
- "깨끗함을 받으라"(눅 5:13)
- "그 사람에게서 나오라"(눅 4:35)
- "소녀야 일어나라"(막 5:41)

하나님과의 깊은 관계에서 나온 한 문장 기도는 하늘의 능력과 은혜를 품고 있다.

하루 종일 하나님과 대화하기

삶의 속도를 늦추고 하나님 중심으로 계획을 짜고 기도하라는 신호에 반응하면, 하나님의 임재를 누리는 사람이 된다.

마크 주(Mark Zhou)는 하나님의 임재 누리는 법을 할머니께 배웠다. "할머니는 밖에서 어떤 일이 일어나도 고요한 평정심을 유지하셨다. 할머니는 내가 모르는 어떤 분과 대화하셨다. 가만히 앉아서 귀를 기울이고 미소 짓고 중얼거리셨다." 성인이 된 주는 간단한 문장을 사용해서 자신만의 중얼거림을 실천했다. 그가 자주 말하는 두 문장은 "마라나타(오, 주님, 오소서!), 주님, 저를 긍휼히 여기소서"와 "제 발걸음을 인도하소서"이다.

하나님의 임재 안에 거하고 하나님의 임재를 누리는 법을 배운 마크 주와 같은 리더들은 하나님이 가까이 계심을 안다. "하늘에 계신 우리 아버지"라는 표현이 하나님이 우리에게서 멀리 계신다는 잘못된 인상을 준다고 말하는 사람들이 있다. 하지만 '하늘'은 '공기'이며, 공기는 우리 주변에 항상 있다. 하늘에 계신 우리 하나님 아버지는 '저기 멀리'에 계시지 않는다. 하나님은 여기에, 아주 가까이에 계신다. 하나님은 이곳에 임하여 우리가 가까이 다가오기를 기다리고 계신다.

───── ☙ ─────

여호와, 유일하신 하나님, 주님은 거룩하시고
주님의 행하심은 놀랍습니다.
주님은 강하십니다.
주님은 위대하십니다.
주님은 지극히 높으신 분입니다.

주님은 전능자이십니다.

거룩하신 아버지, 주님은 천지의 왕이십니다.

주님은 온전히 선하신 삼위일체 여호와 하나님이십니다.

주님은 선하십니다, 온전히 선하십니다, 지극히 선하십니다.

여호와 하나님, 살아 계시고 참되신 분이시여.

주님은 사랑이십니다. 주님은 지혜이십니다.

주님은 겸손이십니다. 주님은 인내이십니다.

주님은 쉼이십니다. 주님은 평안이십니다.

주님은 기쁨이요 즐거움이십니다.

주님은 정의요 절제이십니다.

주님은 우리의 모든 부요함이시니 주님만으로 충분합니다.

주님은 아름다움이십니다.

주님은 온유함이십니다.

주님은 우리의 보호자이십니다.

주님은 우리의 수호자요 옹호자이십니다.

주님은 우리의 용기이십니다. 주님은 우리의 피난처요, 우리의 소망이십니다.

주님은 우리의 믿음, 우리의 큰 위로이십니다.

주님은 우리의 영생이요, 위대하고 놀라운 여호와이십니다.

전능하신 하나님, 자비로우신 구주이시여.

  — 아시시의 성 프란체스코

· 기도 가이드: 한 문장 기도 ·

예수님의 평안을 제 영혼에 가득 채워 주세요.

하나님 아버지의 사랑을 제 마음에 가득 채워 주세요.

성령님의 사랑을 제 안에 가득 채워 주세요.

오늘 주님의 음성 듣는 법을 가르쳐 주세요.

주님의 뜻을 이해하도록 도와주세요.

제 눈을 열어 주님을 보게 해 주세요.

이 순간, 제 마음과 영혼을 보호해 주세요.

하나님은 저의 하나님이십니다. 하나님을 간절히 찾습니다.

내 영혼아, 왜 그토록 낙심하는가?

이 순간, 주님의 지혜를 주세요.

주님이 지금 여기 계시다는 사실을 기억하게 해 주세요.

밤에나 낮에나 주님을 생각합니다.

제 삶이 주님께 드리는 기도가 되게 해 주세요.

저를 주님의 날개 그늘 아래 숨겨 주세요.

제가 이곳에서 모든 사람에게 복이 되게 해 주세요.

주님의 마음을 보여 주세요.

이곳의 모든 사람을 사랑하도록 도와주세요.

이곳의 모든 사람이 구원을 얻게 해 주세요.

이 짐을 주님께 맡깁니다.

눈을 들어 예수님을 봅니다.

갈팡질팡하는 저를 용서해 주세요.

하나님, 바로 지금 하나님이 필요합니다.

이 죄를 제 마음에서 없애 주세요.

여호와 하나님의 영광을 보여 주세요.

주 예수님, 가까이 와 주세요.

오늘 주님이 기뻐하시는 일을 행하도록 도와주세요.

열국에 구원을 베풀어 주세요.

제가 있는 동네/가정/일터로 와 주세요.

이 순간, 주님의 사랑을 기억하게 해 주세요.

주님, 제게 무엇을 원하십니까?

주님의 사랑이 얼마나 깊고 길고 넓고 높은지를 보여 주세요.

제가 이 순간 잠잠히 있어, 주님의 임재를 놓치지 않도록 도와주세요.

하나님, 저희에게 은혜와 복을 주시고 주님의 얼굴을 저희에게 비추어 주세요.

4.

절박함과 겸손함으로
기도의 무릎을 꿇다

나는 그 어디에도 기댈 곳 없다는 굳은 생각에 압도되어,
무릎을 꿇곤 했다.
_ 에이브러햄 링컨이 했다고 알려진 말

저스틴 휘트멀 얼리는 성공했기 때문에 병원에 입원했다.

이십대 중반에 얼리는 가정을 이루고 기업 변호사로 커리어를 쌓아
갔다. 그것은 그가 꿈꾸던 삶이었다. 과로와 탈진만 빼면 말이다. 결국 건
강이 악화되어 그는 삶의 속도를 늦출 수밖에 없었고, 탈진 상태에서 회복
되기 위해 병원에 입원했다. 그가 퇴원할 때 의사는 그에게 수면제 한 통
을 주며 좀 쉬라고 조언했다.

얼리는 의사의 처방은 받아들였지만 그의 조언은 무시했다. 그 결과, 그의 인생은 어두운 골짜기 속으로 들어갔다. 수시로 널뛰는 감정, 악몽과 환각에 시달리는 밤, 자살 충동, 이 모든 일이 뛰어난 실적으로 찬사를 받는 중에 일어났다. 그는 술과 수면제에서 '쉼'을 찾았지만 그에 중독되면서 자신이 사랑하는 이들을 아프게 하고 있었다. 절박해진 얼리는 자기 삶을 완전히 뜯어고치기로 결심했다.

얼리는 자신만의 생활 규범을 짰다. 영혼의 자유와 쉼을 찾기 위한 매일의 습관과 매주의 습관을 정했다. 그렇게 육체적, 정서적, 영적 건강을 되찾고 하나님과 이웃을 더 깊이 사랑하게 되는 여정을 시작했다. 그는 사람을 서서히 변화시키는 습관의 힘을 깨달았고, 새로운 결심과 실천이 평안을 가져다주기를 바랐다.

얼리가 정한 첫 번째 습관은 기도였다. 그가 대학 졸업 후 중국 상하이의 선교 현장에서 사역할 때, 자신을 기도의 사람이라고 소개하는 사람들을 많이 만났다. 하지만 얼리 자신은 그런 사람이 못 된다는 것을 알았다. "나는 기도로 하나님께 말씀드리기보다는 기도에 '관한' 이야기만 많이 하는 사람이었다. 그런 삶을 바꾸기 위해 위기가 필요했다."[1]

얼리는 기도의 사람이 되기 위해 노력하다가 몇몇 난관을 만났다. "한 가지 눈에 들어온 사실은 여느 사람들처럼 내 마음이 매우 불안정하다는 것이었다. 내 마음은 항상, 특히 기도가 가장 필요할 때면 사방으로 흩어졌다. 기도가 가장 필요할 때는 피곤하고, 우울하고, 걱정이 많고, 두렵고, 생각해야 할 것이 수없이 많을 때이기 때문이다. 그러던 중에 기도하기 위한 육체적 자세를 정하면 좋겠다는 생각이 들었다. 내 몸이 기도에 집중하면 마음도 기도에 집중하기 쉬워질 것이라고 생각했다."

그렇게 해서 얼리가 생각한 기도 자세는 무릎을 꿇는 것이었다. 얼리는 아침에 침대에서 일어나자마자 바닥에 무릎을 꿇는다. "무릎을 꿇으면 불안정한 마음이 몸의 새로운 자세에 충격을 받았다. 내 마음은 무슨 일인지 어리둥절해했다. '지금 차가운 바닥에서 뭐하는 거야?'[2] 밤에도 그는 그 자세로 기도하기를 반복하고, 무릎을 꿇을 수 없는 한낮의 상황에서는 두 손을 펴고 위를 향하게 해서 기도한다.

얼리는 이렇게 간단한 자세 변화로 "기도의 육체적 격자(trellis)"를 설치하면서 기도하는 삶을 살기 시작했다. "무릎 꿇고 기도하기라는 격자가 좋은 점은 그 격자에서 다양한 유형의 기도가 자라나기 시작했다는 것이다."[3] 하루에도 여러 번 기도하면서, 그의 기도 습관은 점점 확고해졌다.

얼리는 아침에 일어나 침대 옆에 무릎을 꿇고 기도하고, 아들들이 학교에 가기 전에 문 앞에서 함께 기도하고, 정오에 일을 멈추고 하늘을 향해 두 손을 편 채 기도하고, 저녁 식사 시간에 촛불을 켜 놓고 기도하고, 잠자리에서 아들들에게 축복 기도를 해 주고, 다시 침대 옆에 무릎을 꿇고 기도하는 것으로 하루를 마무리한다. 그는 이것이 엄청난 도약까지는 아니지만 "작은 습관들이 오랫동안 쌓이다 보니 '어쩌면 이제 나도 기도의 사람인지 모르겠군'이라고 말할 수 있게 되었다"라고 말한다.

"아빠처럼 기도할래요"

아침에 일어나자마자 무릎을 꿇는 것은 내(라이언)가 기도의 리듬을 갖추기 위한 여정에서 가장 처음 시도한 기도 습관이었다. 처음에는 단 몇 분 기도로 시작했다. 나중에는 무릎을 꿇고 시편 말씀을 가지고 기도하기 시작했다. 그러다가 내게 더 큰 도전을 던지는 말씀을 듣게 되었다.

빌리지교회의 목사이자 교회 개척 네트워크 액츠29(Acts 29)의 대표인 매트 챈들러는 사람들에게 매일 아침 하나님 안에서 영혼이 행복해질 때까지 기도하라고 강권한다. 그렇게 하면 남들의 의견이나 영향력, 성공이나 해로운 것을 포함한 다른 것들에서 행복을 찾지 않게 된다.

나의 영혼이 하늘로 솟아오를 때까지 무릎을 꿇고 버티다 보니 아침에 무릎 꿇고 기도하는 시간이 점점 늘어났다.

두 습관을 연결하는 '습관 쌓기'(habit stacking)에 관한 광범위한 과학적 연구가 이루어지고 있다. 연구 결과, 두 가지 습관을 함께 실천할 때 대개 하나의 습관이 다른 습관을 위해 몸과 마음을 준비시키는 것으로 드러났다. 내 경우, 무릎을 꿇는 행위는 마음과 영혼이 기도의 자세를 취하게 만든다.

하루는 침대 옆에 무릎을 꿇고 기도하는데 옆에서 인기척이 느껴졌다. 고개를 들어 보니 여섯 살 아들이었다. 아들은 나를 보며 말했다. "아빠, 나도 아빠처럼 무릎 꿇고 기도할래요." 그 말을 듣고 너무 기뻤다. 아들이 내 옆에 딱 붙어서 무릎 꿇고 기도하는 내내, 눈물이 내 뺨을 타고 흘러내렸다. 아들은 지난 몇 년 동안 이 습관을 꾸준히 지켜오고 있다.

이 책을 위해 인터뷰를 할 때 개인적으로 나는 밤에 무릎을 꿇는 습관에 큰 도전을 받았다. 아침과 저녁으로 무릎 꿇는 것은 내 기도 생활의 닻이 되었다. 내게 이보다 더 큰 영향을 미친 기도 습관은 없다.

역사에서 재발견한 기도 자세

얼리와 나는 둘 다 무릎 꿇기를 통해 기도 생활의 큰 도약을 이루었지만, 이 습관은 전혀 새로운 것이 아니다. 성경에는 기도의 육체적 자세를 마음 자세와 연결한 사례가 수없이 많다. 시편 95편 6절은 이렇게 초대한다. "오라 우리가 굽혀 경배하며 우리를 지으신 여호와 앞에 무릎을 꿇자."

다리오 왕이 자기 외에 그 어떤 신에게도 기도하지 말라는 법령을 발포하자 다니엘은 자신이 위험한 상황에 처했음을 알았다. 하지만 그는 전혀 상관하지 않고 "전에 하던 대로 하루 세 번씩 무릎을 꿇고 기도하며 그의 하나님께 감사"했다(단 6:10).

회당장 야이로도 사랑하는 딸을 살릴 마지막이자 유일한 희망이 예수님뿐이라는 사실을 알았을 때 그런 자세를 취했다. 그는 예수님 앞에 무릎을 꿇고 말했다(막 5:22). "내 어린 딸이 죽게 되었사오니 오셔서 그 위에 손을 얹으사 그로 구원을 받아 살게 하소서"(막 5:23).

무릎을 꿇는 것은 절박함과 겸손과 항복의 증거다. 유대인 지도자들은 주로 손을 펴고 앞뒤로 흔들면서 기도했지만, 사도 바울은 자신이 돌보는 사람들과 교회를 위해서 기도할 때 무릎을 꿇었다. "아버지 앞에 무릎을 꿇고 비노니"(엡 3:15).

야고보서의 저자일 가능성이 있는 예수님의 형제 야고보는 기도의 사람으로 알려졌다. 그는 무릎 꿇는 습관으로 인해 "늙은 낙타 무릎"(old camel knees)이란 별명을 얻었다. [4]

'교회사의 아버지'로 불리는 유세비우스는 2세기 작가인 헤게시포스의 글을 다음과 같이 인용했다. "(야고보는) 성전에 홀로 들어가는 습관이 있었고, 사람들이 죄 용서를 받도록 무릎 꿇고 중보하는 일이 자주 있었다. 하나님 앞에 무릎 꿇고 기도하는 습관 탓에 그의 무릎은 낙타처럼 딱딱해졌다."

19세기 말 목사였던 E. M. 바운즈는 이렇게 정리했다. "다니엘은 하루에 세 번 무릎을 꿇고 기도했다. 솔로몬은 성전 봉헌식에서 무릎을 꿇고 기도했다. 예수님은 배신을 당하시기 직전 그 잊지 못할 기도의 시간에 겟세마네 동산에서 엎드리셨다. 간절하고 충실한 기도가 있는 곳에서는 언제나 몸이 당시 영혼의 상태에 가장 적합한 형태를 취한다. 그렇게 몸이 영혼과 함께 기도에 동참한다."[5]

기도의 마음 자세

무릎 꿇고 기도하는 것 자체가 특별히 영적인 것은 아니다. 예수님은 중요한 것은 마음이라고 더없이 분명히 말씀하신다. 산상수훈에서 예수님은 기도의 마음 자세를 강조하신다.

> "너희는 기도할 때에 외식하는 자와 같이 하지 말라 그들은 사람에게 보이려고 회당과 큰 거리 어귀에 서서 기도하기를 좋아하느니라 내가 진실로 너희에게 이르노니 그들은 자기 상을 이미 받았느니라 너는 기도할 때에 네 골방에 들어가 문을 닫고 은밀한 중에 계신 네 아버지께 기도하라 은밀한 중에 보시는 네 아버지께서 갚으시리라"(마 6:5-6)

무릎을 꿇어야 하는 것은 몸보다 마음이 우선이지만, 육체적 자세가 영적 시각을 강화해 줄 수 있다. 명예 교황 베네딕토 16세는 말했다. "무를 꿇는 것이 단순한 외적, 육체적 행위가 되면 무의미하다. 반면, 예배를 철저히 영적인 영역으로만 국한하고 육체적 표현을 거부하면 예배의 행위는 사라진다. … 이것이 우리가 살아 계신 하나님 앞에서 무릎 꿇는 것을 버려서는 안 되는 이유다."[6]

리더가 자신에게 할 수 있는 거짓말은 자신만으로 충분하다는 허상, 곧 자만심이다. 우리는 자신의 힘으로 눈앞의 문제를 해결할 수 있고 가정이나 교회나 조직을 이끌 만한 지성과 지식이 충분한 것처럼 행동할 수 있다. 하지만 우리가 무릎을 꿇고 자신이 리더이기에 앞서 제자라는 사실을 마음으로 기억하면, 교만해질 수 없다.

무릎 꿇는 마음

존 오트버그는 많은 사람들이 영적 형성에 관한 지혜를 구하는 스승이다. 그는 작가이자 목사요 리더로서 영적 훈련을 열심히 하는 모습으로 많은 사람에게 본이 되었다. 우리가 그에게 개인 기도 습관에 대해 물었더니 뜻밖의 대답이 돌아왔다.

"때로는 중독자처럼 기도하려고 노력합니다."[7]

그토록 큰 성공을 거두고 전 세계적으로 존경받는 리더가 왜 알코올 중독자 갱생회(Alcoholics Anonymous)에서처럼 기도하려고 할까?

알코올 중독자 갱생회에 참석하는 중독자들은 자신에게 하나님이 절실히 필요하다는 사실을 잘 알고 있다. 오트버그는 하나님이 필요하다는 사실을 깨달으면 겸손해진다고 설명했다. 계속해서 오트버그는 우리가 어떤 면에서는 모두 중독자라는 사실을 이해할 때 찾아오는 힘에 관해 이야기했다. 우리는 자기 욕구에 중독되어 남을 잘 섬기지 못한다. 우리는 바쁜 삶에 중독되어 좀처럼 기도할 시간을 내지 못한다. 우리는 교만과 지위에 중독되었다. 우리는 관심과 인정에 중독되었다. 우리는 사소해 보이지만 매우 해로운 온갖 습관에 중독되었다.

오트버그는 겸손과 절박감으로 하늘 아버지께 나아갈 때의 힘을 설명했다. 하나님이 절실히 필요함을 겸손히 인정할 때 비로소 치유, 온전함, 힘, 용기, 지혜를 찾을 수 있다. 오트버그는 자신의 절박함을 늘 기억하기 위해 알코올 중독자 치료를 위한 12단계 프로그램의 기도문을 사용한다. 그의 기도 자세는 예수님이 칭찬하신 기도를 떠올리게 한다. 예수님은 하나님 앞에 겸손히 나아와 가슴을 치며 "하나님이여 불쌍히 여기소서 나는 죄인이로소이다"라고 기도했던 세리를 높이 평가하셨다(눅 18:13).

기도가 절박감에서 나와야 한다고 생각하는 사람은 오트버그만이 아니다. 오클라호마주에 소재한 한 회사의 CFO와 르완다에 있는 한 은행의 리더들도 그렇게 생각한다.

기도, 교회를 위한 가장 큰 사역

현재 카이저-프랜시스 오일 컴퍼니(Kaiser-Francis Oil Company)의 CFO이자 세계적인 회계법인인 언스트 앤 영(Ernst & Young)의 최연소 파트너였던 돈 밀리컨은 형식적인 기도로 모임을 시작한 뒤 재빨리 사역 논의로 넘어가는 교회 위원회 모임에 많이 참석해 보았다.

밀리컨의 성격에는 '행동하는 것'이 더 잘 맞는다. 그는 애매모호한 것보다 구체적인 것을 선호한다. 하지만 10여 년 전에 하나님은 그의 마음속에 한 가지 질문을 두셨다. "우리가 기도의 능력을 진정 믿는다면 왜 더 많이 기도하지 않는가?"[8]

밀리컨은 자신이 "좌뇌형 신앙 전통을 가진 좌뇌형 회계사"로서 원래 기도와 어울리지 않는 사람이라고 말한다. 하지만 그는 이렇게 말한다. "나는 우리가 사실상 무신론자라는 결론을 내렸다. 우리는 하나님의 존재를 믿지만 하나님이 뭔가를 하신다고 진정으로 믿지는 않는다. 최소한 하나님이 우리 기도에 응답하여 뭔가를 하신다고는 믿지 않는다. 그렇지 않다면 우리는 분명 더 많이 기도할 것이다."

밀리컨은 이렇게 회상한다. "물론 우리는 위기를 당할 때 기도를 한다. 우리가 상황을 통제할 수 없을 때는 마지막 수단으로 기도에 의지한다. 하지만 우리가 통제할 만한 상황에서는 자신의 노력을 의지한다. … 우리의 일상적인 삶을 위한 기도, 하나님 나라의 확장을 위한 기도, 악의 공격에서 보호해 달라는 기도는 우리 일상적인 기도 리듬에서 빠져 있다." 밀리컨은 기도를 마지막 수단이 아니라 첫 번째 반응 방식으로 삼고 싶었다.

또한 하나님은 인간의 노력으로 교회가 점진적으로 발전할 수는 있겠지만 진정한 변화는 오직 기도의 결과로만 가능하다는 사실을 그에게 깨우쳐 주셨다. 이 깨달음은 부르심과 함께 찾아왔다. 하나님은 그에게 교회를 위해 가끔 집에서 홀로 기도할 것이 아니라 교회 앞을 지나가는 모든 사람이 볼 수 있는 곳에서 무릎을 꿇고 교회를 위해 진실하게 기도하라는 사명을 주셨다. "그 명령은 내 안전지대에서 마치 세 개 시간대를 건너뛴 먼 영역에 속한 것 같았다. 게다가 명색이 공인회계사이고 석유 회사 CFO인 사람이 그렇게 하기에는 창피했다."

밀리컨은 처음에는 거부했지만 2017년 8월에 "항복"했다. 그 뒤로 월요일부터 목요일까지 오전 9시에 그의 교회 앞에 가면 무릎 꿇고 기도하는 그를 볼 수 있다. 그해가 끝날 무렵 그는 하나님의 역사를, 부인할 수 없을 만큼 강력하고 분명하게 경험했다.

밀리컨의 사업 운영 경험과 연장자로서의 경륜으로 인해, 팀 모임을 할 때 다른 교회 리더들이 그에게 의견을 구하는 일도 많았다. 하지만 그럴 때면, 겸손한 그는 모임 장소를 빠져나와 근처 방에 들어가 무릎을 꿇고 팀을 위해 기도했다. 그는 다양한 기술과 경험이 있었지만, 자신이 교회를 위해 할 수 있는 가장 큰 기여는 기도라는 사실을 알았다.

무릎을 꿇을 때 회복되는 은혜

르완다가 1994년 투치족에 행해진 대학살에서 회복되는 데는 금융 기관이 중요한 역할을 했다. 당시 겨우 100일 남짓한 기간에 르완다 인구의 약 10퍼센트가 잔인하게 학살당했다.[9] 국가를 재건하려고 할 때 소액 대출 기관들은 주민들이 신용을 회복하고 많은 가정이 재정적 안정을 이루도록 도왔다. 하지만 2017년 크리스틴 바잉가나가 르완다의 일반 은행에서 돈을 빌릴 수 없는 취약계층을 지원하는 금융 기관인 우르웨고(Urwego)의 수장을 맡을 때는 상황이 좋지 않았다. 이 은행은 숭고한 목적에도 불구하고 많은 손실을 보고 있었다. 법적인 난관도 산재해 있어서 직원들의 사기는 땅에 떨어져 있었다.[10]

우르웨고의 리더들은 이런 난관을 해결하기 위한 3개년 계획을 세웠지만 연속해서 실패하고 있었다. 그러다가 코로나 팬데믹이 터졌고, 5개월간의 전국적인 봉쇄 정책은 우르웨고의 실적과 운영에 전방위적인 악영향을 끼쳤다. 르완다인들은 일하고 싶어도 일을 할 수 없었다. "이 팬데믹 기간에 너무도 많은 사람들이 극심한 가난으로 되돌아갔다." 바잉가나는 그렇게 말하며 탄식했다. 가정들이 무너지고, 기관들도 휘청거렸다. 소득이 없어서 빚을 갚지 못하는 채무자들로 인해 우르웨고는 막대한 손실을 입었다. 손실은 계속해서 눈덩이처럼 불어나고 점점 더 큰 문제가 발생했다. 더 이상 손쓸 방법이 없었다. 그런데 바잉가나의 말에 따르면, 이 절박한 순간에 "기도의 용사들이 찾아왔다."

금융 기관은 국가에 꼭 필요한 기관이었기 때문에 우르웨고 직원들은 여전히 사무실에 모이는 것이 허용되었다. 하루는 오래 근무한 직원 여러 명이 바잉가나를 찾아왔다. "할 말이 있습니다." 그들은 은행이 마주하고 있는 극복 불가능해 보이는 난관을 잘 알고 있었다. 그래서 바잉가나에게 한 가지 계획을 제시했다. 전 직원이 3일간 함께 모여 금식 기도를 해 보자고 했고, 바잉가나는 그 계획에 동의했다.

기도회가 시작되자 직원들은 모두 무릎을 꿇었다. "우리는 매트를 꺼냈다." 바잉가나는 그렇게 회상한다. 무릎을 꿇고 하는 기도는 건성으로 하는 기도가 될 수 없다. 직원들은 그만큼 절박했다. 그들은 함께 모여 사흘간 금식하며 기도했다. 모든 모임, 결정, 활동에 관해서 기도하며 모든 것을 하나님께 맡겼다.

바잉가나를 비롯한 전 직원이 하나님께 우르웨고의 일상적인 운영에 역사해 달라고 간절히 기도하자 극적인 역사가 나타났다. 그들은 하나님이 그들의 일을 인정해 주시고 꿋꿋이 나아가라고 격려하시는 것을 느꼈다. 하지만 르완다 정부가 봉쇄를 재개하면서 난관이 계속되었다. 함께 금식 기도를 하며 역사를 경험하고 담대해진 우르웨고 직원들은 바잉가나를 다시 찾아왔다. "우리는 사흘간 기도해서 5개월간 수익을 냈습니다. 그렇다면 한 달간 기도하면 어떨까요?"

2021년 2월에 부서, 지점, 팀별로 그달 28일간 릴레이로 금식하며 기도했다. 7월에 그들은 다시 봉쇄를 앞두고 그들의 기도에 찬양과 감사를 더하기로 결정했다. 우르웨고는 8월의 31일 동안 하나님을 찬양하고 그분께 감사했다. 우르웨고의 경영진이 그달의 첫날과 마지막 날을 맡고 나머지는 지점이나 팀이나 부서가 기도회를 맡아 진행했다.

기도는 우르웨고의 북극성이 되었고, 무릎 기도는 우르웨고 역사의 일부요 운영 방식의 정식적인 리듬이 되었다. 우르웨고는 매년 2월 한 달 동안에는 금식하며 기도하고 8월은 감사의 달로 지키기로 정했다.

바잉가나는 이렇게 말했다. "우리가 기도하며 하나님을 기다리고 그분의 음성에 귀 기울일 때 하나님은 우리의 맹점을 보여 주셨고, 꼭 필요한 사람들을 팀원으로 보내 주셨고, 어떤 상품을 중단하고 어떤 상품을 출시해야 할지 알려 주셨다."

우르웨고의 회생이 얼마나 극적이었던지, 바잉가나는 아프리카의 10대 여성 은행가로 꼽혔다. 〈케냔 월 스트리트〉(*Kenyan Wall Street*)는 이런 기사를 실었다. "그녀의 추진력 덕분에 [우르웨고는] 역사상 가장 힘든 경영 환경을 통과할 수 있었다."[11] 하지만 바잉가나는 그 공을 다른 분께 돌린다. 모든 것은 우르웨고의 기도에 하나님이 신실하게 응답해 주신 덕분이라는 것이다.

"[회생은] 전략 덕분에 이루어진 일이 아니다. 하나님이 하신 일이다. 특히 팬데믹 기간에는 하나님이 다 하셨다. 나는 꾸준히, 간절하게 기도하면서 하나님을 의지하는 법을 배웠다. (리더는) 자신의 지혜를 의지해서는 안 된다. 모든 일에 하나님을 믿고 의지해야 한다. 나는 기도를 배우는 학생일 뿐이다."

바잉가나가 이끄는 우르웨고의 팀은 기도 가운데 하나님을 만났고, 그분의 임재를 한번 경험하고 나니 그 임재를 향한 갈망이 점점 더 강해졌다. 우르웨고의 기도 행진은 계속되고 있다. 또한 호프 인터내셔널 네트워크의 일원으로서 우르웨고는 전 세계에 영향을 끼치고 있다. 바잉가나와 우르웨고 팀이 본을 보여 준 기도의 습관과 자세를 아프리카, 아시아, 남미, 동유럽의 다른 조직과 기관들도 받아들였다.

우르웨고의 직원들은 하나님께 가까이 나아가 겸손히 그분을 의지했다. 그들이 일어선 것은 무릎을 꿇었을 때였다는 사실은 실로 아름다운 역설이 아닐 수 없다.

ॐ

예수님, 예수님의 사랑을 제 마음에 채워 주십시오.
예수님의 평강을 제 영혼에 채워 주십시오.
예수님의 지혜를 제 머리에 채워 주십시오.
예수님의 연민을 제 눈에 채워 주십시오.
예수님의 음성을 제 귀에 채워 주십시오.
예수님의 생명의 말씀을 제 입에 채워 주십시오.

제 손이 예수님을 섬기기 원합니다.

제 무릎이 항복하여 꿇기를 원합니다.

제 발이 순종하여 걷기를 원합니다.

제 친구요 영원한 구주이신

예수님의 영광을 위해 살 수 있는

능력을 제게 주십시오.

— 라이언 스쿡

· 기도 가이드: 기도 자세 ·

1. 무릎 꿇기

이 자세를 시도해 본 적 없다면 해 보기 바란다. 하루의 첫 시간과 마지막 시간에 무릎을 꿇고 기도하라. 오늘부터 일주일간 해 보기로 작정하라.

아침에는 무릎을 꿇고 시편이나 찬송가나 복음성가를 올려 드리며 기도하고, 하나님께 겸손히 항복하는 시간을 가지라. 저녁에는 하나님께 회개하고 감사하는 시간을 가지라.

2. 손바닥을 아래로, 손바닥을 위로

우리가 경험한 강력한 기도 자세는 무언가를 내려놓고 무언가를 받는 자세다. 2-5분밖에 걸리지 않으니 수시로 할 수 있다.

1) 손바닥을 아래로

손바닥을 아래로 향하면서 시작하라. 내가 짊어질 필요가 없는 무거운 짐을 모두 내려놓는다는 상징적 행동으로, 땅을 향해 손바닥을 펴라. 다음과 같은 짐을 내려놓으라.

불안	스트레스	죄책감
두려움	걱정	분노
사람들	상처	감정적 고통

이 모든 짐을 하나님의 강하신 손 위에 내려놓으라.

2) 손바닥을 위로
그런 다음에는 손바닥을 위로 향해서 하늘의 은혜를 받는 시간을 가지라. 다음과 같은 것을 받으라.

자비	사랑	용서	아름다움
평강	은혜	온유	진리
치유	기쁨	복	연민

예수님께 이 모든 것을 받기 위해 멈춰 서기만 하면, 이 모든 좋은 선물을 값없이 받을 수 있다.

3. 눈을 들기
성경에는 눈을 들어 기도하는 사람들에 관한 기록이 많다. 무엇보다도 복음서에서 예수님이 이 자세를 자주 취하셨다.

우리의 눈은 관심을 의미한다. 눈을 하늘로 드는 것은 하나님(하늘에 계신 우리 아버지)께 관심을 두고, 하나님께 우리의 생각을 집중하며 하나님을 인정하는 것이다.

우리의 눈을 드는 것은 겸손의 행위이기도 하다. 하나님이 우리보다 위에 계셔서 우리를 주권적으로 다스리신다는 사실을 인정하는 행동이다.

Lead with
Prayer

PART 2

하나님과 연결되어

세상을 바꾸는

기도 습관

5.

위기에
기도로 버티다

울어 본 눈으로만 볼 수 있는 것들이 많다.
_ 성 오스카 로메로가 했다고 알려진 말

2020년에 나(라이언)는 우리 집 카펫 냄새에 익숙해졌다. 밤마다 카펫 위에 얼굴을 대고 하나님께 우리를 구해 달라고 울부짖었기 때문이다.

당시 나는 10년 넘게 국제 여행 기술 부문에서 사업을 하던 차였다. 코로나 팬데믹 초기에 나라들이 해외여행을 금지하면서 우리 업계는 큰 타격을 입었다. 처음 3주간 매출이 곤두박질치는 것을 하릴없이 지켜볼 수밖에 없었다. 하루에 항공권 수천 장씩 판매되던 것이 하루에 한 장도

팔리지 않는 것도 모자라, 6개월 치 항공권을 모두 환불해 주어야 했다. 원래 우리 회사는 부채 없이 운영되며 풍부한 현금 보유고를 유지하고 있었지만 모든 돈이 순식간에 빠져나가고, 급기야는 우리 개인 자산까지 바닥을 향하고 있었다.

우리 가족이 그동안 모아 두었던 저축이 몇 달 만에 바닥났다. 회사 창립 때부터 함께한 직원 수십 명도 해고해야 했다. 내가 겪은 최악의 위기였다. 회사가 워낙 큰 타격을 입은 바람에 코로나로 피해를 입은 중소기업을 다룬 〈워싱턴 포스트〉에 기사화되기까지 했다.[1]

설상가상으로 우리 딸이 매일 밤 악몽에 시달리기 시작했다. 악령이 나타나 우리가 기도해 온 네팔의 소녀들을 괴롭힐 것이라고 말하는 생생한 악몽이었다. (우리 자녀들은 우리가 운영하는 비영리단체 벤처가 인신매매에서 구해 낸 소녀들을 위해서 주기적으로 기도한다.)

딸아이는 큰 충격을 받은 채로 깨어나 화장실로 달려가 구토를 하곤 했다. 아침마다 딸이 눈물을 펑펑 쏟으며 "아빠, 저들을 막아야 해요, 막아야 해요. …"라고 내게 애원했다.

밤마다 나는 딸의 방문 앞에 얼굴을 대고 딸을 구해 달라고, 우리 회사를 구해 달라고, 우리 가족을 파멸에서 구해 달라고 하나님께 부르짖었다. 밤새 기도하다가 완전히 낙심하고 탈진해서 쓰러진 날도 많았다. 기도하고 또 기도했지만 상황은 오히려 악화되기만 했다.

간절히 기도하며 몇 달을 지내던 어느 날 아침, 나는 금요일에 직원들에게 주급을 줄 수 없다는 사실에 괴로워하며 사무실로 출근했다. 며칠 뒤면 회사 문을 닫아야 할 판이었고, 딸은 여전히 아침마다 울면서 잠에서 깨고 있었다.

나는 바닥에 쓰러져 하나님께 울부짖었다. 성인이 된 후로 그렇게 서럽게 울어 보기는 처음이었다. 그때 뭔가 내 인생을 변화시키는 일이 일어났다.

눈을 감으니 예수님 모습이 보였다. 예수님도 울고 계셨다. 눈물이 그분의 뺨을 타고 흐르는 것이 보였다. 내 마음속에 그분의 음성이 들려왔다. "라이언, 지금까지 너는 혼자 울지 않았다. 네가 울 때마다 내가 너와 함께 울었다." 나는 예수님의 강력한 사랑에 휩싸였다. 고통의 눈물이 사랑에 대한 감사의 눈물로 바뀌었다.

"예수께서 눈물을 흘리시더라"(요 11:35). 친구 나사로의 죽음에 우셨던 예수님은 지금도 울고 계신다. 눈물을 흘리는 모든 이들 곁에서 함께 눈물을 흘리고 계신다. 그 순간, 나는 그리스도의 사랑의 높이와 깊이와 너비를 동시에 경험했다(엡 3:18). 내 평생에 울었던 모든 순간이 떠오르고, 그때마다 무한한 사랑으로 나와 함께 우셨던 예수님의 모습이 보였다. 그러고 나서 예수님이 지금까지 다른 모든 사람과도 함께 울어 주셨다는 생각이 들었다. "항상 살아 계셔서" 우리를 "위하여 간구"하시는 이 예수님은 우리와 함께, 우리를 위해 우시며, 우리와 함께 고통을 겪고 계신다(히 7:25).

설명할 길은 없지만, 예수님의 사랑이 내 마음과 영혼과 정신, 심지어 육체까지 감싸는 것을 느꼈다. 나로서는 이를 더 잘 표현할 길이 없다. 그 순간, 예수님의 사랑이 내 마음에 가득 차고 넘쳐서 내 존재 전체를 휩감았다.

이틀 뒤 나와 아내는 딸과 함께 기도하며 성찬식을 하고 싶었다. 그날 밤, 3개월 만에 처음으로 딸은 악몽을 꾸지 않았다. 우리는 다음날 밤에도 성찬식을 했고, 딸은 이틀 연속으로 악몽을 꾸지 않고 푹 잤다. 그렇게 해서 우리 가족의 생활 규범에 새로운 습관이 들어왔다. 이제 우리는 특별한 경우가 아니면 매일 밤 성찬식을 한다. 나는 교회에서 주로 사용하는 성찬식 잔 세트를 샀고, 매일 밤 우리 가족은 성찬식을 하면서 조금씩 나아졌다.

예수님과의 만남은 모든 것을 바꿔 놓았다.

나는 욥이 부당해 보이는 고난의 이유에 대한 하나님의 답을 듣지 않고도 위로를 얻은 이유를 처음으로 이해하게 되었다. 하나님이 직접 나타나셨고, 이에 욥은 입을 다물고 하나님을 예배했다(욥 40:4-5; 42:5). 하나님과의 만남이 우리의 질문에 대한 답보다 더 좋다.

예수님의 사랑을 경험한 뒤로 나는 "왜?"라는 질문에 집착하지 않았다. 심지어 그 질문에 신경을 쓰지도 않았다. 나는 C. S. 루이스처럼 고백할 수 있게 되었다. "주님, 주님이 답을 알려 주시지 않는 이유를 이제 알겠습니다. 주님 자신이 답입니다. 주님의 얼굴 앞에서 질문들은 잦아듭니다. 이보다 충분한 답은 없습니다."[2]

예수님이 가까이 계시는 한, 다른 것은 전혀 중요하지 않다. 시편 기자는 이렇게 썼다. "내가 어쩌면 이를 알까 하여 생각한즉 그것이 내게 심한 고통이 되었더니 하나님의 성소에 들어갈 때에야 … 내가 깨달았나이다"(시 73:16-17).

내가 그 경험을 하고서 며칠 뒤, 우리 회사는 봉쇄 기간을 버틸 자금을 확보했고, 결국 우리는 살아남았다. 하지만 나는 회사가 살아난 것보다 예수님을 만나 그분과 가까워진 것이 더 감사하다. 이상하게 들릴지 모르지만 그 기간의 고통을 돌아보면 "예수님과 가까워진 것으로 인해, 그 고통은 감내할 만한 가치가 있었다"라고 자신 있게 고백할 수 있다.

고통 속에서 예수님께 나아가 그분과 친밀한 관계를 맺을 수 있다면 그 고통은 가치가 있고도 남는다. 그리스도의 사랑에 푹 빠지는 일은 진정으로 아름답고, 사업에 성공하는 것보다 훨씬 더 좋은 일이다.

천국의 물이 튀다

전 세계 장애인들과 그 가정을 섬기는 사역 단체인 조니와친구들(Joni and Friends) 설립자인 조니 에릭슨 타다는 누구보다 고통에 관해 잘 알고 있다. 조니는 17세에 목이 부러지는 교통사고를 당했다. 그로 인해 55년 이상 사지마비로 살면서 만성통증에 시달려야 했다. 조니는 이렇게 말한다. "정말로 오랫동안 나는 하나님의 팔을 비틀어서라도 내가 사고를 당한 이유를 알아내려고 했다. 나는 천국의 문을 쾅쾅 치면서 기도 응답을 요구하고 있었다. 내가 끔찍한 곤경을 당한 이유를 말해 달라고 조르고 있었다. 나는 끈덕지게 졸랐다. 하나님께 따지다시피 했다. 하지만 아무리 하나님과 실랑이를 벌여도 한밤중에 혼자 있을 때 몰려오는 불안감을 잠재우거나 두려움을 달랠 수는 없었다."[3]

나(라이언)와 마찬가지로 조니는 고난 중에 하나님의 임재라는 선물을 찾았다. 만사가 잘 풀릴 때는 기도 생활이 게을러지고 우리가 그리스도께 의존해야 한다는 사실을 망각하기 쉽다. 하지만 고통은 우리를 자기중심주의라는 잠에서 깨워 그리스도의 임재와 친밀함을 경험할 수 있게 한다.

"그 외로운 한밤중이면 하나님 앞에서 모든 자만과 교만이 사라졌다. 그럴 때면 나를 초대하시는 예수님을 머릿속에 그렸다." 그렇게 고통 중에 자신과 함께하시는 그리스도의 모습을 떠올리면 믿음과 겸손이 자라났다. 그럴 때 조니는 "바닷물을 퍼서 옮기시고, 산맥을 들어 올리시고, 강을 뚫으시고, 시간과 공간을 창조하신 하나님이 나를 아끼시고 위로하신다"는 사실을 깨달았다.

사고 후 3년간 우울증과 자살 충동에 시달린 끝에 조니는 인생에서 "가장 강력한 기도"를 드렸다. "하나님, 제가 죽을 수 없다면 제발 사는 법을 가르쳐 주세요!"[4]

주권자 하나님은 조니에게 그분이 필요하다는 사실을 늘 의식하며 사는 법을 가르치셨다. 고통은 지속되고 있지만 조니는 이제 그것을 복으로 여긴다. "이 장애가 없다면 당신에게 기도에 관해 해 줄 말이 없을 것이다. 사지마비는 하나님이 내게 주신 복이다." 그녀의 말은 화려하지는 않지만 깊은 진심이 느껴졌다.[5] 고통 중에도 감사하는 모습을 보니, 고통을 통해 그리스도의 임재를 경험한 것이 확실해 보였다. 조니는 고통 중에 찾아오시는 하나님의 임재를 믿었고 다른 사람들도 그것을 믿도록 도울 길을 찾았다.

"간절한 기도, 곧 하늘의 문을 여는 기도의 필수 조건은 자신에게 주 예수 그리스도가 필요함을 깨닫는 것이다." 조니에게 장애는 그런 필요성을 계속해서 기억나게 해 주는 도구다. 하지만 대부분의 리더들은 장애를 난관으로만 여길 수 있다. 조니는 그리스도인 리더들이 하나님께 부르짖기보다는 자신의 힘과 지혜를 의지하기 쉽다고 말한다. "대개 그들은 뛰어난 능력 덕분에 리더십 자리에 오른다. 바로 여기에 위험이 내재해 있다. 그들은 누구보다도 조심해야 한다."

힘든 시기에 우리는 예수님이 필요함을 기억하고 그분께로 돌아갈 수 있다. 조니는 낮의 생활 리듬과 밤에 잠 못 이루게 하는 고통 덕분에 하나님과 늘 대화할 수 있다고 말한다.

남편이나 친구들, 간호사들은 조니에게 욕창이 생기지 않고 고통이 줄어들도록 조니의 몸을 밤새 뒤집어 준다. 그러다 보면 새벽 3시에 즉흥적인 기도 모임이 벌어지곤 한다. 조니는 간호사들, 심지어 예수님을 모르는 간호사들에게도 함께 성경을 외우자고 한다. 고통이 극에 달해 기도할 말이 떠오르지 않을 때도, 그녀는 암송한 성경 구절이나 좋아하는 찬송가 가사, 공동 기도문을 읊조린다. "내 기도는 하나님 말씀과 큰 고통 속에서 흘러나온다." 조니는 그렇게 말했다.

힘든 시기에 기도하기 위한 조니의 처방은 우리의 상식을 뛰어넘는다. 조니는 필요한 것을 구하는 데 기도 시간의 20퍼센트를 할애한다. 예를 들어, 문제 해결이나 상황 변화를 요청한다. 나머지 80퍼센트 시간은 "그 일을 감당할 수 있는 용기와 인내와 참을성"을 달라고 요청하는 데 사용한다. 기도 중에 그녀는 이렇게 묻는다. "이 일에서 그리스도에 관한 무엇을 배울 수 있을까? 이 일을 통해 하나님이 내게 어떻게 나타나실까?"

2010년, 조니는 유방암 3기 진단을 받았지만 5년 뒤 완치 판정을 받았다. 그런데 2018년에 암이 재발했다. 조니는 남편 켄과 함께 사역을 위해 여행하거나 병원에 갈 때 타게 되는 자동차가 곧 "기도의 성소"라고 말한다. 그녀는 그 성소에서 나눈 감동적인 대화를 기억한다. "하루는 항암 치료 후 남편과 함께 차를 타고 집으로 오던 중, 고통이란 지옥의 물이 우리에게 살짝 튄 것 같다는 이야기를 나누었다. … 그 물은 우리를 영적 잠에서 깨어나게 만든다. 남편이 차를 세우면서 말했다. '그렇다면 천국의 물이 튀는 것은 어떤 거라고 생각해요? 시원한 산들바람이 부는 화창한 날이 그런 것일까요? 만사가 뜻대로 풀리는 날일까요? 건강한 날?' 그때 우리는 이렇게 말했다. '그렇지 않아요. 천국의 물이 튄다는 것은 지옥의 물이 튀는 가운데 예수님을 발견하는 거예요.' 우리의 지옥에서 예수님을 발견하면 비할 데 없는 환희가 찾아온다."[6]

어두운 골짜기에서 하나님을 만나다

시련, 골짝, 어두운 시절, 압박, 고통이 가져오는 선물은 친밀함과 임재다. 그리스도와 친밀해지면 최악의 시기와 가장 힘든 고난도 감당할 수 있다.

다윗은 시편 23편에 이 진리를 숨겨 놓았다. 이 시편을 무심코 읽으면 모든 것을 변화시키는 미묘한 변화를 놓칠 수 있다. 다윗은 하나님을 3인칭으로 부르면서 시작한다. "**여호와는** 나의 목자시니 … **그가** 나를 푸른 풀밭에 누이시며."

그러다가 뭔가가 변한다. 하나님을 3인칭인 "여호와"로 부르던 다윗은 이제 그분을 2인칭인 "당신"(You)으로 더 친밀하게 부른다. 언제 이런 변화가 나타나는가? 사망의 음침한 골짜기에서 나타난다. "내가 사망의 음침한 골짜기로 다닐지라도 해를 두려워하지 않을 것은 **주(You)께서** 나와 함께하심이라"(시 23:4). 하나님과의 관계가 "여호와"에서 "당신"으로 바뀌는 것은 골짜기 한복판에서다.

친구의 어머니는 암과 오랜 사투를 벌여 왔다. 그 어머니는 이 시기에 예수님과의 깊은 관계를 누렸고, 전에는 경험해 보지 못한 예수님과의 친밀함을 느꼈다. 암과의 사투가 지나고 난 뒤, 어머니는 그 친밀함으로 인해 그 고통의 시간이 그립기까지 하다고 말했다. 그 골짜기에서 어머니에게 하나님은 "여호와"에서 "당신"으로 변했고, 그 변화는 어머니의 삶을 완전히 바꿔 놓았다.

이것이 예수님이 "애통하는 자는 복이 있나니"라고 말씀하신 이유다 (마 5:4). 애통할 때 우리가 받는 위로는 그리스도와의 친밀함이기 때문이다. 때로 하나님은 기도 응답으로 기적을 베풀어 주기도 하시지만 그분의 응답은 그분의 임재일 때가 많다. 어떤 경우든 우리가 고난 중에 하나님을 찾으면 하나님은 듣고 응답해 주신다.

밤새 기도하시다

예수님은 이렇게 말씀하셨다. "내 마음이 매우 고민하여 죽게 되었으니 너희는 여기 머물러 나와 함께 깨어 있으라"(마 26:38). 예수님도 극심한 슬픔과 고통 가운데 밤새 기도하셨다. 예수님이 선택하신 길은 고통을 피해 하나님 뜻에서 벗어나는 것이 아니라 기도로 하나님과 함께하며 고통을 이겨 내는 것이었다. 그리고 '기름 짜는 틀'을 의미하는 겟세마네라는 동산에서 그렇게 고통을 겪으시던 순간, 예수님의 영혼이 짓눌리면서 열국을 위한 치유의 기름이 흘러나왔다. 가장 가까운 친구들 앞에서 하신 예수님의 기도는 우리가 들어 본 그 어떤 리더의 회중 기도보다 솔직하다.

아버지, 저는 약합니다.
아버지, 제 인생의 목적을 이루고 싶지 않습니다.
아버지, 제가 이 땅에서 이루어야 할 일을 이루고 싶지 않습니다.

아버지, 이 모든 고통 없이 다른 방법으로 할 수는 없을까요?

… 그럼에도 저는 하나님의 뜻대로 하겠습니다.

예수님은 임박한 배신, 버림받음, 고문, 피로함, 중상과 모함을 놓고 기도로 씨름하셨다. 이런 것으로 인한 심적 고통이 얼마나 극심했던지 그분은 기도하며 피땀을 흘리셨다(눅 22:44).

예수님은 제자들이 이 기도에 참여하기를 원하셨다. 육신을 입으신 하나님이 이 땅에서 이런 고통을 느끼셨다면 제자들도 그럴 것이 분명했다. 예수님은 제자들이 이 점을 알기를 원하셨다. 예수님은 애통하실 때 천사의 위로를 받으셨다. 그분은 아버지와의 만남을 통해 고문과 죽음을 감당할 만큼 강해지셨다.

과학자와 경제계 인사부터 성인과 선교사들까지 우리가 조사하고 인터뷰했던 리더들은 기도 중에 하나님을 실질적으로, 강력하게, 불가해하게, 기적적으로 만나는 경험을 했다. 그리고 대개 그런 경험은 인생의 정상이 아니라 가장 깊고 어두운 골짜기에서 이루어졌다.

테리 루퍼가 설립한 회사는 최고 매출이 60억 달러를 찍은 적이 있다.[7] 그 매출은 한 나라인 벨리즈의 전체 GDP와 맞먹는다. 하지만 루퍼의 이야기에는 정상뿐 아니라 골짜기도 있다. 고통과 불안의 한복판에서 그는 "예수님의 사랑"을 만났다.

루퍼는 30세에 처음으로 엄청난 사업 성공을 거둔 뒤 극심한 탈진을 경험했다. 침대에서 일어날 수도 없었고, 이런 육체적, 정서적, 영적 무기력 상태가 평생 갈 것만 같았다.[8] 컴컴한 방 안에 누워 온갖 생각을 하던 끝에 루퍼는 무릎을 꿇고 하나님께 자신의 삶을 다스려 달라고 간청했다.

그 고통스럽게 항복하는 기도를 드린 후, 그는 "내 뇌가 다시 꿈틀거렸다. 하지만 어디까지나 꿈틀거렸을 뿐이다"라고 말했다. 그가 회복되고, 하나님이 우주의 창조주이자 왕이실 뿐 아니라 자기 삶의 주인이시라는 사실을 재발견하는 과정은 수개월이 걸렸다.

그 고통스러운 시간이 1년 반 정도 지났을 때, 루퍼는 쉬면서 기도하던 중에 예수님의 사랑을 마주했다. "압도적인 따스함과 다정함이 나를 감싸는 느낌을 받았다. 너무도 강한 사랑과 나를 받아주심이 느껴져 눈물을 멈출 수 없었다. 예수님이 나와 함께 계신다는 것을 알 수 있었다." 예수님과의 만남은 너무도 실질적이어서 그를 일시적이 아니라 영원히 변화시켰다. 그 경험 덕분에 그는 리더이자 남편이자 아버지로서 "더 사랑하고, 더 사랑스러운" 사람으로 변화되었다.[9]

루퍼는 그 경험을 기억하기 위해 특별한 방법을 사용한다. 매년 두 차례씩 예수님과만 시간을 보내기 위해 이틀간 한적한 곳을 찾아가 그 경험을 마음에 새기는 시간을 보낸다.

시간이 지나면 고통의 기억은 희미해진다. 하지만 그러면서 하나님이 위로해 주셨던 아름다운 기억도 희미해질 수 있다. 기억하려고 노력하지 않으면 그런 귀한 기억이 머릿속에서 지워질 수 있다. 이것이 유대인들이 제단, 기념물, 순례, 의식, 만찬, 과거를 돌아보는 시간을 통해 그런 경험을 기념하고 기억하는 이유다. 이것이 로스벨이 기도 응답과 예수님과의 만남을 기도 수첩에 꾸준히 기록하는 이유다(1장).

힘든 시기에 우리는 과거에 하나님을 만났던 기억을 되살려야 한다. 기도하는 리더들은 큰 난관을 만날 때 과거에 예수님 만났던 일을 기억한다. 이것이 고통 중에도 기쁨을 누릴 수 있는 비결이다.

저항의 수단인 기쁨

가네시[10]는 네팔 에베레스트산의 은밀한 곳에서 벤처와 함께 교회를 개척하고 인신매매를 당한 소녀들을 구해 내고 있다. 구출된 소녀들이 자라서 교회 개척자가 되는 경우도 많다. 가네시의 사역이 얼마나 효과적이었는지, 어떤 도시에서는 수많은 사람이 예수님을 영접하는 바람에 사창가에 손님이 없어 문 닫는 가게가 속출했다.

하지만 가네시의 사역에 질투심을 품은 리더들이 몇몇 소녀에게 뒷돈을 주어 가네시를 공개적으로 고소하게 했다. 그로 인해 기부가 줄어들어 구출된 소녀 700여 명을 돌보고 훈련할 자금을 구하지 못했다.

이 외에도 또 다른 위기가 닥쳤다. 공산주의자 군인들이 가네시의 사역자들을 위협하고 고문하기 시작했다. 그들은 가네시에게 총부리를 겨누었고, 교회 사무실에서 직원 한 명을 총으로 쐈다.

더러운 모함과 무시무시한 핍박이 계속되었다. 사역을 이끄는 데 자연스럽게 따르는 스트레스 외에 이런 압박까지 견디기 힘든 수준으로 더해지다 보니, 가네시의 심장에 문제가 생기기 시작했다. (이 모든 일은 나[라이언]의 딸이 네팔 인신매매에 관한 악몽을 꾸던 시기에 일어났다.)

가네시는 예수님의 본을 따라 며칠간 산에 올라가 기도를 드렸다. 이 집중적이고 간절한 기도 중에 하나님은 그가 "저항하는 기쁨"이라고 부르는 것을 주셨다. 이런 상황에서 기뻐한다는 것은 불가능한 일처럼 보이지만, 그는 하나님의 공급하심과 구속을 절대적으로 확신한 덕분에 영혼 깊은 곳에서 저항하는 기쁨이 솟아나는 것을 느낄 수 있었다. 그는 반짝이는 눈으로 말한다. "기쁨은 그리스도인이 힘든 시기에 맞서 저항하는 행위다."[11]

수사 결과, 가네시는 누명을 벗게 되었다. 소녀들은 돈을 받고 그를 거짓으로 고소했다고 털어놓았고, 그를 비방했던 리더들은 공개적인 사과문을 발표하면서 고소를 취하했다. 오히려 가네시는 취약한 아이들을 섬긴 공로로 상을 받았고, 그렇게 인지도가 높아지면서 낮은 카스트의 아이들과 인신매매를 당한 아이들 편에 서서 정부에 로비할 길이 열렸다. 결국 정부는 300년 만에 처음으로 낮은 카스트 사람들에게도 토지 소유권을 주기로 했다. 기도에 관한 이런 경험은 가네시의 삶에서 중요한 전환점이 되었다.

현재 가네시는 매달 하루는 산에 올라가 기도한다. 별채를 지었는데, 그 별채에는 아침마다 최소한 한 시간 동안 기도하기 위한 방이 있다. 따로 별채가 필요했던 이유는 그가 큰소리로 부르짖으며 기도하기 때문이다. "주기적으로 큰소리로 기도하라. 자신이 큰소리로 기도하는 것을 자신의 영혼이 들어야 한다. 하나님도 이런 기도를 좋아하시는 것 같다." 그의 말은 비통한 가운데 다윗이 쓴 글을 떠올리게 한다. "나의 왕, 나의 하나님이여 내가 **부르짖는** 소리를 들으소서"(시 5:2).

가네시는 아침마다 그 방에서 기도할 때 사역, 리더들, 가족, 자신의 마음을 위해서 기도한다. 그는 각 손가락을 중보 대상자 개인이나 그룹과 연결 지었다. 가슴에 가장 가까운 엄지손가락은 그가 아끼는 사람들을 기억나게 한다. 집게손가락은 사람들에게 영향력을 발휘하는 교사들과 리더들을 위해 기도해야 한다는 점을 기억하게 한다. 가운뎃손가락은 힘을 지닌 사람들(배우나 작가, '영향력 높은 인사들' 등)과 연결된다. 그보다 약한 손가락인 약손가락은 아프거나 취약한 사람들을 위해 기도해야 한다는 점을 상기시킨다. 마지막으로, 가장 작은 새끼손가락은 자신과 자신의 리더십을 위해 기도해야 한다는 점을 기억하게 한다. 가네시는 리더들도 그런 식으로 기도하도록 훈련한다.

가네시가 기도실에서 기도하기 시작한 뒤로, 그가 벤처와 함께 시작한 교회개척운동은 네팔의 미전도 지역과 15개 국가의 네팔 타운에서 교회를 4천 개 이상 개척했다.

가장 힘든 시기에 기도했더니 기적과 같은 은혜와 열매가 있었다.

예수님께 매료된 상태를 유지하라

우리는 유명한 사역 단체의 몰락을 직접 목격한 리더의 인터뷰를 들은 적이 있다. 그 단체에 함께 있었던 다른 동료들과 달리 이 리더는 이 일로 낙심하거나 환멸에 빠지지 않았다. 그는 기독교계 최악의 리더십 몰락을 목격한 후에도 변함없이 그리스도의 사랑을 발산하고 있었다. 인터뷰 진행자는 이 점을 눈치채고 대본에 없는 질문을 던졌다. 그는 이 리더가 여느 리더들과 다르게 반응하는 까닭이 궁금했다.

이 리더의 대답을 한마디로 요약하면 그리스도인 리더에게 필요한 중요한 통찰 한 가지를 알 수 있다. "예수님께 매료된 상태를 유지하라." 그는 이것을 자신이 끝없는 파괴와 냉소의 멍에에 매이지 않고 계속해서 다시 예수님과 사랑에 빠지는 비결로 꼽았다.[12] 예수님께 매료된 상태를 유지하면 어두움과 스트레스와 압박의 터널을 천국의 기쁨을 누리며 통과할 수 있다.

힘든 시기, 악한 사람들, 망가진 관계, 설명할 수 없는 비극은 예수님께 매료된 상태를 깰 수 있는 독이다. 이런 시기에 우리는 더 깊은 기도 속으로 들어가 야곱처럼 부르짖어야 한다. "… 당신이 내게 축복하지 아니하면 가게 하지 아니하겠나이다"(창 32:26).

가장 어두운 골짜기에서 기도로 행복을 찾는 것은 진정한 저항의 행위다. 그것은 세상을 향해 이렇게 외치는 행위다. "하나님의 영원한 사랑은 내 현재의 고통보다 크기에 '이 땅의 것들이 … 하나님의 영광과 은혜의 빛 가운데 이상하리만치 희미해질' 때까지 하나님 찾기를 멈추지 않으리라!"[13]

위기 앞에서 기도하는 리더들은 이를 악물고 버티지 않는다. 그들은 기도로 버틴다.

———— ✄ ————

나는 오늘 일어납니다.

나를 안내하시는 하나님의 힘 덕분에,

나를 붙들어 주시는 하나님의 능력 덕분에,

나를 인도하시는 하나님의 지혜 덕분에,

나를 지켜보시는 하나님의 눈 덕분에,

내 말을 들으시는 하나님의 귀 덕분에,

나를 위해 말씀하시는 하나님의 말씀 덕분에,

나를 지켜 주시는 하나님의 손 덕분에,

내 앞에 놓인 하나님의 길 덕분에,

나를 보호하시는 하나님의 방패 덕분에,

멀리서와 가까이서,

혼자 있을 때나 여럿과 함께 있을 때나,

마귀의 덫으로부터,

악한 유혹으로부터,

내가 망하기를 바라는 모든 사람으로부터,

나를 구원하시는 하나님의 군대 덕분에.

나와 함께하시는 그리스도, 내 앞에 계신 그리스도, 내 뒤에 계신 그리스도,

내 안에 계신 그리스도, 내 아래 계신 그리스도, 내 위에 계신 그리스도,

내 오른편에 계신 그리스도, 내 왼편에 계신 그리스도,

내가 누워 있을 때, 내가 앉아 있을 때 함께하시는 그리스도,

나를 생각하는 모든 사람의 마음속에,

나에 관해서 말하는 모든 사람의 입 속에

나를 보는 눈 속에,

내 말을 듣는 귀 속에 계시는 그리스도.

오늘 나는 일어납니다.

삼위일체 하나님께 강한 능력을 요청함으로,

피조세계의 창조주께서

세 분이심을 믿음으로,

한 분이심을 고백함으로.

— 성 패트릭(377년경)

• 기도 가이드: 힘들 때 시편으로 기도하기 •

시편 3편: "여호와여 주는 나의 방패시요 나의 영광이시요 나의 머리를 드시는 자이 시니이다"(3절)

시편 13편: "여호와여 어느 때까지니이까 나를 영원히 잊으시나이까 주의 얼굴을 나에게서 어느 때까지 숨기시겠나이까"(1절)

시편 18편: "그가 높은 곳에서 손을 펴사 나를 붙잡아 주심이여 많은 물에서 나를 건져내셨도다"(16절)

시편 22편: "내 하나님이여 내 하나님이여 어찌 나를 버리셨나이까 어찌 나를 멀리 하여 돕지 아니하시오며"(1절)

시편 23편: "내가 사망의 음침한 골짜기로 다닐지라도 해를 두려워하지 않을 것은 주께서 나와 함께하심이라"(4절)

시편 27편: "여호와는 나의 빛이요 나의 구원이시니 내가 누구를 두려워하리 요…"(1절)

시편 42편: "내 영혼아 네가 어찌하여 낙심하며 어찌하여 내 속에서 불안해하는가 너는 하나님께 소망을 두라…"(5절)

시편 46절: "하나님은 우리의 피난처시요 힘이시니 환난 중에 만날 큰 도움이시 라"(1절)

시편 91편: "지존자의 은밀한 곳에 거주하며 전능자의 그늘 아래에 사는 자여"(1절)

시편 121편: "내가 산을 향하여 눈을 들리라 나의 도움이 어디서 올까"(1절)

시편 126편: "눈물을 흘리며 씨를 뿌리는 자는 기쁨으로 거두리로다"(5절)

시편 130편: "여호와여 내가 깊은 곳에서 주께 부르짖었나이다"(1절)

6.

성경 말씀을
기도 언어로 삼다

이 율법책을 네 입에서 떠나지 말게 하며…
_ 여호수아 1장 8절

    200개 이상 국가에서 조회 수 1억 이상을 기록한 바이블프로젝트
(BibleProject)의 동영상들은 전 세계에서 사랑받는 성경 교육 자료다. 자칭
"성경광"인 바이블프로젝트의 설립자 팀 매키에게 성경 읽기와 성경 공부
는 숨쉬기만큼이나 자연스러운 일이다. 하지만 그의 기도 여정은 훨씬 복
잡했다.

    매키는 성경을 통해 하나님과 지적으로 연결되는 데는 익숙했다. 하

지만 "기도를 통해 하나님과 마음으로 연결되는 면에서는 형편없이 부족했다."[1] 온 마음과 목숨과 뜻과 힘을 다해 하나님을 사랑하려고 노력하던 중에 그는 한 영적 스승을 찾아갔고, 매일 아침 그저 손을 펴고 말없이 하나님의 음성에 오래도록 귀 기울이라는 조언을 받았다. 그는 그 조언대로 실천했다. "그래서 어떤 일이 일어났는지 아는가? 아무 일도 일어나지 않았다. 아주 오랫동안 아무 일도 일어나지 않았다."[2]

때로 우리도 이런 느낌을 받는다. 기도 가운데 열심히 귀를 기울이지만 침묵만 있을 뿐 아무것도 들리지 않는다. 기도를 해도 우리의 말이 천장에 부딪쳐 튕겨 나오는 것 같다. 혹은 기도하고 싶은데 마땅한 말을 찾을 수 없다. 때로 기도는 지루하거나 일방적이고 심지어 쓸데없는 시간 낭비처럼 느껴진다.

하지만 하나님은 그분의 말씀인 성경을 통해 내내 말씀해 오셨고 지금도 말씀하고 계신다. 그리고 성경으로 기도하면 우리 기도에 새로운 깊이와 열정이 더해질 수 있다. 실제로 구약과 신약에서 성경이 기도에 사용되는 경우를 자주 볼 수 있다.

사무엘하 7장 27절에서 다윗은 전에 하나님이 나단에게 말씀하신 것을 하나님께 상기시켰다.

> "만군의 여호와 이스라엘의 하나님이여 주의 종의 귀를 여시고 이르시기를 내가 너를 위하여 집을 세우리라 하셨으므로 주의 종이 이 기도로 주께 간구할 마음이 생겼나이다"

열왕기상 8장 29절에서 솔로몬은 성전을 바치면서 하나님이 하신 말씀을 하나님께 상기시켰다.

> "주께서 전에 말씀하시기를 내 이름이 거기 있으리라 하신 곳 이 성전을
> 향하여 주의 눈이 주야로 보시오며 주의 종이 이곳을 향하여 비는 기도
> 를 들으시옵소서"

온갖 단점을 지닌 요나도 시편 103편과 145편을 인용하여 기도했다.

> "여호와여 내가 고국에 있을 때에 이러하겠다고 말씀하지 아니하였나
> 이까 그러므로 내가 빨리 다시스로 도망하였사오니 주께서는 은혜로우
> 시며 자비로우시며 노하기를 더디하시며 인애가 크시사 뜻을 돌이켜
> 재앙을 내리지 아니하시는 하나님이신 줄을 내가 알았음이니이다"(욘
> 4:2)

매키는 성경의 언어를 사용하고 성경을 공부하면서 성경과 기도를
하나로 합치는 습관을 길렀다. 그는 성경 공부에 관한 사랑을 기도의 열정
과 결합하는 방법을 찾았다. 그는 성경의 본보기뿐 아니라 교부들과 그들
의 습관인 '렉티오 디비나'와 상상하는 기도를 받아들였다.[3]

렉티오 디비나

('거룩한 독서'로 번역되는) 렉티오 디비나(Lectio Divina)는 16세기 초기 수도
원에서 성경으로 하나님과 교제하기 위해 채택한 매일의 기도 습관 중 하

나다. 이것은 성령의 임재 안에서 성경의 한 구절을 읽고 또 읽고 또 읽는 것이다. 어떤 이들은 이 방법이 성경 읽기를 통해 "하나님과 대화하는 것"이라고 설명한다.

렉티오 디비나를 하는 방법은 성경의 한 구절을 정해서 그 구절을 천천히 큰 소리로 읽으면서 하나님께 그 구절을 통해 말씀해 달라고 요청하는 것이다. 그 구절을 읽을 때 특별히 생각나는 단어나 어구에 집중한다. 이번 장 〈기도 가이드〉에서 설명하는 것처럼 구절을 읽을 때 떠오르는 여러 가지 느낌이나 생각이나 인상에 주의한다.

성경은 반복하라고 가르치고 명령한다. 예를 들어, 신명기 6장 7절에서 모세는 이스라엘 백성에게 하나님의 가르침을 반복해서 되새기라고 지시했다. 여호수아도 비슷한 지시를 내렸다. "이 율법책을 네 입에서 떠나지 말게 하며 주야로 그것을 묵상하여…"(수 1:8). 시편 기자도 말했다. "주의 입의 모든 규례들을 나의 입술로 (반복적으로) 선포하였으며"(시 119:13).

하나님 말씀에 푹 빠져드는 습관에는 힘이 있다. 팀 매키는 한 구절을 여러 번 읽고 나면 하나님이 중요한 것을 밝혀 주실 때가 많다고 말한다.[4]

상상하는 기도

상상력은 아이들과 괴짜들의 영역인 것 같지만, 하나님이 주신 상상력이라는 선물은 누구에게나 예수님과의 관계에서 자라기 위한 비옥한 땅을 제공해 줄 수 있다. "상상하는 기도"라는 개념은 로욜라의 이그나티우스(1491-1556년)에게로 거슬러 올라간다. 그는 기도하거나 성경을 읽을 때 상상력을 사용하도록 권했다.

그는 다음과 같은 방법을 제안한다.

1. 성경에서 이야기 하나를 고른다. 해당 구절을 찬찬히 읽으면서 이야기 속의 인물과 사실과 장면에 익숙해진다.
2. 현장에서 이야기가 펼쳐지는 광경을 지켜보고 있다고 상상한다. 다음과 같은 질문을 해 본다. "그곳에 누가, 무엇이 있는가? 배경에서 어떤 소리가 들리는가? 공기 중에서 어떤 냄새가 나는가? 날씨는 어떠한가?"
3. 이제 장면을 머릿속에 그려 보기 시작한다. 그 장면 안에 누가 있는가? 어떤 대화가 오가는가? 분위기는 어떠한가? 긴장감이 흐르는가? 기쁨이 가득한가? 혼란스러운가? 분노가 있는가?

매키는 이렇게 말한다. "나는 이그나티우스의 질문에서 열쇠를 얻었다. 내가 품고 있는 강한 감정이나 스트레스 요인, 내가 혼란스러워하는 문제는 무엇인가?" 매키는 이런 질문에 대한 답을 고민하면서 하나님과 대화를 나누고 그분의 음성에 귀 기울인다. "나는 인생에 관해서 고민하다가 뭔가 떠오를 때, 그것이 내 생각인지 성령의 음성인지 헷갈릴 때가 있다." 하지만 성경 구절이 떠오른다면 그것은 하나님 뜻이 분명하다. "내 경험상 성경은 하나님 음성을 듣기 위한 주된 통로다."

매키는 성경에서 이해하기 어려운 부분을 대할 때, 그것을 기도하라는 하나님의 초대로 받아들인다. "이해하기 힘든 성경 구절을 만날 때, 그

것은 풀어야 할 문제가 아니다. 하나님과 함께 그 신비를 열어 보라는 초
대다."

성경은 우리가 공부하고 적용해야 할 텍스트일 뿐 아니라 하나님과
의 더 깊은 대화로 들어오라는 초대임을, 매키는 깨달았다.

매키는 기도 시간에 계속 집중하면서 이렇게 말한다. "날마다 놀라운
일이 벌어지고 있음을 목격하고 있다. 아이들과 함께하는 기도 시간이 풍
요롭고 심지어 강력하다. 점점 더 많은 기도가 응답되고 있음을 보고 있
다. 요즘 아침 기도 시간에는 예수님이 말씀하신 천국을 경험하고 있다."[5]

성경으로 기도하기: 천국과 연결된 사다리

나이지리아 북부에서는 그리스도인들이 끊임없이 핍박과 납치와 순
교를 당한다. 이슬람 전사들이 마을을 덮쳐 집들을 파괴했다. 그로 인해
과부, 고아, 실향민들이 위기에 처하고 아이들은 학교에 갈 수 없게 되었
다. 그럼에도 교회 개척 사역 단체의 리더인 자펫 얀메카는 이렇게 주장
한다. "나이지리아는 예수님의 것이다."[6] 수시로 생명의 위협을 받고 있지
만, 얀메카는 아침에 4시간, 밤에 3시간, 이렇게 매일 7시간씩 기도하고
성경에 집중한다.

하나님이 허락하시고 성경이 이끄는 그의 사역은 요한계시록 11장
15절에서 탄생했다. "세상 나라가 우리 주와 그의 그리스도의 나라가 되
어 그가 세세토록 왕 노릇 하시리로다." 그는 이 구절이 "내 삶의 비전이
요 목적이며, 그리고 필요하다면 내 목숨을 바칠 명분"이라고 말한다. 그
는 "그리스도께서 모든 나라와 민족과 방언의 왕이 되시도록" 사역하고 있

다. 그는 이 일을 위해서는 "많은 기도, 제자 훈련, 협력, 복음 전도, 교회 개척이 필요하다"는 것을 알고 있다.[7]

그의 기도 언어를 형성하는 것은 성경이다. "하나님 말씀의 약속을 붙들고 서서 기도할 때 사실상 우리는 무너지지 않는 견고한 반석 위에 서 있다. 하나님은 자신의 약속을 이루기 위해 일하고 계신다."

그는 자신의 기도 생활을 설명할 때도 모든 요지를 성경 구절로 뒷받침한다. "우리는 모든 것이 기도에 달린 것처럼 기도를 우선해야 한다(눅 18:1; 행 6:4). 그리고 기도할 장소와 시간을 정해야 한다(행 16:13; 3:1). 무거운 짐과 삶의 방향은 성령이 전적으로 책임져 주신다(롬 8:26-27)." 그의 마음은 성경 말씀으로 충만해서 성경 말씀을 인용하지 않고서는 자신이 말하고자 하는 바를 전달하지 못할 것처럼 보일 정도다.

그가 성경 말씀의 인도를 받는 기도 생활을 꾸준히 하자, 하나님은 그를 사용하셔서 거의 매일 기적을 베풀기 시작하셨다. 눈멀고, 다리 절고, 귀먹고, 암에 걸린 이들이 치유받는 기적이 하루가 멀다 하고 일어났다.

1990년대 초 젊은 그리스도인이었던 그는 복음을 전하기 위해 밖으로 나갔다. 그가 처음 들어간 집에서는 한 소녀가 막 죽은 상태였고 가족들이 장례식을 치르기 위해 모여 있었다. 그는 하나님이 히브리서 11장 35절을 상기시키는 것을 느꼈다. "여자들은 자기의 죽은 자들을 부활로 받아들이기도 하며…." 하나님이 이 소녀를 위해 기도하라고 말씀하시는 것이 분명했다.

로마서 8장 11절은 예수님을 죽음에서 살린 능력이 우리 안에 살아 있다고 약속한다. 얀메카는 그 능력으로 소녀를 살려 달라고 하나님께 기도했다. 그는 30분간 소녀를 위해 열정과 확신으로 기도했다. 하지만 아무런 일도 일어나지 않았다. 그때 그는 마가복음 5장 37-43절에 기록된 예수님 말씀을 기억했다. 그 구절에서 예수님은 야이로의 딸을 되살리셨다. 예수님이 소녀를 치유할 때처럼 얀메카는 방에서 모든 사람을 나가게 했다. 그러고 나서 "달리다굼"("소녀여, 네게 이르노니 일어나라!")이라는 예수님의 말씀을 끊임없이 선포했다.

그러자 기적적으로 소녀가 되살아났다. "성경으로 기도할 때, 우리는 하나님의 약속은 얼마든지 예(Yes)가 되니 우리가 아멘하여 아버지 하나님께 영광을 돌리게 됨을 기억하게 된다"라고 얀메카는 말한다(고후 1:20). 얀메카의 기도로 살아난 소녀는 지금은 한 아기의 엄마가 되었다.

"기도에 응답해 주신 하나님께 뭐라 감사해야 할지 모르겠다. 하나님은 우리가 그분의 기쁘신 뜻을 추구하도록 우리 안에서 역사하신다." 얀메카는 이번에도 자연스럽게 성경(빌 2:13)을 인용하면서 말했다. 그는 모든 사람에게 인생의 모든 영역에서 예수님을 본받으라고 권한다. 특히 제자들이 누가복음 11장 1절에서 그랬던 것처럼 우리도 예수님께 기도하는 법을 가르쳐 달라고 요청해야 한다고 말한다.

신약 기자들은 구약 성경을 800회 이상 인용한다. 예수님도 구약 성경을 78회, '기도서'인 시편을 16회 인용하셨다. 예수님은 십자가에서 돌아가실 때도 성경으로 기도하셨다. 먼저 아버지께 "어찌하여 나를 버리셨나이까?"(시 22:1; 마 27:46에 인용)라고 물으신 뒤에 "내 영혼을 아버지 손에 부탁하나이다"(시 31:5; 눅 23:46에 인용)라고 선언하셨다. 예수님과 이야기하는 것은 성경을 듣는 것과 같았다.[8]

우리의 기도 생활이 예수님의 기도 생활을 닮아 가려면, 성경에 푹 빠져 그 말씀이 우리를 형성하게 해야 한다.

성경이 주도하는 기도 생활

성경으로 기도해야 하는 한 가지 분명한 이유는 우리에게 없는 말들을 성경 안에서 찾을 수 있기 때문이다. 더 나아가, 성경으로 기도하면 우리 기도가 하나님 뜻에 일치되고 우리가 강하고 구체적인 기도를 하는 데 도움이 된다.

강한 기도: 얀메카는 이렇게 말한다. "그리스도인이 예수님의 가르침을 따르면 기적은 일상적으로 일어난다. '가면서 전파하여 말하되 천국이 가까이 왔다 하고 병든 자를 고치며 죽은 자를 살리며 나병 환자를 깨끗하게 하며 귀신을 쫓아내되 너희가 거저 받았으니 거저 주라'(마 10:7-8)."

예수님의 기도에는 미적지근한 부분이 없다. 예수님은 우리에게도 담대히 기적을 구하는 기도를 하라고 가르치셨다.

구체적인 기도: 이렇게 물으라. "어떤 일이 일어나야 하나님이 역사하셨다고 믿을 수 있을까?" 한 리더는 우리에게 이렇게 말했다. "애매한 기도로는 애매한 응답만 얻을 뿐이다. 구체적인 기도가 구체적인 응답을 얻는다."

어떤 상황에서 하나님께 도우심을 구할 때는 '응답된 상태'를 상상하며 도와 달라고 기도할 수 있다. '응답된 상태'란 하나님이 역사하셨다는 사실을 분명히 알 수 있는 상태다.

우리가 인터뷰했던 리더들은 기도 중 성경 인용을 원칙으로 삼지는 않았지만, 그들의 기도에는 항상 성경의 언어가 흐르고 있었다. 그들은 성경을 바탕으로 기도하면 무엇보다도 하나님의 뜻에 일치되기 때문에 더 많은 열매가 나타났다고 주장했다. 우리도 그들처럼 "3S 기도", 즉 강하고 (strong), 구체적이고(specific), 성경적인(scriptural) 기도를 드리기 시작했다.

성경으로 하는 기도의 실제

아프리카 전역의 교도소에서 사역하는 자선 단체인 저스티스 디펜더 (Justice Defender) 설립자인 알렉산더 매클레인은 십 년 전 베네딕트회 수사들에게 '렉티오 디비나'를 배웠다.

매클레인은 아프리카 전역의 교도소에 만연한 불평등 문제를 다루는 기관을 운영하며 밤낮없이 일하고 있었다. 하지만 결국 그는 "행동과 묵상 사이의 균형을 이루기 위한 시간이 중요하다"는 사실을 깨달았다. 그래서 저스티스 디펜더 팀은 매주 루틴에 '렉티오 디비나'를 추가했다.[9] 그들은 변호하고 행동할 뿐 아니라 침묵하고 기도하기 위한 시간도 내기로 결단했다. 매클레인은 묵상하고 듣는 시간을 "힘에 벅찬 일을 하는 중에 나를 지탱해 주고 내게 생명을 주는 시간"이라고 설명했다.[10]

온라인 모임으로 전환한 팬데믹 시기에 저스티스 디펜더 팀은 이 생명을 주는 '렉티오 디비나' 시간을 다른 이들에게도 개방하기 시작했다. 그들은 범위를 넓혀서 후원자들, 정부 관리들, 종교 지도자들, 교도소에 있는 사람들, 석방이 이미 결정된 사람들을 두루 초대했다. 그들의 줌 모임에는 전(前) 캔터베리 주교뿐 아니라 여러 대법관도 참여했다. 지리적으로나 상황적으로 다양한 사람들이 하나님 앞에서 함께 모여 성경을 공부하고 성경으로 기도하는 시간을 가졌다.

성경의 깊이와 지혜를 깨닫는 일은 부나 권력이나 지위와 상관이 없다. 성경 앞에서는 수감자와 정부 관리가 동등하다. 그들이 함께 '렉티오 디비나'를 행할 때 수감자들은 국가의 리더들을 위해 기도하고 국가의 리더들은 수감자들의 이름을 일일이 불러 가며 기도한다. 이것은 지극히 인간적인 동시에 신적인 경험이다.

성경 말씀으로 충만한 기도

디자이어링 갓(Desiring God)의 설립자인 존 파이퍼는 이렇게 말한다. "성경으로 기도하는 것은 그리스도인의 삶에서 참으로 중요하다. 성경으로 기도하는 습관을 기르지 않으면 우리 기도는 십중팔구 공허한 반복으로 전락한다. 결국, 하나님의 더 큰 목적보다는 눈앞의 개인적인 문제에만 매달리게 된다."[11] 우리가 대화를 나눴던 모든 리더는 기도할 때 성경의 중요성을 강조했다. 단, 그들은 성경으로 충만한 기도에 대해 두 가지 다른 접근법을 취했다.

어떤 이들은 암송한 성경 구절이나 하나님이 밝혀 주신 성경 구절을 그분과의 대화에 인용한다. 그런가 하면 다른 이들은 성경을 토대로 기도한다.

기도에 성경을 인용하기

한 가지 접근법은 성경의 구절로 기도의 수준을 높이는 것이다. 예를 들어, 어떤 목사는 바울의 목회적 기도문을 모두 외워 교인들을 위해 기도할 때 그중 일부를 사용한다.

하나님께 기도 제목에 맞는 성경 구절을 밝혀 달라고 요청하는 이들도 있다. 그렇게 하면 하나님 뜻에 맞게 기도하는 것이 보장된다. 그러면 기도에 능력과 믿음이 더해진다고 그들은 믿는다.

성경을 토대로 기도하기

존 파이퍼는 두 번째 접근법을 사용한다. "성경을 토대로 기도하라. 성경을 앞에 두고 한 줄 읽고 나서 그것을 기도로 바꾸라. 자신과 남들의 상황에 맞게 표현을 바꾸고, 확장하고, 적용하라."[12] 오래 기도할 수 있는 방법을 묻는 사람들에게 파이퍼는 성경을 토대로 기도하면 종일 기도할 수 있다고 말한다.

파이퍼는 다른 방법들도 시도해 봤지만 뭔가 부족함을 느꼈다. 그는 기도를 인도해 줄 성경이 앞에 없을 때는 '반복'과 싸운다. 그는 성경의 인도함 없이 기도할 때는 매일, 매시간 "계속해서 똑같은 내용만 기도하고 있을 뿐"이라고 말한다.[13]

파이퍼는 '주의산만'과도 싸운다고 말한다. "내 마음은 수시로 방황한다. 어느새 나는 내가 입고 있는 옷이나 반쯤 열려 있는 창문 블라인드를 생각하고 있다." 하지만 "성경이 내 주의를 끌고 나면 곧 성경적으로 기도할 거리가 생기기 때문에 '하나님, 저들을 축복해 주십시오', '하나님, 그 일을 축복해 주십시오' 같은 공허하고 막연한 요청을 하는 대신에 구체적인 기도 제목을 말씀드릴 수 있다."[14]

계속해서 파이퍼는 "성경을 토대로 하는 기도"를 위한 추천 구절 목록을 제시했다. 그 목록에는 마태복음 5-7장, 로마서 12장, 고린도전서 13장, 갈라디아서 5-6장, 에베소서 4-6장, 골로새서 3-4장, 데살로니가전서 5장이 포함된다. "성경을 진지하게 받아들이고 기도로 말씀을 삶 속에 불어넣으려고 노력하면 얼마나 많은 통찰이 찾아오는지 깜짝 놀랄 것이다"라고 파이퍼는 말한다.[15]

존 파이퍼뿐 아니라 우리가 인터뷰한 많은 리더들은 주기도문으로 기도하는 것과 그 주기도문의 도입부에 있는 관계에 관한 강력한 묘사를 중요하게 여긴다.

내가 그 어떤 기도보다도 자주 드린 기도는 … "아버지여, 제 삶 속에서, 그리고 제 삶을 통해 아버지의 이름이 거룩히 여김을 받으시옵소서"일 것이다. … 신학교 시절에 패서디나에서 아침 조깅을 할 때 오렌지 그로브 대로(Orange Grove Boulevard)에서 동쪽으로 질주하며 조깅을 마무리했던 기억이 난다. 동이 트면 두 팔을 높이 들고 쿵쾅거리는 심장 소리와 함께 이렇게 기도했다. "사람들이 하나님의 이름을 거룩히 여기도록, 하나님께서 제게 생명을 주시고 제 심장이 계속해서 뛰게 하십니다. 제 삶 속에서 하나님의 이름이 거룩히 여김을 받으시옵소서."[16]

성경은 강력한 기도로 가득하다. 또한 성경은 우리가 강력한 기도를 드리는 데 필요한 언어를 제공해 준다.

하늘에 계신 우리 아버지여 이름이 거룩히 여김을 받으시오며 나라가 임하시오며 뜻이 하늘에서 이루어진 것같이 땅에서도 이루어지이다 오늘 우리에게 일용할 양식을 주시옵고 우리가 우리에게 죄지은 자를 사하여 준 것같이 우리 죄를 사하여 주시옵고 우리를 시험에 들게 하지 마시옵고 다만 악에서 구하시옵소서 나라와 권세와 영광이 아버지께 영원히 있사옵나이다 아멘

— 마태복음 6:9-13

• 기 도 가 이 드 : 렉 티 오 디 비 나 •

1. 렉티오 디비나의 네 단계
'렉티오 디비나'의 한 가지 방법은 한 구절을 네 번 읽는 것이다. 한 번 읽을 때마다, 12세기 수사인 귀고(Guigo)가 6세기 베네딕트회 수도원에서 도입해 더욱 다듬어 내 놓은 네 단계로 행한다. 소울 셰퍼딩(Soul Shepherding)의 빌 고티에(Bill Gaultiere)는 이 네 단계에 관한 자신만의 접근법을 소개했다. 이 네 단계는 성경 묵상 과정에 내재 된 네 가지 리듬이라고도 할 수 있다.[17]

　귀고의 거룩한 독서 네 단계는, 라틴어로 렉티오(lectio, 읽기), 메디타티오(meditatio, 묵상), 오라티오(oratio, 기도), 콘템플라티오(contemplatio, 관상)다. 영어로는 네 가지 R, 곧 읽기(reading), 묵상하기(reflecting), 반응하기(responding), 쉬기(resting)로 기억하면 좋다.

1) 읽기
"렉티오 단계에서 하나님 말씀을 읽는 것은 음식을 집어 입에 넣는 것과 같다. 서두 르지 않고, 지적인 노력도 하지 않고, 우선 성경 말씀에 귀 기울인다. 성령께서 하나 님 말씀을 생생하게 해 주실 때까지 조용히 기다린다. 그런 다음, 마음이 끌리는 구 절에서 멈춘다."

2) 묵상하기
"성경을 묵상하는 것은 음식을 씹는 것과 같다. 깊은 의미를 숙고한다. 해당 구절의 한 부분을 조용히 반복해서 읽는다. 그 부분을 곱씹어 마음을 새롭게 한다(롬 12:2)."

3) 반응하기
"성경으로 기도하는 것은 음식을 맛보는 것과 같다. 말씀에 감정으로 반응하고, 죄 나 갈등을 고백하고, 자신이나 남에게 필요한 것을 하나님께 구한다."

4) 쉬기
"하나님의 말씀을 관상하는 것은 그 달콤함을 소화시키는 것이다. 하나님 사랑의 품 안에서 조용히 쉰다. 이 시점에서 말은 필요하지 않다. 말은 오히려 하나님 사랑의 품 안에 조용히 머무는 것을 방해할 수 있다. 그렇게 조용히 있는 것이 렉티오 디비나의 목표다."

"일부 영적 스승들은 인카르나티오(incarnatio)라는 다섯 번째 단계를 추가한다. 이것은 일상에서 말씀을 실천하는 것이다."

2. 렉티오 디비나의 세 가지 질문

1) 한 단어

성령의 감동이 느껴지는 한 단어나 어구는 무엇인가? 침묵하며 그것을 묵상하라.

2) 느낌

어떤 느낌이 드는가? 오늘 삶의 어떤 특정한 상황이 이 말씀과 관련되는가? 그 내용으로 기도문을 쓰거나 조용히 기도하라.

3) 초대

이 말씀에서 당신을 향한 하나님의 개인적인 초대는 무엇인가? 하나님이 당신에게 말씀하고 계시는 것이나 감사의 기도를 쓰라. 성령의 임재 안에서 조용히 쉬어도 된다.

3. 렉티오 디비나에서 기도하는 법

헨리 나우웬은 이렇게 말한다. "성경을 통해서 우리에게 오는 하나님 말씀에 매우 개인적이고 친밀한 방식으로 귀 기울이며 그 말씀이 우리 머리에서 우리 가슴으로 내려오게 해야 한다."[18] 렉티오 디비나는 이렇게 하기 위한 한 가지 방법이다.

렉티오 디비나에서 한 구절을 읽을 때마다 (허락되는 시간과 자신의 영적인 상태에 따라) 몇 분간 조용히 기도하라.[19]

렉티오 디비나를 통해 묵상할 수 있는 성경 구절을 아래와 같이 소개한다.

- 에베소서 1:16-20
- 에베소서 3:16-21
- 빌립보서 1:9-11
- 골로새서 1:9-12

- 주기도문, 마태복음 6:9-13
- 하나님의 전신갑주, 에베소서 6:10-19
- 성령의 열매, 갈라디아서 5:22-23
- 팔복, 마태복음 5:1-12
- 십계명, 출애굽기 20:2-17
- 지상명령, 마태복음 28:18-20
- 대계명, 마태복음 22:34-40
- 시편 91편
- 시편 23편

7.

내 뜻을 죽이고
하나님 음성에 순종하다

하나님은 마음의 침묵 속에서 말씀하신다. 듣는 것이 기도의
시작이다.
_ 마더 테레사

1952년 9월 어느 주일 오후, 앤드루 판 데어 빌(Andrew van der Bijl; 영어권
에서는 '앤드루 형제'라고 부른다. — 역주)은 강가에 홀로 앉아 괴로운 심정을 하
나님께 아뢰고 있었다.

수년 전 전쟁 중에 입은 부상으로 앤드루는 발과 발목을 다쳐 불구가
되었다. 그런데 마음속에서는 그를 선교지로 부르시는 하나님의 음성이
자꾸만 들렸다. "좋습니다. 하지만…." 앤드루는 자신의 부족한 점들을 펑

게 대면서 항상 그렇게 대답했다. 그는 정식 교육을 받은 적이 없었고, 망가진 무릎은 제대로 치료되지 못했다. '도시의 한 블록만 걸어도 무릎 통증으로 주저앉는데 어떻게 선교사가 될 수 있겠어?' 그는 고개를 내저었다.[1]

앤드루는 하나님이 자신을 어떤 일로 부르시는지 알았지만 그 일을 감당하기는 불가능해 보였다.

강가에서 앤드루는 하나님과 씨름했다.

강가에 앉아 있던 앤드루는 문득 온전히 순종하겠노라는 의미로 육체적인 '순종의 걸음'을 걷고 싶다는 생각이 강하게 들었다. 그는 자리에서 일어났다. 한 걸음 내딛자 극심한 고통이 밀려왔다. 무리하다가는 발목 상태가 더 나빠질 것 같았다. 하지만 꾹 참고 다시 한 걸음 내딛자 고통이 없었고 움직임이 부자연스럽지도 않았다. 그렇게 그는 한 걸음, 다시 한 걸음을 내딛었다. 절뚝거림이 사라졌고, 부상당하기 전처럼 완벽히 정상적으로 걷기 시작했다.

하나님의 음성에 귀 기울이고 순종의 걸음을 내딛었더니 기적적인 치유가 일어나고 기적적인 삶의 행보가 시작되었다.

선교를 향한 앤드루의 첫걸음에서 그 유명한 여행이 시작되었다. 그 여행은 공산주의 국가에 성경책을 몰래 들여가는 사역으로 이어졌다. 그로 인해 앤드루는 "하나님의 밀수꾼"이라는 별명을 얻었다. 그의 이야기를 담은 책은 천만 부 이상 팔려 나갔고, 그가 세운 조직인 오픈 도어스(Open Doors)는 70개 이상 나라에 수백만 부 성경책을 전달하고 지하 교회 운동을 도왔다.

수천 년간 그리스도인 리더들과 영웅들은 다음 같은 익숙한 패턴을 따라왔다.

- 그들이 하나님을 찾는다.
- 하나님이 말씀하시고 불가능해 보이는 일을 요구하신다.
- 그 일이 불가능함에도 불구하고 그들은 믿음의 발걸음을 내딛는다.
- 기적이 일어난다.

예수님은 틈만 나면 사람들에게 불가능해 보이는 일을 하라고 말씀하셨다. 한 장애인에게는 "일어나 네 자리를 들고 걸어가라"라고 말씀하셨다(요 5:8). 또 다른 장애인에게는 "일어나 집으로 가라"라고 말씀하셨다(마 9:6). 손 마른 사람에게는 "손을 내밀라"라고 말씀하셨다(마 12:13). 생선 몇 마리를 들고 수천 명의 배고픈 사람들을 멍하니 쳐다보는 한 제자에게는 "너희가 먹을 것을 주라"라고 말씀하셨다(눅 9:13). 베드로에게는 "와서 물 위를 걸으라"라고 말씀하셨다(마 14:28-29). 이 모든 상황에서 평범한 사람들이 그리스도의 불가능해 보이는 명령에 순종할 때 기적이 일어났다.

기도하는 리더들에게서 이 패턴을 꾸준히 볼 수 있다. 하나님의 음성을 듣고 불가능해 보이는 명령에 순종한 결과, 그들의 삶은 극적으로 변했다.

목사와 신학자들은 하나님 음성을 듣는 것에 관해서 글을 쓰고 가르친다. 10단계를 말하는 이들도 있고, 4단계를 제시하는 이들도 있다. 이렇게 단계는 달라도 중요한 내용은 다음과 같다.

- 하나님께 항복한 마음

- 하나님께 고정된 정신
- 하나님 앞에서 고요한 영혼

예수님은 발걸음마다 하나님 아버지의 인도하심을 의지하는 삶의 본을 보여 주셨다. "… 아들이 아버지께서 하시는 일을 보지 않고는 아무것도 스스로 할 수 없나니 아버지께서 행하시는 그것을 아들도 그와 같이 행하느니라"(요 5:19). "아버지께서 아들을 사랑하사 자기가 행하시는 것을 다 아들에게 보이시고"(요 5:20). "… 아버지여 내 말을 들으신 것을 감사하나이다 항상 내 말을 들으시는 줄을 내가 알았나이다"(요 11:41-42).

예수님은 하나님의 음성을 들으셨다. 하지만 오늘날 하나님의 음성을 듣는 제자들은 과연 얼마나 될까?

전기 충격 받기 〉 가만히 있기

오래전에 사람들이 15분간 홀로 생각에 잠겨 가만히 있을 수 있는지를 알아 보는 실험을 진행한 적이 있다. 실험 참가자들을 연구실로 데려가 전화를 비롯한 다른 외부 자극 없이 15분간 혼자 있게 했다. 그들은 잠들지 말고 자리에 앉아 있어야 했다. 유일한 오락거리는 손에 든 작은 버튼 하나였다.

연구자들은 실험 참가자들에게 버튼을 누르면 가벼운 전기 충격이 올 것이라고 경고했다. 실험 전까지만 해도 참가자들은 그와 비슷한 충격을 피하기 위해서라면 돈이라도 지불할 의향이 있다고 말했다.

하지만 결과적으로, 조용히 앉아 있는 것과 자신에게 충격을 가하는 것이라는 두 가지 선택 사항 중에서 남성의 67퍼센트와 여성의 25퍼센트는 전기 충격을 선택했다. 연구 팀은 이런 결론을 내렸다. "사람들은 평소에는 하지 않을 꽤 불쾌한 행동을 하게 되더라도, 생각하기보다는 행동하기를 선호한다."[2] 행동에 대한 인간 욕구는 실로 강하며, 그 욕구는 기도 생활에 영향을 미친다.

리더들의 무작위 표본으로 이 실험을 해 보고 싶다. 훨씬 더 극적인 결과가 나올 수도 있다. 오늘날 (우리를 포함해서) 많은 리더들이 아드레날린에 취해 있다. 우리는 바쁜 삶, 쉴 새 없이 울리는 전화벨 소리, 이메일 도착 소리에 익숙하다. 우리의 하루하루는 활동과 행동과 지속적 자극으로 꽉 차 있다. 우리는 행동가들이다. 리더들은 하나님과 함께 조용히 앉아 있느니, 버튼을 눌러 자신에게 전기 충격 주는 편을 택할 가능성이 가장 높은 부류가 아닐까? 기도하는 것을, 전기 충격 견디는 것보다 더 어려워하는 사람들이 많다.

우리가 인터뷰했던 한 리더는 기도의 어려움을 누구보다 잘 알았다. 그래서 그는 하나님의 음성에 귀 기울이는 시간을 지키기 위해 타이머를 맞추기 시작했다. 처음에는 하루에 2분도 버티기 힘들었다. 하지만 시간은 3분에서 4분을 지나 계속 늘어났다. 지금은 꽤 오랫동안 하나님 앞에 조용히 앉아 그분의 음성에 귀 기울일 수 있다. 그는 머릿속이 계속해서 돌아가기를 멈추고 영혼이 잠잠해져서 성령의 조용한 음성을 들을 수 있기까지 보통 10분 정도 걸린다고 말한다.

침묵의 근육을 기르기 위해서는 꽤 많은 노력이 필요하다. 하지만 침묵하기 위한 시간을 내지 않으면 하나님의 음성을 듣기 어렵다.

하나님의 음성을 듣는 연습

"하나님께 항복하는 기도의 삶"이라고 할 때, 그런 삶을 살았던 경제계 인물은 별로 생각나지 않는다. 하지만 우리가 5장에서 소개했던 테리 루퍼는 우리 기도의 방향, 나아가서 우리 삶의 방향 자체를 바꿔 놓은 친구다.

루퍼는 1989년 회사를 설립하기 전, 현재 그가 "신성한 속도"라고 부르는 습관을 갖도록 인도하시는 하나님의 음성을 느꼈다. 하나님은 그에게 불가능해 보이는 일을 하라고 명령하셨는데, 회사를 설립하되 일주일에 40시간만 일하라는 것이었다. 그것도 모자라, 하나님의 그다음 명령은 비즈니스 세계의 통념과 관행을 더더욱 깨뜨리는 것이었다. 하나님은 매출이나 성장 계획을 일체 세우지 말고 그냥 직원들과 고객들을 돌본다는 생각으로 사업을 하면 하나님이 알아서 회사를 키워 주실 것이라고 말씀하셨다. 그렇게 해서 회사가 설립된 지 30년이 지난 지금도 루퍼는 수적인 성장 목표를 일체 세우지 않는다. 모든 결정을 하나님께 맡기고 그분의 지시가 내려올 때까지 귀를 기울이며 기다리는 편이 훨씬 낫다고 믿기 때문이다.

루퍼는 이런 농담을 건넨다. "초대교회에 계획은 있었지만 성장 목표는 없었다. 그들은 성장을 하나님께 맡겼다. 그렇게 해도 아무런 문제가 없었다."[3]

루퍼에게 하나님의 음성을 듣는 것은 하나의 습관이 아니라 삶의 방식 자체다. 그는 매일 자신을 하나님께 맡기고 자신에 대해서는 죽기 위해 노력한다. 그렇게 하면 하나님 음성을 잘 들을 수 있다. 그는 이것을 "아무런 입장도 갖지 않는 것"(getting neutral)이라 부른다. 이것은 모든 모임이나 상황에서 자신의 뜻보다 하나님의 뜻을 더 원하는 경지다. 그는 모든 일상적인 결정, 지극히 사소한 결정까지도 하나님께 맡긴다. 먼저 작은 일에서 하나님 음성 듣는 법을 배워야 큰일에서도 마음을 진정시키고 하나님 음성을 들을 수 있기 때문이다.

모든 날, 모든 모임, 모든 결정을 하나님 앞으로 가져가야 한다. 때로는 하나님과의 대화가 빨리 끝나서 결정이 금방 난다. 하지만 여러 번 기도해야 답이 나오는 경우도 있다.

루퍼는 자신의 욕구에 대해 죽음으로써 기도 중에 하나님 음성을 듣는 것에 관해 한 가지 사례를 나누었다. "이번 주에, 사역자들을 너무 몰아붙여 지치게 만드는 사역 단체 리더를 만나기로 했다. 그에게 따끔하게 한마디 해 주려고 했다. 그런데 나는 어떤 모임이든 그 전에 하나님께 기도하며 그분의 뜻을 묻는 습관이 있다. 나 자신과 내 뜻에 대해 죽기 전까지는 하나님 음성을 들을 수 없다. 그날 하나님은 이 리더에게 필요한 것은 꾸지람이 아니라 그를 사랑해 줄 사람이라고 말씀하셨다. 그래서 나는 그 모임에 관한 내 뜻을 죽이고 하나님 뜻을 따랐다. 그 리더를 사랑하는 마음으로 대했더니, 그의 마음이 새롭게 열렸다."

'경청'에 관한 리더십 책이 시중에 많이 나와 있다. 경청은 우리가 모든 대화에서 연습하며 길러야 할 기술이다. 이렇게 친구나 동료의 말을 경청하기 위해 연습이 필요하다면, 보이지 않는 성령의 음성을 경청하기 위해서는 얼마나 더 많은 연습이 필요하겠는가. 하나님 음성을 듣기 위한 근육을 길러야 한다. 루퍼는 자신의 영혼이 매일 하나님의 음성을 듣도록 훈련시켰다.

하나님 뜻에 항복하다

우리가 인터뷰했던 기도하는 리더들은 하나님의 음성을 듣는 것에 관해 공통된 시각을 갖고 있었다. 이를 말로 표현한 리더도 있었고 삶으로 보여 준 리더들도 있었지만, 그들이 하나님의 음성을 듣기 위한 열쇠는 바로 '항복'이었다.

루퍼는 우리가 자기 뜻을 품고 하나님께 나아가면 자신의 욕구들이 너무 큰소리를 내어 하나님의 음성이 그 소리에 묻힌다고 설명한다. 우리의 욕구들은 엘리야 선지자가 하나님을 찾을 때 경험했던 광풍, 지진, 타오르는 불과도 같다. 하나님의 음성은 이런 것들 속에서 들리지 않았다. 그분의 음성은 "세미한 소리"로 임했다(왕상 19:11-13). 항복하면 우리의 욕구 소리가 잦아들어 하나님의 세미한 음성을 들을 수 있다.

하나님과의 약속

아일라 타세는 수 킬로미터 반경 내에 그리스도인이 한 명도 없는 마을에서 이슬람교도로 자랐다. 그런데 고등학교 때, 그가 다니는 학교에 부임한 그리스도인 교사가 그에게 예수 그리스도의 복음을 전했다. 그때 그는 예수님을 영접했고, 그로 인해 더 이상 집에서 환영받지 못했다. 그는 이 거대한 변화의 시기에 무엇을 어떻게 해야 할지 몰랐다.

"성경의 하나님은 사람들을 대하실 때 알라와 다르게 하신다는 것을 알았다. 하나님이 인격적인 존재로 느껴졌다. 그분께 아뢰었다. '하나님, 하나님과 만날 약속을 정하고 싶습니다. 제 삶으로 무엇 하기를 원하시는지 듣고 싶습니다.'"[4] 타세는 생각했다. '그분이 나를 원하신다면 나를 인

도해 주실 거야.'

타세는 다음 수요일 아침 10시 숲속에서 하나님을 만나기로 약속을 정했다. 그 수요일에 타세는 자전거를 타고 숲속으로 들어가 정각 10시에 약속 장소에 도착했다. "약속 시간에 늦고 싶지 않았다. 나는 하나님을 '보이지는 않지만 실제 존재하는 분'인 것처럼 대했다." 그는 그렇게 말하면서 껄껄 웃었다. 그는 성경책과 *Sermon Outline*(설교 요약집)이라고 하는 붉은색 표지의 책을 들고 나무 아래 앉았다. "눈을 감자 주변의 모든 것이 변했다. 내 주변에서 그분의 임재가 매우 강하게 느껴졌다. 눈을 뜰 수가 없었다. 약속해 달라고 부탁했더니 그분이 정말로 그 장소에 나오셨다."

타세는 다음 상황을 예측할 수 없었다. "죽을지도 모른다는 생각이 들었다." 하지만 그때 그가 있는 곳의 이슬람사원 지도자인 이맘의 환상이 보였다. 한 목소리가 말했다. "그를 용서하고 축복하라." 그렇게 했더니, 이번에는 타세 자신에게 상처를 주었던 사람들이 환상 중에 나타났다. 각 사람에 대해서 이런 음성이 들렸다. "그를 용서하고 축복하라." 그는 그대로 순종했다.

"그들을 용서하고 축복할 때마다 뭔가가 내 마음을 떠났다." 용서가 끝나자 하나님은 타세에게 또 다른 환상을 보여 주셨다. 이번에는 그가 찾아간 적이 있던 사막이 보이고, 한 음성이 그에게 물었다. "이곳에서 양배추가 자랄 수 있겠느냐?"

타세는 양배추를 키우기 위해서는 많은 물이 필요하다는 것을 알았다. 따라서 사막에서 양배추를 키우는 것은 불가능했지만 계속된 환상에서 그는 사막의 바위 틈에서 양배추가 자라는 모습을 보았다.

그로부터 수년이 흘러 타세는 라이프웨이 미션 인터내셔널(Lifeway

Mission International)이라는 단체를 세워 케냐에 복음을 전하기 시작했다. 하나님은 타세를 인도하셔서 사람들과 함께 성경 공부를 시작하게 하셨고, 그 모임들은 점점 교회를 이루었다. 그 교회들을 통해 그곳 부족 전체가 예수님에 관해서 듣게 되었다.

1994년 라이프웨이가 시작되었을 때 케냐에는 26개 미전도 부족이 있었다. 하지만 폭발적으로 성장하는 라이프웨이와 협력 단체들의 사역 덕분에 현재는 두 부족밖에 남지 않았다. 타세에 따르면 "금년에는 그 두 부족에게 다가가고 있다."[5] 동아프리카에서 라이프웨이는 146개 부족을 전도하고 있다.

오늘날 라이프웨이의 웹 사이트에 있는 특이한 로고에 관해서 묻는 이들이 꽤 있다. 그 로고는 사막에서 자라고 있는 양배추 사진이다.

타세의 기도 생활은 오래전 하나님과의 첫 만남 약속 이후로 계속되고 있다. 그는 기도로 하나님의 음성을 듣기 위한 세 가지 열쇠를 언급했다. "우리 마음속에는 수많은 생각이 맴돌고 있다. 우리는 수만 가지에 정신을 판다. 따라서 조용한 장소, 조용한 시간, 조용한 마음이 필요하다."[6]

"당신의 마음에는 많은 것이 꽉 차 있을 것이다. 먼저 마음을 가라앉히기 위해 5-6분 정도 필요하다. 그런 다음에야 기도가 원활하게 이루어진다. 내 안에 걱정이나 잡념이 있는지 하나님께 물으며 점검하는 것도 중요하다. 그렇게 하고 나서 찬양을 하며 긴장을 푼다."

주의가 흐트러지는 것은 자연스러운 현상일 수 있지만, 타세는 우리가 하나님께로 나아가려고 할 때 방해하는 다른 힘들이 있다는 것을 안다. "영적 전쟁이 일어나고 있다는 것도 안다. 원수가 나를 공격한다. 나는 방해하는 목소리들이나 걱정거리들을 꾸짖는다. 혹은, 내가 해야 하는데 아직 하지 못한 일도 생각난다. 그런 일을 하나님께 맡기려고 노력한다. 하나님과 온전히 시간을 보낼 수 있도록 그것들을 고백하고 하나님께 맡긴다. 마음에 짐이 가득하면 하나님의 음성을 들을 수 없다."

타세의 기도를 방해했던 일들 중에는 사역자들과의 분열도 있다. 동료들은 그가 사역을 위한 자원을 사적으로 착복한다고 비난하며 사역의 일부를 자신들에게 떼어 달라고 요구했다.

"나는 하나님께 계속해서 물었다. '하나님, 왜 이런 일을 허락하십니까? 하나님, 제가 얼마나 정직하고 얼마나 하나님 섬기기를 원하는지 아시잖아요. 하나님이 저를 부르셨고 저는 그 부르심을 열심히 따르고 있습니다. 그런데 이런 시련이 닥칠 줄은 정말 몰랐습니다."

타세는 계속해서 다음과 같이 말했다.

이제 기도도 나오지 않았다. 마음이 한없이 무거웠다. 답답한 마음에 무엇을 해야 할지 알 수 없었다. 방금 전에 모임을 가졌는데, 사람들이 다니엘서 6장에 기록된 다니엘의 적들처럼 나를 비난할 거리를 찾고 있는 것만 같았다. 입맛이 없어 몸무게도 많이 줄었다. 그날은 비가 내리는 수요일이었고, 나는 교회의 뒤쪽 자리에서 기도를 드렸다. 아무 말도 나오지 않았지만 그래도 하나님의 임재 안에 있고 싶었다. '그래도 내 영으로는 기도할 수 있어'라고 생각했다.

그 수요일에도 하나님은 타세와의 약속을 지켜 주셨다. 그가 교회 안에 조용히 앉아 있은 지 10분쯤 지났을 때, 하나님이 침묵을 깨셨다. "하나님이 실제로 말씀하시는 것이 들렸다." 그는 기억했다. 하나님은 이렇게 말씀하셨다. "너희가 오늘 본 애굽 사람을 영원히 다시 보지 아니하리라. 여호와께서 너희를 위하여 싸우시리니 너희는 가만히 있을지니라." 다시 음성이 들렸다. "그들이 한 길로 너를 치러 들어왔으나 네 앞에서 일곱 길로 도망하리라." 타세는 이것이 성경의 어느 구절인지는 몰랐지만 분명 성경에 있는 말씀인 줄은 알았다(출 14:13-14; 신 28:7).

타세는 버스 정류장까지 달려갔고, 버스를 탔고, 버스에서 내려서 비를 뚫고 집까지 달려갔다. 문을 열고 집 안으로 달려 들어가 흥분한 목소리로 가족들에게 말했다. "하나님의 음성을 들었어. 싸움은 끝났어."

타세는 그다음 주에 방해꾼들을 다시 만났을 때 조용히 앉아만 있었다. 그러자 놀랍게도 하나님의 말씀이 그대로 이루어졌다. "나를 반대하는 사람들끼리 싸우기 시작했다." 그들 사이의 다툼이 워낙 험악해서 타세가 나서서 중재해야 할 정도였다. 모임이 끝나자 그의 적들은 뿔뿔이 흩어졌고, 다시는 돌아오지 않았다.

일어나서 가라

타세처럼 리더들은 기도 중에 하나님께서 주시는 환상을 보고 확신을 얻는 경우가 많다. 그들은 하나님께 구체적인 지시도 듣는다. 하나님은 그들에게 일어나서 행동을 취하라고 말씀하실 때가 많다.

- "주의 사자가 빌립에게 말하여 이르되 일어나서 … 가라 하니"(행 8:26)
- "성령이 빌립더러 이르시되 이 수레로 가까이 나아가라 하시거늘"(행

8:29)

- "주께서 [아나니아에게] 이르시되 일어나 … 가서"(행 9:11)
- "… 성령께서 그[베드로]에게 말씀하시되 … 일어나 … 가라"(행 10:19-20)

몇 년 전에 나(라이언)도 그런 일이 있었다. 금요일 밤이었다. 기도를 하는데 복음 전할 기회를 위해 기도해야 한다는 생각이 들었다. 기도 중에 한 음성이 느껴졌다. "복음을 전하고 싶다면 지금 당장 일어나 문밖으로 나가라." 나는 기도 중에 찾아오는 느낌대로 행동하고 싶었다. 사소하게 일러 주시는 말씀에도 귀 기울이는 법을 배우는 중이었기 때문에 그 음성에 즉시 순종했다.

당시는 겨울이었고 나는 스웨덴의 한 아파트에 살고 있었다. 문밖으로 나가자마자 눈덩이가 날아왔다. 아이들이 눈싸움을 하고 있었고, 나도 질세라 눈을 뭉쳐 아이들을 향해 던지기 시작했다. 그렇게 한바탕 눈싸움이 벌어졌다.

눈싸움이 끝나고 나서 아이들은 우리 집에 들어가 따끈한 코코아를 마시고 싶다고 했다. 집에 들어가자, 한 아이는 내 기타를 보고 기타 치는 법을 가르쳐 줄 수 있는지 물었다. 내가 흔쾌히 허락하면서 기타 레슨이 시작되었다. 이후 몇 주 사이에 기타 레슨은 믿음에 관한 대화로 발전했고, 그 아이는 예수님을 영접했다. "일어나서 가라"라는 하나님의 음성은 그렇게 완벽한 타이밍에 찾아왔다.

그 후에도 그 금요일 밤과 비슷한 경험을 또 했다. 어느 화요일 오후에 사무실에 있었는데, 느닷없이 하나님의 음성이 귀에 들리는 것처럼 생생하게 느껴졌다. "지금 일어나 사무실에서 나가, 음식을 포장해서 어려운 사람들에게 보내는 사역 단체를 찾아가라. 가서 미얀마의 피난민들에게 음식을 보내라고 요청하라." 이 명령은 더없이 직접적이고 구체적이었다.

나는 즉시 차에 올라타 밀키트를 만드는 사역 단체인 피드 마이 스타빙 칠드런(Feed My Starving Children[내 굶주리는 자녀들을 먹이라])을 무작정 방문했다. 약속도 하지 않았지만 나는 그 단체 리더에게 안내되었고, 그는 피난민들에게 식량 보내는 일을 도울 사람을 보내 달라고 2년간 기도하던 중이었다고 말했다. 우리는 함께 음식을 컨테이너에 실어 처음으로 미얀마에 보냈다. 우리는 식량을 더 보내기를 원했고, 결국 미국 국무장관의 도움으로 그 나라를 섬기기 위한 인프라를 구축할 수 있었다.

올해 우리는 난민들에게 5천 5백만 번째 밀키트를 보내며 자축했다. 이 모든 역사는 '듣기'에서 시작했다.

하나님 음성 듣고 분별하기

프리실라 샤이어는 세계적으로 사랑받는 저자이자 성경 교사이다. 샤이어는 하나님의 음성을 듣고 순종하는 것에 관해 자주 글을 쓰고 강연한다. 그녀에 따르면, 기도 중에 하나님의 음성을 듣는 경험은 "언제나 기독교를 완전히 뒤흔든다. 한번 하나님의 음성을 듣고 나면 이전의 삶으로 돌아갈 수 없다." 때로는 하나님께 구체적인 지시를 듣지 않아도 그저 하나님이 가까이 계심을 느끼고 하나님의 음성을 듣는 것만으로도 놀라운 일이 벌어진다.

샤이어는 하나님의 음성을 그분의 말씀과 일치시켜야 한다는 말을 자주 한다. 그녀는 하나님이 말씀하시는 주된 방법이 타세의 경험에서처럼 성경의 한 구절을 깨우쳐 주시는 것이라고 믿는다. 그것은 기도 중에 떠오르는 구절일 수도 있고, 성경을 읽다가 성령이 특정한 구절을 현재 상황에 맞게 새롭게 깨닫게 해 주시는 것일 수도 있다. 그럴 때면 성경의 한 부분이 페이지 위로 튀어나오는 것 같은 경험을 하게 된다. 샤이어는 그런 순간 하나님이 직접적으로 말씀하신다고 믿는다.

리더로서 샤이어는 하나님과 대화하고 그분께 지시를 듣기 위한 방법을 개발했다. 그녀는 하나님께 성경을 통해 말씀해 달라고 요청하는 것 외에도 청색 신호, 황색 신호, 적색 신호를 달라고 요청한다.

> 청색 신호: "일어나서 가라"라는 명령, 혹은 성경에서 말하는 "평안히 인
> 도함"을 받는 경험이다(사 55:12).
> 황색 신호: 지금 그녀가 있어야 할 곳에 있는 것이 아니기 때문에, 성령
> 께 바짝 붙어 있으라는 경고 신호다.
> 적색 신호: 멈추거나 도망치라는 하나님의 분명한 지시다. (1장에서 소개
> 한 대로 우리 아버지는 횡재처럼 보이는 계약을 포기하라는 하나님의 음성
> 을 느꼈다.)

하나님과 소통하기 위한 이 간단한 방법은 샤이어가 크고 작은 결정을 내리는 데 큰 도움이 되었다. 그녀는 모든 결정 사항을 하나님 앞에 가져가 하나님이 주시는 신호에 관심을 기울인다.

샤이어는 조종사가 착륙할 활주로를 찾는 것처럼 이런 신호를 찾는

다고 말한다. 불이 들어온 등이 하나밖에 없으면, 조종사는 활주로를 찾을 수 없다. 밝은 등이 여러 개 이어져 있어야 활주로가 어디에 있고 어느 목적지로 연결되는지를 확인할 수 있다.

"중요한 결정일수록 하나님이 외적으로 확인해 주시는 그 자비하심에 더 의지해야 한다"라고 샤이어는 말한다. 그녀는 외적인 복, 공급하심, 다른 때라면 '우연'처럼 보일 수 있는 일에서 이런 증거를 확보한다. 그녀에게 '우연'은 하나님이 상황들을 주권적으로 조율하신 결과물이다.[7]

가족과 함께 하나님 음성 듣기

우리 가족은 하나님 음성 듣는 법을 배우고 싶었다. 그래서 저녁 기도 시간에 몇 분간 조용히 하나님의 음성에 귀를 기울이게 하고 아이들에게 하나님이 말씀하시는 것을 느꼈는지 물었다.

대부분의 경우, 그런 시간에 특별한 일은 일어나지 않는다. 하지만 몇몇 경험은 실로 놀라웠다. 중요한 사업상 결정을 앞두고 고민하던 때가 기억난다. 고객이 계약 사항을 어겼고, 나는 그 일을 그냥 털어버릴지, 아니면 소송할지 고민하면서 하나님의 인도하심을 구했다.

저녁 기도 시간에 하나님 음성을 기다리던 중, 딸이 "다 잊어"(Let it go)라는 하나님의 음성을 느꼈다. (당시는 영화 〈겨울왕국〉의 흥행으로 모든 아이들의 입에 이 말이 오르내리기 '전'이었다.) 그 즉시 우리 조직이 마주하고 있는 문제가 떠올랐다. 그리고 잊어버려야 한다는 느낌이 들었다. 감사하게도 하나님은 갈등 없이 기적적으로 그 상황을 해결해 주셨다.

때로 하나님은 다른 사람을 통해서 말씀하신다. 그 순간 나는 하나님이 딸을 통해 우리 사업에 관한 내 기도에 응답해 주셨다는 생각에 큰 감동을 받았다.

정말로 하나님이 그렇게 말씀하셨는가

상대방의 말을 막으려고 "하나님이 내게 그렇게 말씀하셨다"라고 말하는 리더들에 관한 이야기는 끝이 없다. 하나님의 인도하심을 들었다고 거짓 주장하는 사람에게 피해를 입지 않도록, 여기서 몇 가지 위험 신호를 짚고 넘어가려고 한다. 필립 얀시의 말처럼, "하나님을 대언한다고 주장하는 사람들이 실제로 다 그런 것은 아니다."[8]

그렇다면 우리가 하나님의 음성을 들은 것인지, 그냥 자신의 느낌일 뿐인지 어떻게 분간할 수 있을까? 특히 리더들의 경우에는 잘못 판단했을 때 따르는 결과가 크기 때문에, 더 주의해야 한다.

프리실라 샤이어에게는 '활주로등'이 있지만, 전구나 비행기가 없던 시절에 존 웨슬리에게는 하나님의 음성을 확인하기 위한 나름의 방법이 있었다. 나중에 이것은 웨슬리의 사변형(Wesleyan Quadrilateral)으로 알려졌다. 웨슬리는 하나님의 지시를 확인하기 위한 네 가지 요소가 있다고 가르쳤다.

- 가장 중요하고 우선되는 것, 성경
- 그리스도인의 경험
- 오랜 세월 이어져 내려온 기독교 전통의 지혜
- 경건한 이성

우리가 기도 중에 받는 지시(느낌과 촉구하심)는 이 네 가지 권위에 따라 검증해야 한다. 이 네 가지는 하나님의 음성을 들을 때 가드레일 역할을 한다. 이런 검증을 거친 뒤에도 성경은 또 다른 '활주로등'을 제시한다. 그것은 기독교 공동체다. 초대교회 리더들은 "성령과 우리는 … 옳은 줄 알았노니"라고 말했다(행 15:28).

우리가 인터뷰한 리더들도 성경, 성령의 인도하심, 전통, 경건한 이성을 통해 확인했다. 하지만 주된 확인은 공동체 안에서 이루어졌다. 때로 비이성적이거나 상식적으로는 불가능해 보이는 지시나 비전을 받으면 리더들은 그것을 공동체로 가져와 함께 기도하면서 검증했다. 물론 이 공동체는 누구나 안전하게 건강한 이견을 제시할 수 있는 곳이어야 한다.

하나님은 리더들에게 지시를 내리시지만, 대부분의 경우에는 힌트를 주신다. 그러면 리더는 그 힌트를 공동체(이사회, 리더들의 팀, 책임 있는 그룹, 가까운 친구들)로 가져가고 공동체가 그것을 검증한다.

존 잉글리시는 *Spiritual Intimacy and Community*(영적 친밀함과 공동체)에서 이렇게 말했다. "공동체를 떠난 개인의 분별도 없고, 개인의 분별이 없는 공동체의 분별도 없다. 각 개인은 공동체의 분별 활동에서 도움을 받고, 공동체는 각 개인의 분별에서 도움을 받는다."[9] 우리는 하나님이 특정한 사람에게 특정한 방법으로 촉구하신 이야기를 수없이 들었다. 하나님은 크고 작은 결정 사항에 관해 리더들을 인도하시며, 위험을 경고하기도 하신다.

하나님은 분명 말씀하고 계신다. 예수님은 우리에게 그 사실을 상기시켜 주신다. "내 양은 내 음성을 들으며…"(요 10:27).

주님, 항상 주님의 인도하심을 받고,

항상 주님의 계획을 따르고,

주님의 거룩하신 뜻을 완벽히 이루게 하소서.

크고 작은 모든 일에서,

오늘과 제 삶의 모든 날에,

뭐든 주님이 명령하시는 것을 하게 하소서.

주님 은혜의 지극히 작은 촉구하심에도 반응하여

주님의 영광을 위한 믿을 만한 도구가 되게 도와주소서.

저로 인해, 제 안에서, 저를 통해

시간 속에서, 그리고 영원히, 주님의 뜻이 이루어지게 하소서.

아멘.

— 아빌라의 성 테레사

· 기도 가이드: 하나님의 음성을 듣기 위한 단계 ·

우리 마음에 겸손한 항복의 자세가 뿌리내리게 하려면 노력, 시간, 조언, 그리고 때로는 전혀 발달되어 있지 않았던 영적 근육 훈련이 필요하다. 우리는 하나님의 음성을 잘 듣기 위해 훈련하는 중에 조지 뮐러의 글에서 다음과 같은 실천적인 단계들을 찾았다.

1. 먼저, 주어진 문제에 관한 내 자신의 뜻이 완전히 없어지는 마음 상태를 만들려고 노력한다. 사람들과의 문제는 대부분 여기서 비롯한다. 우리의 마음이 어떻

든지 간에, 하나님의 뜻을 행할 준비가 되면, 그 문제들은 열에 아홉은 해결된다. 진정으로 이 상태가 되면, 대개는 그러나 조금씩 하나님 뜻을 알게 된다.

2. 이렇게 한 후에, 느낌이나 단순한 인상을 따르지 않는다. 그렇게 하면 큰 착각에 빠질 소지가 있다.

3. 하나님의 말씀에서 혹은 그 말씀과 연관해서 성령의 뜻을 찾는다. 성령과 말씀을 결합해야 한다. 말씀 없이 성령만 의존하면 역시 큰 착각에 빠질 위험이 있다. 성령이 우리를 인도하신다면 절대 성경과 어긋나지 않고 성경에 따라 인도하신다.

4. 하나님이 섭리하신 상황들을 고려한다. 대개 하나님의 말씀과 성령의 음성에 비추어 이런 상황을 보면 하나님의 뜻을 알 수 있다.

5. 기도하면서 하나님의 뜻을 정확히 알려 달라고 요청한다.

6. 이렇게 하나님께 드리는 기도, 말씀 공부, 묵상을 바탕으로 삼아, 내 능력과 지식 안에서 최대한 신중하게 판단한다. 그렇게 해서 내 마음이 편안하고, 두세 번 간구한 뒤에도 계속해서 마음이 편안하면 그대로 진행한다. 사소한 문제에서나 중요한 문제에서나, 나는 이 방법이 항상 효과적이었다.[10]

8.

회개 기도로
교만의 싹을 잘라 내다

하나님의 자녀가 세상 사람들과 구별되는 이유는, 죄가 없기
때문이 아니라 죄에 대해 슬퍼하기 때문이다.
_ A. W. 핑크

　　제이미 라스무센 목사는 리더로서 전성기를 누리고 있었다. 하지만
속으로는 죽어 가고 있었다.

　　라스무센이 목회하는 스코츠데일 바이블 교회는 미국에서 빠른 속도
로 성장하는 큰 교회였다. 그 교회는 매주 사람들을 전도하고, 지역 사회
를 섬기고, 여러 캠퍼스를 개척하고, 선교와 지역 사회 봉사를 위해 수백
만 달러를 쾌척하고 있었다.

하지만 라스무센의 꽉 찬 일정과 지독하게 빠른 삶의 속도 때문에 그의 기도 생활은 망가지고 있었다. "목회를 하면서 영적으로 말라간다는 것은 생각할 수도 없는 일이다." 그는 말은 그렇게 했지만 정확히 자신이 그런 상태였다. 라스무센은 탈진했다. 그냥 피곤한 정도가 아니라 매주 수천 명에게 성경을 가르치면서도 주님과의 교제가 전혀 없을 정도로 극심한 탈진이 찾아왔다.

아이러니하게도 라스무센은 윌로우크릭커뮤니티교회에서 상담 목사로 목회를 시작했다. 그곳에서 삶이나 리더십, 신앙, 가정의 붕괴를 겪은 사람들을 상담했다. 그런데 이제 리더십의 정점에 이른 지금, 자신의 삶이 비슷한 행로를 가고 있었다. 라스무센 자신이 무너지고 있었다.

라스무센의 이야기에서 우리는 온갖 비극적인 결말을 상상할 수 있다. 그는 목회를 그만두는 것은 물론이고 아예 신앙을 버릴지도 모른다. 신경쇠약을 겪을지도 모른다. 불륜이나 중독에서 탈출구를 찾을지도 모른다. 걸핏하면 분노하며 그리스도의 이름에 먹칠하고 교회에 누를 끼칠지도 모른다.

하지만….

라스무센은 이런 익숙한 시나리오를 피했다. 그는 자신의 내면에서 벌어지고 있는 일을 장로들에게 털어놓고 자신의 탈진이 얼마나 심각한지를 설명했다. 그는 평소 자신의 일정이 영혼 속에서 째깍거리는 시한폭탄임을 인정할 만큼 겸손한 사람이었다.

장로들은 뜻밖의 지혜로운 처방을 제안했다. "목사님은 하나님과 더 많은 시간을 보내셔야 합니다." 장로들은 하루 첫 두 시간을 기도와 성경 공부에 쓰라고 권면했다. "이 시간은 하나님을 위한 시간입니다." 라스무센은 그 처방에 순종했다. 그는 일정표에서 그 시간을 비워 새로운 생활 리듬을 만들기 시작했다. 그는 하루 중 많은 시간을 하나님과 보내기 시작했다.

라스무센은 성경을 펴서 하나님 음성을 들을 때 자신이 변화되는 것을 느낀다. "그 시간에 나는 설교를 준비하지 않는다. 강연도 하지 않는다. 사역과 관련된 것은 아무것도 하지 않는다. 그저 주님과 교제만 한다. 분명하게 말할 수 있는 것은 그 시간에 내 배터리가 충전된다는 것이다. 하나님과 좋은 대화를 나누고 나면 큰 평안을 느낀다. 마음이 편해진다. 하나님이 원하시는 사람으로 변화되는 것을 느낀다. 확신이 넘친다. 자유를 느낀다. 나는 변화되고 있다. 소망을 얻었다."[1]

라스무센의 이야기는 예외적인 사례가 아니다. 탈진과 유혹은 전 세계 리더들의 성공을 실패로 바꿔 놓는 쌍둥이 해악이다.

취약함

이 책을 쓰는 내내 우리는 기도하는 리더들에게 배우는 놀라운 특권을 누렸다. 하지만 그들을 조사하고 함께 대화하던 중에 때로는 일관되고 강한 기도를 하리라 기대했던 리더들에게서 오히려 의지나 헌신이 부족한 모습을 발견하곤 했다. 우리가 대화를 나누었던 그리스도인 리더들이 모두 활력 넘치는 기도 생활을 유지하고 있는 것은 아니었다. 큰 조직을 일구었다고 해서 반드시 기도 생활이 활기찬 것은 아니었다.

활기 넘치는 기도 생활을 잘 하고 있는 유명한 리더들을 찾는 것이 우리 프로젝트의 첫 번째 난관이었다면, 두 번째 난관은 많은 그리스도인 리더들이 도덕적 실패에 빠졌다는 사실이었다. 우리는 이 책에 소개한 리더들이 나중에 심각한 도덕적 문제를 일으킨다면 어떻게 해야 할지를 진지하게 고민했다. 그리고 혹시 그런 일은 절대 없어야겠지만 우리가 비슷한 죄를 지으면 어떻게 해야 할지에 관해서도 심각하게 고민했다. 그럴 경우 이 책의 도입부에 진심 어린 사과문을 실어야 할까?

예수님은 기도와 실패를 연결시킨 말씀을 하신 적이 있다. "시험에 들지 않게 깨어 기도하라"(마 26:41). 이 말씀을 자세히 봐야 한다. 예수님은 시험을 받지 않도록 깨어서 기도하라고 말씀하시지 않았다. 시험이 있음은 기정사실이다. 예수님은 시험을 받아도 넘어가지 않도록 깨어서 기도하라고 말씀하셨다. 이는 깨어서 기도하면 시험이 닥칠 때 이겨 낼 힘을 얻을 수 있다는 뜻이다.

시편 19편 12절에서 다윗은 이렇게 썼다. "자기 허물을 능히 깨달을 자 누구리요 나를 숨은 허물에서 벗어나게 하소서." 이 말은 믿을 만한 친구에게 자기 죄를 솔직히 고백해야 한다는 점을 함축한다. 우리 자신이 보지 못하는 허물을 알 수 있게, 그리스도의 다른 제자들에게 도움을 구하라는 뜻이다. 안타깝게도, 망하지 않도록 "아픈 책망"을 해 줄 친구가 없는 리더가 많다(잠 27:6).

다윗의 말은 우리 눈에서 눈가리개를 벗겨 우리 마음속의 죄를 분명하게 보게 해 달라고 하나님께 요청해야 한다는 점도 의미한다. 하지만 성령을 통해 죄를 깨닫고 회개하여 문제가 악화되지 않도록 기도 시간과 공간을 마련하는 리더가 얼마나 될까? 다윗은 하나님께 마음을 점검해 달라고 요청한다. "하나님이여 나를 살피사 내 마음을 아시며 … 내게 무슨 악한 행위가 있나 보시고 나를 영원한 길로 인도하소서"(시 139:23-24).

하나님이 나단 선지자를 보내 다윗의 기도에 응답해 주신 적이 있다. 나단은 간음과 살인을 저지른 다윗이 회개하도록 한 가지 이야기를 들려 준다. 많은 가축을 소유한 부자와 끔찍이 아끼는 암양 한 마리만 가진 가난한 사람에 관한 이야기였다. 한 과객이 부자의 집을 방문하자 부자는 자신이 가진 많은 가축 중에서 양을 잡아 대접하지 않고 가난한 사람이 아끼는 양을 잡았다. 이야기를 들은 다윗은 격노한다. 어찌 이런 파렴치한 짓을 할 수 있단 말인가! 이에 나단은 아무도 감히 말하지 못하는 진실을 폭로했다. "그런 짓을 저지른 사람이 바로 폐하입니다"(삼하 12장).

마침내 죄를 깨달은 다윗의 반응은 우리에게 교훈이 된다. 그는 회개의 기도인 시편 51편을 썼다.

> "하나님이여 내 속에 정한 마음을 창조하시고 내 안에 정직한 영을 새롭게 하소서 나를 주 앞에서 쫓아내지 마시며 주의 성령을 내게서 거두지 마소서 주의 구원의 즐거움을 내게 회복시켜 주시고 자원하는 심령을 주사 나를 붙드소서 그리하면 내가 범죄자에게 주의 도를 가르치리니 죄인들이 주께 돌아오리이다"(10-13절)

자신의 맹점을 보지 못하고 시험에 넘어가기 쉬운 리더이기에 우리는 다윗의 본보기에서 계속 배워야 한다.

기도하는 삶은 분열을 막는다

롭 케터링은 몇 달 뒤에 교단 분리를 시도할 생각이었다.

케터링은 미국 최대 교단 중 하나(하나님의성회)에 속한 초대형 교회인 리버밸리교회(River Valley Church)를 창립했으며 지금까지 목회하고 있다. 이 교회는 매년 선교 헌금으로 거의 천만 달러를 보낸다. 기독교 역사상 선교 헌금을 이만큼 많이 내는 교회는 몇 안 된다.

하지만 케터링은 교단에 불만을 품기 시작했다. 결국 그는 공개적으로 불만을 표출했고, 나중에는 자신을 따를 목사들을 모으기 시작했다. 그는 목사 수천 명을 데리고 나가 다른 버전의 하나님의성회를 세우고 싶었다. 교단을 두 개로 쪼갤 생각이었다. 그는 새로운 교회 헌법을 제정하기 위해 변호사를 선임했다. 그는 자신이 옳은 일을 하고 있다고 '느꼈다.' 자신이 하나님 나라를 위해 과감한 조치를 취했다고 확신했다. 그런 확신으로 그는 구체적인 계획도 세웠다. 하지만 왠지 모르게 계속해서 마음 한구석에 거리낌이 있었다.

한편, 케터링은 누구보다 열심히 기도하는 사람이었고 그의 생활 규범에는 '성찰 기도'가 포함되어 있었다. 그는 긴 시간 성찰 기도를 하던 중에 자신이 하나님을 기쁘시게 하지 못한 일이 있는지 돌아보았고, 하나님과의 만남 중에 그분의 음성을 듣게 되었다. "너는 내 백성을 분열시키려한다. 그러고도 네가 나를 위한다고 말할 수 있느냐?" 나중에 다시 깊은 기도를 드리던 중 하나님의 또 다른 음성을 들었다. "네가 계속해서 이렇게 한다면 너를 향한 은혜를 거두겠다. 그때는 네 맘대로 해라."[2] 그 음성이 너무도 생생하고 강력하고 엄중해서 그는 하나님을 향한 두려움에 휩싸였다.

결국 케터링은 교단을 분열시킨 것을 깊이 뉘우쳤다. 케터링은 교단의 리더들을 모아 자신이 계획했던 것을 고백했다. 그 일에 대해 용서를 구하면서 이제 교단의 비전을 충실히 따를 뿐 아니라 총회에서도 교단 리더들에게 자기 잘못을 공개적으로 고백하고 용서를 구하겠다고 밝혔다.

몇 달 뒤, 국내외 수천 명 리더들이 지켜보는 가운데 케터링은 분열을 조장한 자기 죄를 겸손히 고백하고 교단과 교단 리더들과 사명에 충실하겠다고 약속했다. 케터링은 몰랐지만 하나님의성회의 다른 리더도 그때 분열을 꾀하고 있었다. 하지만 그는 케터링의 회개와 고백에 감명을 받아 분열을 꾀하던 계획을 포기하고 마음을 돌이켰다.

케터링의 역동적인 기도 생활은 거대한 분열과 조직의 붕괴를 막았다. 그가 기도 생활을 충실히 하지 않았다면 지금 당신은 하나님의성회의 분열에 관한 비극적인 이야기를 읽고 있을 것이다. 케터링의 이야기에서 보듯이, 회개는 기도 생활의 선택 사항이 아니라 하나님과 동행하는 삶의 필수 요소다.

정직한 회개

나(캐머런)는 나눔에 관한 성경의 메시지를 중심으로 수십 개국에서 그리스도인을 훈련하는 특권을 누려 왔다.

2019년, 아프리카의 다양한 스포츠 사역 단체의 리더들이 훈련받기 위해 한 호텔에 모였다. 참가자들은 함께 성경을 보고, 놀라운 나눔을 실천하는 그리스도인들의 동영상 간증을 보고, 자신이 베푼 경험들을 서로 나누었다.

훈련은 열정적인 분위기에서 시작되었다. 하지만 이틀의 훈련 기간 중 첫날이 절반쯤 지났을 때 열정적인 분위기가 다소 가라앉더니 이내 쥐 죽은 듯이 조용해졌다. 그래도 나는 훈련을 계속 진행하면서 강의 자료와 관련된 질문을 던졌다. 그때 강당 뒤편에서 진(Jean)이라고 하는 남자[3]가 자리에서 일어났다. "잠시 훈련을 멈추면 좋겠습니다. 꼭 하고 싶은 말이 있습니다." 모든 사람이 고개를 돌려 그를 쳐다봤다.

"사실 저는 기부금을 유치하는 법을 배우기 위해 나눔 훈련에 참여했습니다. 하지만 하나님이 제게 모든 것을 후히 주셨다는 사실을 아는 것이 우선임을 깨달았습니다. 이 훈련은 제가 먼저 변화되기 위한 것입니다. 지금까지 저는 나누며 살지 못했습니다. 성경을 여러 번 읽었지만 나눔에 관한 내용을 완전히 놓치고 있었습니다. 다른 사람들이 제게 나누어 주기만 바랐습니다. 그래서 저는 회개해야 합니다."

진은 훈련을 멈추고 바로 그 자리에서 회개하는 시간을 갖자고 제안했다. 다른 참가자들도 그 제안에 동의했고, 앞쪽 의자들을 치우고 둥그렇게 둘러앉았다. 모두 바깥쪽을 바라보며 무릎을 꿇고 회개했다. 어떤 이들은 마음속으로 회개했고, 어떤 이들은 소리 내어 회개했다. 나눔에 관한 성경 구절과 하나님의 용서에 관한 구절을 읽는 이들도 있었다.

이 그룹은 결국 그날의 훈련 과정을 마치지는 못했지만, 공개적인 회개 이후에 아프리카의 수많은 스포츠 팀과 감독들에게 성경적인 나눔의 메시지를 전할 수 있었다.

성찰 기도(Examen)

이 아프리카 리더들이 보여 준 공개적인 회개는 강력한 경험일 수 있다. 하나님과 리더 사이의 개인적인 회개도 마찬가지로 강력하다. 성찰 기도(Examen, 영어 'examination'[조사]과 'test'[시험]와 라틴어 어원이 같은 스페인어)는 우리 마음을 조사하여 회개로 이끌어 달라고 하나님께 요청하는 옛 훈련이다. 성찰 기도에는 수만 가지 형태가 있지만, 그 핵심과 기원은 16세기 성이그나티우스에게로 거슬러 올라간다.

로욜라의 이그나티우스(1391-1556년)는 성자가 되기 전에 군인이었다. 그는 전장에서 부상을 당하고 회복 기간에 무료함을 달래기 위해 기사도 정신 이야기를 읽고 싶었다. 하지만 그런 책 대신, 그리스도의 생애와 성자들의 삶에 관한 책을 받게 되었다. 그 책을 읽고 기독교로 귀의했고, 건강이 회복된 뒤에는 스페인 동북부의 성지를 순례했다. 그 순례지에서 사흘 동안 평생의 죄를 다 고백했다.

이그나티우스는 '성찰 기도'가 포함된 유명한 *Spiritual Exercises*(영적 훈련)를 쓰기 며칠 전부터 하루 7시간씩 기도를 드렸다. 세상에서 벗어나 하나님께 가까이 다가가기 위해 '성찰 기도'라는 영적 습관을 개발했다. 이 습관은 그에게 큰 영향을 미쳤고, 나중에 그가 세운 수도회의 핵심 훈련이 되었다. '성찰 기도'의 중요성을 절대적으로 확신했던 그는 예수회 수사들에게 정오와 하루를 마치는 시간, 이렇게 하루에 두 번씩 이 기도를 실천하라고 권면했다.

'성찰 기도'의 전반적인 내용과 목표는 수 세기 동안 변하지 않은 채로 남아 있고, 지금도 여전히 리더들에게 영향을 미치고 있다. 예수회 수사인 조지 아센브레너는 "'성찰 기도'라는 특별한 훈련의 궁극적인 목표는 하루에 15분이나 30분만 아니라 지속적으로 분별력을 발휘하도록 마음을 훈련하는 것이다"라고 썼다.[4] 이렇게 집중적인 성찰의 시간을 보내게 되면 하나님의 임재를 더 분명히 의식하고 회개의 필요성을 더 깊이 깨닫게 된다. 다음 다섯 단계는 이그나티우스가 직접 개발한 것이다. 이번 장 〈기도 가이드〉에서 이 단계들을 설명했다.

1. 내가 받은 은혜에 대해 우리 주 하나님께 감사한다.

2. 내 죄를 알고 그 죄를 버리기 위한 은혜를 구한다.

3. 아침에 일어나서 현재 성찰하기까지의 시간에 대해 내 영혼에게 설명을 요구한다. 시간 단위로, 기간 단위로 조사해야 한다. 먼저 생각을 조사하고, 그다음에 말을 조사하고, 마지막으로 행위를 조사해야 한다.

4. 내 잘못에 대해 우리 주 하나님께 용서를 구한다.

5. 하나님의 은혜로 내 잘못을 바로잡기로 결심한다. "우리 아버지"라고 기도하면서 마친다.[5]

오만에 대한 해독제

대부분의 리더들은 타고난 능력과 의욕과 오만이 위험하게 조합되어 자아가 풍선처럼 계속해서 부풀어 오를 수 있는 위험에 노출되어 있다. 하지만 교만이 풍선이라면, 회개 기도는 그 풍선에서 바람을 빼낸다. 겸손해지지 않고서는 자신이 잘못했고 사람들에게 상처를 주었다고 인정하지 못한다. 그리스도인 리더들을 병들게 하고 사람들로 하여금 복음에서 등 돌리게 만드는 교만과 오만의 싹을 잘라 내는 것은 바로 회개다. 때로 기도는 힘들다. 자신을 낮춰야 하는 일이기 때문이다.

기도하는 리더에 관한 성경의 강력한 이미지는 불타는 떨기나무 앞에 선 모세의 모습이다. 리더인 모세가 하나님의 불같은 임재 앞에서 비전을 받고 있다. 그가 하나님의 임재 앞에 서기 위한 독특한 조건은 신발을 벗는 것이었다(출 3:5). 많은 성경학자들은 신발이 신분, 가문의 권리, 땅에 대한 권리, 즉 지위와 재물을 상징한다고 여긴다.[6]

신성한 땅을 걸어 하나님 임재의 불에 가까이 다가가기 위해서 모세는 자신의 지위를 내려놓아야 했다. 성공한 리더들은 대개 이런 일을 어려워한다. 하지만 우리 하나님께 가까이 다가가기 위해서는 그렇게 해야 한다. 하나님은 "마음이 상한(겸손한) 자를 가까이" 하시고(시 34:18) 교만한 자를 멀리하신다고(약 4:6) 약속하셨기 때문이다.

우리가 만난 기도하는 리더들은 매일 하나님 앞에서 자신을 낮추는 법을 배웠다. 그들은 영향력과 신분과 지위와 재물과 성취의 '신발을 벗고' 하나님 앞에 엎드리는 습관을 길렀다. 그로 인해 그들은 겸손한 리더십을 발휘하고 하나님과 친밀히 교제하는 삶을 누리고 있다.

─────── ∞ ───────

하나님, 우리 주 아버지,
구주 예수 그리스도,
영광스러우신 주님,
복되신 실재,
만물의 주권자이신 하나님,
영원히 복되신 분이시여,

오, 주님, 저희의 혼과 몸과 영도 성화시키고,

우리의 지성을 다루시고, 우리의 양심을 살피시고,

모든 악한 상상,

모든 더러운 감정,

모든 저속한 욕구,

모든 부적절한 생각,

모든 시기와 허영과 위선,

모든 거짓, 모든 기만, 모든 세상적인 애정,

모든 탐욕, 모든 자만,

모든 냉담, 모든 악덕, 모든 정욕,

모든 분노, 모든 악의, 모든 불경,

주님의 거룩한 뜻과 일치하지 않는

육신과 영의 모든 움직임을

우리에게서 몰아내 주소서.

그리고 오, 사랑의 주님, 담대함으로,

흠 없이 깨끗한 마음으로,

통회하는 심령으로, 부끄러움 없는 얼굴로,

성화된 입술로,

감히 거룩하신 하나님이요,

하늘에 계신 아버지이신

주님께 간구합니다.

아멘.

— 성 야고보의 기도문(Liturgy of St. James)

• 기도 가이드: 성찰 기도 •

아래의 성찰 기도든 다른 형식이든, 매일 회개 기도를 드리기 바란다.

1. 내가 받은 은혜에 대해 우리 주 하나님께 감사한다.
하나님을 아는 기쁨이나 하나님의 사랑이라는 분에 넘치는 선물, 혹은 우리 죄를 위한 예수님의 십자가 희생에 대해 감사할 수 있다.

2. 내 죄를 알고 그 죄를 버리기 위한 은혜를 구한다.
이제 깨우침을 구한다. 하나님께 우리 영혼에 빛을 비추어 하나님이 우리에게 드러내실 것을 보게 해 달라고 기도한다. 다윗이 말한 것처럼, 우리 죄를 분별하게 해 달라고 요청한다(시 19:12).

3. 아침에 일어나서 현재 성찰하기까지의 시간에 대해 내 영혼에게 설명을 요구한다. 시간 단위로, 기간 단위로 조사해야 한다. 먼저 생각을 조사하고, 그다음에 말을 조사하고, 마지막으로 행위를 조사해야 한다.
이제 오늘 하루 동안 위안(consolation)을 받았던 일과 비참함(desolation)을 느낀 일을 모두 살펴본다. 이그나티우스는 위안을 단순히 하루 중 밝게 빛났던 때나 기쁨을 준 뭔가가 아니라 우리 영혼에 진정으로 유익하여 우리를 하나님께로 이끄는 뭔가로 여겼다. 반면, 비참함은 단순히 불쾌함이나 절망감을 느끼는 게 아니라 우리의 믿음과 소망과 사랑을 약화시키는 것이다.

4. 내 잘못에 대해 우리 주 하나님께 용서를 구한다.
하나님이 밝혀 주신 것에 어떻게 반응해야 할지 하나님께 여쭌다. 이때 하나님은 회개하라고 우리에게 말씀하신다. 잘못을 후회하고 있음을 겸손하게, 진정으로 표현하라고 하신다. 이 '잘못'에는 하지 말아야 할 것을 한 죄와 해야 할 것을 하지 않은 죄가 포함된다.

5. 하나님의 은혜로 내 잘못을 바로잡기로 결심한다. "우리 아버지"라고 기도하면
   서 마친다.[7]

수치심이나 죄책감에 사로잡혀 있지 말고 회개했다면 이제 미래를 바라본다. 나중
에 비슷한 시험을 당하면 어떻게 반응할지, 앞으로 하나님을 더 충성스럽게 섬기기
위한 방법은 무엇일지에 관해서 고민하고 하나님께 여쭐 수 있다.

주기도문을 드림으로, 하늘에 계신 아버지께 다시 관심을 집중시키면서 '성찰 기도'
를 마무리한다.

9.

금식으로
절제를 배우다

금식으로 기도를 먹이라.
_ 테르툴리아누스가 했다고 알려진 말

패트릭 존슨은 기로에 서 있었다. 존슨은 미국 교회들이 나눔을 더 많이 실천하도록 돕는 것이 자신의 소명이라고 믿었다. 그런데 미국에서는 나눔을 권하고 가르치는 사역이 모금 활동가들이나 교회의 특별 헌금 모금을 돕는 컨설턴트의 활동과 구분이 어려워졌다. 요즘에는 '나눔'이라고 말하면 성령의 열매보다는 '모금 활동'이 먼저 떠오른다.

미국의 많은 교회들은 많은 기금을 모으고 싶어 한다. 하지만 대부분

교회들이 교인들에게 나눔 훈련은 하고 싶어 하지 않는다. 존슨은 이런 현실이 답답했다. "나는 벽에 부딪쳤다. 상황이 좋지 않았다." 그는 그렇게 말했다.[1]

어떻게 해야 할지 몰랐기 때문에, 그는 하나님을 더 열심히 찾아야 한다고 판단했다. 그는 캔자스주 위치토에 사는 중보기도자에게 연락했고, 두 사람은 이후 한 달간 아침 8시에 휴대폰을 통해 만나면서 함께 금식 기도를 하기로 약속했다.

금식 기도를 시작한 지 2주째, 하나님은 그에게 회개의 영을 부어 주셨다. 하나님은 그가 사역 기관인 제너러스교회(Generous Church[베푸는 교회])를 그릇된 방향으로 이끌고 있다고 깨우쳐 주셨다. 원래 재무 상담가였던 그는 '아무래도 나는 비즈니스계로 돌아가는 게 낫겠어'라는 생각이 들었다.

하지만 하나님은 존슨에게 세계적인 나눔을 위해 금식 기도를 할 '도전자들'을 모으게 하셨다. 존슨은 지인들에게 이메일을 보내 기도와 분별 과정에 동참할 생각이 있는지 묻기 시작했다. "넓게 가는 것이 아니라 깊게 가고 싶었다. 하나님은 기도할 사람 72명을 보내 주셨다."[2]

이 금식과 기도 기간에 하나님은 존슨에게 전 세계 교회에 초점을 맞추라는 새로운 명령을 주셨다. 그때까지 그는 국내에서만 사역해 왔는데, 갑자기 국제적인 운동과 교단의 많은 리더들이 제너러스교회의 훈련 프로그램에 관해 문의해 오기 시작했다. 그해에 그는 감당할 수 없을 정도로 많은 강연 초청을 받았다.

존슨은 더 이상 나눔에 회의적인 미국 교회를 상대로 소극적으로 홍보하지 않고, 나눔 설계 연구소(Generosity Design Lab)라는 새로운 프로그램을 개발했다. 현재 이 프로그램은 큰 인기가 있다. 전 세계 많은 곳에서 이 프로그램을 요청하는 바람에 어떤 요청을 먼저 받아야 할지 행복한 고민을 할 정도다. 그로 인해 풍성히 베푸시는 하나님에 관한 메시지가 전 세계에 전해지고 있다. 이집트의 어린이 축구팀에서는 아이들이 팀 동료의 망가진 휴대폰을 교체해 주기 위해 십시일반으로 돈을 모았다. 나이지리아의 엔지니어는 보육원을 운영하기 위해 집 한 채를 매입했다. 중동의 한 가정은 결혼반지를 팔아 가난한 사람들을 도왔다. 라고스의 한 여성은 부유한 친구들과 생일 파티를 여는 대신에 소외당하기 쉬운 사람들을 초대해서 캠프를 열기로 했다. 거의 2만 명에 달하는 말라위 국민들은 현금이 없어 옥수수를 가져와 교회에 헌금으로 드렸다.

존슨의 나눔 설계 연구소가 출범한 지 2년 뒤, 75개국 17,000명 이상의 리더들이 나눔 훈련의 거대한 물결에 영향을 받았다. 이것은 우리가 파악한 숫자일 뿐이다. 실제로는 얼마나 더 많은 리더들에게 영향을 주고 있는지 모른다. 이 모든 일은 한 차례 금식 기도로 탄생한 비전에서 시작되었다.

금식은 기도의 연료다

전 세계 기도하는 리더들에게 어떤 기도 습관이 있는지 질문했을 때, 금식에 관한 질문은 하지 않았다. 하지만 인터뷰 도중 이 리더들은 즉흥적으로 자신의 금식 기도 습관을 소개했다.

6장에서 소개했던 얀메카는 기도하는 이유를 이렇게 설명했다. "몸이 성장하기 위해 음식이 필요한 것처럼, 기도도 같은 이유로 금식이 필

요하다." 그는 금식이 기도 생활의 '연료'라고 믿는다. 그는 40일 연속으로 금식할 때도 있다.[3]

전 세계 많은 교회가 긴 기간 금식 기도를 하고 있다. 내전으로 갈가리 찢어진 나라에서 사역하는 교회개척운동 단체는 매달 처음 7일 동안 저녁 7시까지 금식한다. 그 결과, 극심한 핍박 중에도 수백 개 교회가 개척되었다.[4]

금식 기도는 전략에 불을 붙인다

파벨은 세계에서 가장 험난한 지역에 2만여 개 교회를 세운 교회개척운동을 이끌고 있다.[5] 그 운동을 통해 중앙아시아뿐 아니라 동유럽과 슬라브족 국가에도 하루가 다르게 새로운 교회들이 생기고 있다.[6]

파벨은 우렁찬 목소리에 풍채가 위풍당당한 인물이지만 예수님의 사랑과 성경의 능력을 이야기할 때면 어린아이처럼 눈물을 흘린다.

우리는 기독교에 적대적인 지역에서 교회를 세우는 용감하고도 담대한 운동이 어떻게 시작되었는지 궁금했다. 그 질문을 하자, 파벨은 아내와 함께 시작한 기도 사역에 관해 이야기해 주었다. 그는 원래부터 역동적인 기도 생활을 하던 사람이다. 아침에 일찍 일어나 최소한 1시간 30분간 기도하고 성경을 공부한다. 하지만 중보기도 습관은 아내에게 영향을 받은 것이다. 그는 그 기도 습관을 자신이 훈련하는 리더들과 자신이 돕는 교회에도 전파했다.

파벨은 다른 교회들의 교회 개척을 돕기 위해 온갖 전략을 실행했지만, 실제적으로 국경 지대에서 폭발적인 성장이 나타나기 시작한 것은 집중적인 기도와 금식을 시작하면서부터라고 말했다.

파벨은 자신이 훈련하는 리더들이 한 해에 보통 어떤 식으로 기도하고 금식하는지 설명했다. 그들은 1월이 되면 20일간 기도하고 금식하면서 한 해를 시작한다. 그 금식 기도 기간에는 전 세계 수천 명의 교회 개척자들이 줌으로 참여하고, 그 기간은 하루 종일 계속되는 기도회로 마무리된다.

항상 누군가는 금식하고 있다

파벨은 리더들이 금식하기를 원했다. 단, 가끔씩만 금식하는 것은 원치 않았다. 금식을 팀 문화의 일부로 정착시키고 싶었다. 그래서 리더들이 각자 금식할 날을 달력에 표시해서 최소한 한 사람 이상은 금식 기도의 자리를 지킬 수 있게 했다. "여기서는 금식 기도가 멈추지 않는다. 물론 서로 돌아가면서 하는 것이긴 하지만 말이다." 그는 그렇게 말하면서 껄껄 웃었다.[7]

우리가 대화를 나눴던 리더들 중 많은 리더들이 기관 내에서 릴레이로 계속 연결해서 금식하는 방법을 택했다. 한 달 동안 그렇게 하는 기관도 있고, 특정 기간 동안 집중적으로 그렇게 하는 기관도 있다. 파벨이 했던 것처럼 연중 내내 금식 기도를 하는 단체도 있다.

금식은 파벨과 함께하는 리더들 안에 강한 열정의 불을 일으키고 그들이 끊임없는 핍박을 이겨 낼 수 있도록 그들의 마음을 강하게 한다.

예수님의 금식 습관은 어떠했을까?

예수님께 금식은 필수적인 습관이었다. 예수님은 산상수훈에서 "금식할 **때에**"라고 말씀하셨다(마 6:16). 예수님은 제자들이 당연히 금식할 것이라 예상하셨고, 예수님이 떠난 뒤에도 그들이 금식하리라고 확신하셨다.

"예수님의 금식"이라고 할 때 머릿속에 가장 먼저 떠오르는 것은 예수님이 시험을 받기 전에 광야에서 금식하신 사건이다(마 4:1-11). 그때 예수님은 40일간 금식하셨고, 성경에 따르면 그 긴 금식 기간에 시험에 맞설 뿐 아니라 악에 맞설 준비를 마치셨다. 이와 비슷하게 예수님은 변화산에서 내려와 제자들이 아이에게서 쫓아내지 못한 귀신을 쫓아내신 뒤 오직 "기도와 금식"으로만 이겨 낼 수 있는 악이 있다고 말씀하셨다(마 17:21).

예수님은 금식의 본을 보여 주셨고, 금식하심으로써 강해지셨다. 금식은 절제를 가르쳐 준다. 금식은 음식이나 텔레비전이나 휴대폰 등을 한동안 멀리함으로써 더 파괴적인 시험과 악을 물리치게 한다.

수년 전 나(라이언)는 뛰어난 리더인 친구가 죄와 씨름할 때 사용한 금식의 힘을 똑똑히 목격했다. 그는 나와 함께 기도한 뒤에 이 죄의 힘을 금식으로 물리쳐야 한다고 판단했다. 나는 그와 함께 금식했고, 결국 그는 이 습관적인 죄를 이겨 낼 능력을 받았다. 계속해서 그는 금식을 자신의 생활 규범에 포함시켰고, 덕분에 10년 넘게 이 죄에서 자유로운 삶을 살아가고 있다.

금식을 행한 믿음의 선조들

교회 역사에는 모든 신자들, 특히 리더들의 금식을 강조한 그리스도인들이 많다.

AD 80년에 쓰인 《디다케》(*The Didache*)는 금식을, 제자로서 그리스도를 따르는 것과 밀접하게 연결시켰다. 세례를 받으려는 사람들은 금식을 해야 했고, 세례를 베푸는 사람들과 마을에서 금식할 힘이 있는 사람들도 모두 금식을 해야 했다. [8]

성 바실리우스(329-379년)는 금식이 영혼을 위한 "보호 장치"로, 시험을 이기는 데 효과적이라고 말했다. [9]

옛 성도들은 금식을 힘의 원천이자 죄를 거부할 방법으로 보았다. 성 아타나시우스(293-373년경)는 "금식은 큰 힘이 있고 영광스러운 일을 행한다. 금식하는 것은 천사들과 연회를 벌이는 것이다"라고 가르친 것으로 알려져 있다.

성 요한 크리소스토무스(347-407년)는 금식이 "영혼을 깨우치고, 영혼에 날개를 달아 주고, 심지어 산도 쉽게 오르게 만든다. 금식은 영혼의 음식이다"라고 주장했다. [10]

시리아의 성 이삭(700년경 사망)은 이렇게 말했다. "율법을 주신 분께서 금식하셨다면 율법을 받은 사람들이 금식하는 것은 너무도 당연하다." [11]

초대 교인들도 다음과 같은 이유로 금식했다.

- 예수님의 죽음을 애통해하고 기념하기 위해
- 핍박을 이겨 내기 위해
- 가난한 사람들을 돌보고 지역 사회의 필요를 다루기 위해 [12]

초대 교인들은 예수님이 배신당하신 일과 십자가에서 죽으신 일을 기념하기 위해 일주일에 두 번, 주로 수요일과 금요일에 금식했다.[13]

최근 교회사에서도 부흥이 일어나기 전에 금식하는 일이 있었다. 존 웨슬리(1703-1791년)와 그의 친구들은 매주 이틀씩 금식했다. 그리하여 그들은 제1차 대각성 운동과 거기서 비롯한 감리교 운동을 탄생시켰다.

복음주의자 찰스 피니(1792-1875년)는 자신이 도착하기 전에 먼저 금식 기도를 하며 복음을 전할 팀들을 조직해 둠으로써 부흥을 준비했다. 그의 사역은 제2차 대각성 운동을 촉발하는 데 일조했다.

스미스 위글스워스(1859-1947년)는 치유의 전도자였다. 부부 관계가 악화되었을 때 그는 자기 마음을 바로잡기 위해 열흘간 금식했다. 그 뒤로 그의 변덕스럽고 화를 잘 내는 성질이 사라졌다고 한다. 주일마다 그는 그 다음 주일에 50명이 구원을 받게 해 달라고 금식하며 기도했고, 대개 그 기도는 응답되었다.

1906년 윌리엄 시모어(1870-1906년)는 로스앤젤레스 보니 브래 스트리트(Bonnie Brae Street)의 한 작은 집에서 설교하면서 열흘간 금식했다. 그가 사도행전 2장을 본문으로 설교할 때 성령이 강하게 역사하셨고, 그 결과 점점 더 많은 사람이 집회에 모였다. 그 주에 그는 아주사 거리의 더 큰 건물로 집회 장소를 옮겼고, 거기서 오순절주의를 전 세계로 퍼뜨리는 데 결정적 역할을 했던 아주사 부흥 운동이 탄생했다.

달라스 윌라드의 금식 습관

금식 훈련은 기독교 역사 내내, 그리고 모든 교단에 있었다. 영적 훈련에 관한 책으로 유명한 달라스 윌라드는 며칠씩 음식을 먹지 않는 금식 훈련을 실천했다. "나는 한 주 동안 단기적으로 음식을 완전히 끊는 훈련을 정기적으로 한다. 사역을 할 때는 특히 더 그렇게 한다." 그는 반나절 금식을 자주 했고, 1년에 한 번 정도는 사흘간 물만 먹는 금식을 했다.[14] 달라스는 신자들에게 "고독, 침묵, 성경 암송, 금식을 매우 집중적으로 하는 기간"을 갖도록 권하면서도 율법주의로 흐르지 않도록 경고의 말을 덧붙인다.

> 건강한 훈련의 한 가지 신호는 훈련하지 않을 때의 기분이다. (훈련을 하지 않을 때) 죄책감을 느낀다면 훈련에 관해 다시 생각해 봐야 한다. 죄책감은 영적 삶을 위한 유익한 동기가 아니다.[15]

탁월한 철학자인 윌라드는 금식에 대해서 우리가 인터뷰하고 조사했던 대부분의 리더들보다 더 형이상학적인 관점을 제시했다. 그는 하나님의 말씀이 에너지라고 믿었다. 우리 세상을 존재하게 만든 것은 하나님의 말씀이다. "하나님의 말씀은 에너지의 한 형태다. 그 에너지가 물질이 되었다. … 그리고 물질은 특정한 형태의 에너지다."라고 그는 말했다.[16]

윌라드에 따르면, 금식은 "우리에게 임해서 물질의 매개 없이 우리 몸을 지탱해 주는 하나님 말씀의 실재에 관해서 가르쳐 준다."[17] 이렇게 음식 대신 하나님 말씀을 에너지원으로 먹는다는 개념은 요한복음 4장에서 예수님의 수수께끼 같은 대답을 이해하는 데 도움이 된다. 제자들이 음식을 드시라고 예수님께 권하자 예수님은 이렇게 대답하셨다. "내게는 너희가 알지 못하는 먹을 양식이 있느니라 … 나의 양식은 나를 보내신 이의 뜻을 행하며 그의 일을 온전히 이루는 이것이니라"(요 4:32, 34).

금식의 힘을 잃어버린 교회

재정책임 복음주의 협의회가 의뢰한 조사 결과, 상위 기독교 조직들의 리더 대부분은 금식을 실천하지 않고 있었다. 앞서 말했듯이, 이것은 기독교 역사에서, 그리고 솔직히 전 세계 교회에서 예외적인 현상이다. 전 세계 교회는 주기적으로 금식을 행한다. 하지만 서구 교회는 리더들이 정신을 차리지 않으면 이 강력한 훈련을 완전히 잃을 위험에 처해 있다.

6장에서 소개한 자펫 얀메카는 우리와의 인터뷰에서 서구 리더들이 금식의 중요성과 필요성을 다시금 깨닫고 금식의 열정을 회복할 수 있는 길을 제시했다. 얀메카는 "불타는 비전"이 금식 기도의 열정을 일으킨다고 말했다. "불타는 비전 없이는 기도 생활이 꾸준할 수 없다." 그 이유에 대해서 그는 이렇게 말했다. "꾸준한 기도는 부담감을 중심으로 이루어지고, 모든 부담감은 비전에서 나온다."[18] 그는 느헤미야 1장 3절을 제시했다. 그 구절에서 느헤미야는 "예루살렘 성은 허물어지고 성문들은 불탔다 하는" 소식을 듣는다. 이 소식을 들은 느헤미야는 주저앉아서 울었다. 그는 "수일 동안 슬퍼하며 하늘의 하나님 앞에 금식하며 기도"했다(느 1:4).

얀메카는 느헤미야가 예루살렘 회복에 대한 불타는 비전을 품었다고 믿으며, 우리에게 이렇게 말했다. "불타는 비전은 금식하고 몇 시간이나 기도하게 만든다."

리더로서 우리가 하나님이 주신 비전을 품고 금식의 자리로 나아가며, 금식으로 우리의 기도를 먹이기를 소망한다.

하나님이여 주는 나의 하나님이시라

내가 간절히 주를 찾되 물이 없어 마르고 황폐한 땅에서 내 영혼이 주를 갈
망하며 내 육체가 주를 앙모하나이다

내가 주의 권능과 영광을 보기 위하여 이와 같이 성소에서 주를 바라보았
나이다

주의 인자하심이 생명보다 나으므로 내 입술이 주를 찬양할 것이라

이러므로 나의 평생에 주를 송축하며 주의 이름으로 말미암아 나의 손을
들리이다

골수와 기름진 것을 먹음과 같이 나의 영혼이 만족할 것이라

나의 입이 기쁜 입술로 주를 찬송하되

내가 나의 침상에서 주를 기억하며 새벽에 주의 말씀을 작은 소리로 읊조
릴 때에 하오리니 주는 나의 도움이 되셨음이라

내가 주의 날개 그늘에서 즐겁게 부르리이다

나의 영혼이 주를 가까이 따르니 주의 오른손이 나를 붙드시거니와

— 시편 63:1-8

• 기도 가이드: 금식하는 방법 •

금식해 본 적이 없다면, 이 기도하는 리더들처럼 달력에서 적당한 날짜를 찾아,
금식하라는 하나님의 초대를 받아들이면서 금식을 시작해 보라. 하나님이 당신에
게 하시려는 말씀이나 당신의 사역을 통해 하시려는 일이 있을 수 있다. 그럴 경우,

당신이 기꺼이 뭔가를 포기할 만큼 하나님을 열심히 찾으면 하나님이 그것을 기꺼이 밝혀 주실 것이다.

아래의 금식을 위한 조언은 소울 셰퍼딩 설립자 빌 고티에의 자료를 수정한 것이다.

- 짧거나 부분적인 금식으로 시작하라. 하루에 한 끼만 금식하거나 부분적인 금식을 하면 금식의 효과를 처음 맛보기에 좋다. 부분적인 금식을 위해서는, 고기를 절제하거나 단 것과 해로운 음식을 멀리하거나 평소보다 아주 조금 먹으면 된다.
- 미디어 시청, 쇼핑, 사람들에 대한 비판 등을 절제하라.
- 성경을 읽으면서 계속 자신의 생각을 육체적 굶주림에서 하나님을 향한 더 깊은 굶주림으로 향하게 하라. 그렇게 하나님을 향한 갈망을 기르라. 시편에서 다윗은 하나님께 대한 굶주린 감정을 표현한다. 시편 42편 1-2절, 63편 1-8절, 73편 25-26절, 119편 20, 81절, 143편 6절을 보라.
- 성경을 암송하고 묵상하면서 하나님의 약속을 눈여겨보라. 마태복음 11장 28-30절, 요한복음 1장 1-5절, 빌립보서 2장 1-11절, 골로새서 1장 15-23절, 베드로전서 2장 9-10절을 추천한다.
- 집중적인 기도가 필요한 누군가를 위해 중보기도를 하라.
- 중요한 결정에 대해 하나님께 분별력을 구하라.
- 영적 스승과 이야기를 나누라.
- 과식, 정욕, 분노 폭발, 술, 과로, 비판, 험담 등에서 거짓 위안을 찾지 말고 금식을 통해 예수님의 돌보심에 의지하는 법을 배우라.
- 사역하거나 설교하거나 (육체적으로 혹은 영적으로) 굶주린 사람들을 섬기거나 하나님의 영광을 위해서 일할 때, 자신의 타고난 에너지와 능력 대신 성령을 의지하는 연습을 하라.
- 금식 중에, 예수님이 유죄 판결을 받으시고 장사되시기까지, 그 십자가 고난의 길을 묵상함으로 예수님께 가까이 나아가라.

10.

때때로 일상을 떠나
기도에 집중하다

> 주님은 나의 은밀한 피난처이시니 내가 바라는 것은 주님의
> 말씀이 나를 새롭게 하는 것입니다.
> _ 시편 119편 114절,《메시지》

    비전 커뮤니케이션스 인터내셔널의 리더인 할라 사드(Hala Saad)는 매년 기도 동역자들과 함께 3일간 묵상 중심 수련회를 가진다. 그들은 산 위에 있는 오두막집에서 모인다.

    사드의 사역은 아랍어권 세계에 복음을 전하는 콘텐츠를 제작하고 방송하는 것이다. 매년 수백만 명이 그 콘텐츠를 보고 그중 수만 명이 전화를 걸어오고 SNS 메시지를 보낸다. 그러면 상담자들이 그들에게 예수

님을 어떻게 영접할 수 있는지 알려 준다.

몇 년 전 사드가 연간 수련회를 할 때 비전 커뮤니케이션스 인터내셔
널은 사역 확장 전략의 일환으로 이집트의 부지를 개발하고자 했다. 인허
가부터 자금 확보와 시행까지 모든 개발 단계가 그야말로 사투였다. "모
든 과정이 쉽지 않았다. 엄청난 걸림돌들이 있었다." 사드는 그렇게 회상
했다.[1]

처음에 사드는 부지 개발이 처음이라서 그 절차가 익숙하지 않은 탓
이라고 생각했다. 하지만 기도 중에 하나님은 사드와 기도 동역자들에게,
그 이집트 부지를 감독하고 개발하는 과정에서 그들의 이익을 대변해 주
는 것 같던 사람이 사실은 그들을 방해하고 있었음을 밝혀 주셨다. 그가
걸림돌을 '만들어 내고' 있었다.

하지만 사드와 기도 동역자들은 그를 위해 기도했고, 그에게 배신을
당했음에도 그를 축복했다. "우리는 이 자리가 그를 위해 하나님이 예비
하신 자리가 아님을 알았다. 그래서 우리는 그를 축복하면서 하나님께 그
를 적절한 자리로 '승진시켜' 달라고 기도했다." 사드는 그렇게 말하며 미
소를 지었다.

이집트에서는 안정된 직장에서 봉급을 받는 사람을 마음대로 해고
할 수 없다. 그리고 그런 사람이 알아서 직장을 그만두는 일은 거의 없다.
사드는 그 사람의 잘못을 지적해서 서로 갈등이 발생하면 사역의 평판에
흠집이 날까 봐 두려웠다. 그래서 이렇게 기도했다. "주님, 지혜를 주십시
오. 그의 잘못을 따지고 싶지는 않습니다." 사드와 기도 동역자들은 수련
회 내내 그 문제로 기도했다.

그들이 수련회를 마치고 돌아오자, 그 사람은 다른 사역 단체에 자리

가 났다며 즉시 사임을 했다.

"역시나 그가 떠나고 나자 개발 과정이 일사천리로 진행되었다. 하나님은 걸림돌을 초자연적으로 제거해 주셨다."

이 놀라운 해결은 사역 팀이 노력해서가 아니라 수련회를 통해 하나님이 이루셨다. 하나님이 그들을 위해 역사하실 줄 믿고 하나님께 맡겼더니 이런 결과가 나왔다. 금식이 하나님의 초자연적인 공급하심을 경험하기 위해 식사를 멈추는 것이라면, 수련회는 상황에 대한 하나님의 주권적인 다스리심을 경험하기 위해 자기 노력을 멈추는 것이다.

기도의 속도, 영향력의 속도

2장에서 우리는 예수님이 워낙 자주 광야로 들어가셨기 때문에, 누가가 예수님을 아예 '기도'라고 칭했다는 이야기를 했다(눅 5:16). 마태도 같은 사실을 보여 준다. 마태복음의 불과 세 장 안에서 예수님은 '다섯' 번이나 한적한 곳으로 물러나셨다.

- 세례 요한의 처형 소식을 들으신 후(14:13)
- 5천 명을 먹이신 후(14:23)
- 바리새인들과 논쟁을 벌이신 후(15:21)
- 4천 명을 먹이신 후(15:39)
- 바리새인들과 사두개인들이 표적을 요구한 후(16:4)

우리가 얼마나 바쁘든, 일터나 집에서 우리의 리더십이 얼마나 중요하든, 예수님이 본을 보여 주신 이 핵심적인 습관 없이는 사역을 제대로 감당할 수 없다. 리더로서 우리는 찬사나 성과, 심지어 사람들이 우리를 필요로 한다는 느낌에도 중독될 수 있다. 우리 연구에서 발견된 한 가지 심오한 사실은 기도를 우선시하면 영향력을 좇을 위험을 예방할 수 있다는 것이다.

영향력은 치명적인 우상이다. 리더들이 하나님을 좇고 있다고 생각하지만, 실상은 자신의 영향력을 좇고 있을 수 있다. 오늘날 많은 사람이 리더십의 핵심을 영향력으로 정의하는 지경에 이르렀다. 이것은 대체로 미국의 현상이다. 미국에서는 영향력이 명예 및 지위와 매우 밀접하게 결부되어 있다.

돈처럼 영향력은 하나님의 영광을 위해 사용해야 할 것이다. 하지만 돈처럼 영향력 자체를 궁극적인 목표로 삼으면, 그 결과는 치명적이다.

더 기만적인 것은 우리가 기도를 잘 하지 않고 예수님을 전혀 닮아 가지 않으면서도 오히려 우리의 영향력은 더 커질 수 있다는 것이다. 많은 리더들이 영향력을 좇다가 가족을 등한시하고, 팀원들을 탈진시키고, 교만해지고, 건강이 나빠지고, 진정 필요한 것을 챙기지 못하고, 영향력에 따르는 혜택을 부러워하고 갈망하며, 심지어 하나님과 함께하는 시간을 버리고 있다.

예수님은 제자들에게 다른 우선순위를 가르치셨다. 이 땅에서 예수님의 삶은 리더십이 단순히 영향력이 아니라는 점을 보여 주었다. 사실 예수님은 리더십을 영향력으로 보는 것이 세상의 정의라고 말씀하셨다(마 20:25-28). 그분은 수시로 군중을 떠나 기도하러 가셨고, 버림받은 자들을 찾아가셨으며, 영향력 있는 리더들 쪽을 쳐다보지 않고 오히려 배우지 못한 어부들에게 투자하셨다. 예수님은 높은 자리에 있는 리더일수록 순종과 섬김, 그리고 예수님 안에 거하는 것을 우선시해야 한다고 가르치셨다 (마 20:26; 요 15:5; 마 7:24-29). 이 세 가지가 결합되면 영향력보다 더 좋은 것이 생겨난다. 바로, 열매를 맺는다.

하나님보다 영향력을 중시하고 싶은 유혹을 뿌리칠 수 있는 가장 쉬운 방법은 '기도의 속도'에 따라 사람들을 이끄는 것이다. 우리와 우리가 이끄는 사람들이 예수님을 섬기느라 너무 바빠 역동적인 기도 생활을 할 겨를이 없다면, 실상은 예수님을 섬기기보다 영향력을 우상으로 섬기고 있는 것인지도 모른다.

세상을 잠시 떠나 기도에 집중하면 우선순위가 바로잡힌다. 자신의 영향력 키우기를 멈추고 다시 하나님을 추구하게 된다. 이런 수련회는 모든 번잡함에서 벗어나 우리를 붙들어 주시는 분께 다시 집중하는 시간이다. 리처드 포스터는 《신앙 고전 52선》에서 고독에 관해 다음과 같이 말한다.

> 고독은 영적 삶에서 심오한 훈련이다. 중요하고 저명한 사람이 되려는 욕구를 십자가에 못 박기 때문이다. 먼저 우리 자신을 비롯해서 모든 사람이 고독을 귀한 시간을 낭비하는 것으로 여긴다. 고독을 실천하려면 행동이 있는 곳에서 벗어나야 하기 때문이다. 하지만 바로 이것이 우리에게 필요한 일이다. 침묵과 고독 속에서 하나님은 우리를 병적인 자기중심주의에서 서서히, 하지만 확실히 해방하신다. 우리는 진정으로 중요한 행동이 고독 속에서 이루어짐을 조금씩 보게 된다. 그제야 비로소 우리는 분주한 현대 기계 문명 속으로 올바른 시각과 자유를 가지고 들

어갈 수 있다.[2]

사도 요한에 관한 전설을 보면, 초대교회 리더들은 이 원칙을 적용했다. 전설에서 요한은 취미로 비둘기를 키우고 있었다. 그런데 교회의 동료 장로가 활과 화살을 갖고 사냥에서 돌아오다가 요한을 보고 애완용 새에 시간을 허비하고 있다고 놀렸다.

요한은 사냥꾼의 활을 보고 줄이 느슨해져 있는 것을 눈치챘다. "활의 줄이 왜 느슨해졌나요?"

"사용하지 않을 때는 줄을 느슨하게 해 놓아요. 계속 팽팽하게 해 놓으면 줄의 탄력이 사라져서 사냥을 할 수 없거든요."

장로의 말에 요한은 대답했다. "지금 나도 내 마음의 활을 쉬게 하는 중이랍니다. 그래야 하나님의 진리의 화살을 더 잘 쏠 수 있거든요."[3]

부지런한 섬김과 구제로 큰 존경을 받았던 초대 교인들도 마음의 활을 쉬게 할 때가 있었다는 사실이 우리에게 위로가 된다.

곳곳에 가득한 하나님의 은혜

6장에서 팀 매키가 성경으로 기도했다고 했는데, 매키는 일상을 잠시 떠나서 갖는 수련회가 자신의 기도 생활을 바로잡는 데 매우 중요한 시간이었다고도 말한다.[4]

매키는 주로 성경 읽기와 묵상을 통해 하나님을 만났다. 하지만 상대적으로 활기 없는 기도 생활에 대해서는 죄책감과 두려움을 느끼거나 체념하고 있었다. 기도로 하나님과 함께하는 시간이 특별히 기다려지지도 않았다. 그런 기도 시간이 그에게는 풍성한 경험이 아니었다. 그 일로 고민하기도 했다. 나와 달리 사람들은 기도 시간에 풍성함을 경험하고 있을까? 나는 단지 기도보다 성경이 더 잘 맞는 사람인 걸까?

영적 스승이 매키에게 침묵으로 하루를 시작해 보기를 권했다. 성경을 통해서 하나님을 만날 뿐 아니라, 다른 방식으로 말씀하시고 임재하시는 하나님도 경험해 보라고 조언했다.

1년 반쯤 지났을 때, 매키는 아침마다 하는 이 작은 기도 시간을 오리건주 후드산에서 사흘간 도보 여행과 캠핑을 하면서 침묵과 기도에 전념하는 시간으로 확장했다. 여행의 첫 구간은 가파른 오르막길이어서, 그는 이를 악물고 땅만 바라보며 올라갔다.

첫 번째 갈림길까지 4분의 3 정도 갔을 때, 매키는 숲에서 부스럭거리는 소리를 들었다. 동물이 내는 소리라고 생각해 바짝 긴장했다. 그 동물은 도망치지 않고 계속해서 부스럭거리는 소리를 냈다. 하지만 잘 살펴보니 그것은 누군가 길가 옆 수풀에서 내는 소리였다. 매키 쪽으로 고개를 돌린 그 사람은 뭔가를 먹고 있었다. 그는 주변 수풀을 가리키며 말했다. "이 월귤들을 봐요. 사방이 월귤 천지예요!"(월귤(huckleberry): 블랙베리와 비슷한 과일 — 역주)

매키는 오르막길을 오르는 내내 주변에 가득한 월귤을 전혀 보지 못했다. 하나님이 값없이 공급해 주신 이 아름답고 풍성한 열매를 전혀 몰랐다. 우리가 목적지로 가는 길에 놓칠 수 있는 것은 하나님의 공급하심만이 아니다. 그분의 인도하심, 그분의 움직임, 그분의 동행하심도 보지 못할 수 있다.

그 기도 여행에서 매키는 자신이 몇 가지 영적 습관에만 치우쳤다는 사실을 알았다. 물론 그 습관들 덕분에도 좋은 경험을 할 수 있다. 성경 말씀을 통해 하나님의 음성을 듣는 것은 인생을 변화시키는 강력한 경험이다. 하지만 매키가 하나님을 새롭게 경험하기 위해서는 평소의 생활 리듬과 습관에서 벗어난 기도회가 필요했다.

달라스 윌라드는 변화가 일어나기 위해서는 "VIM"이 필요하다는 말을 하곤 했다. VIM은 '비전'(vision), '의도'(intention), '수단'(means)의 첫 글자를 모은 것이다.[5] 윌라드는 적지 않은 사람들이 '수단'만 중시한다고 말한다. "예수님처럼 되기 위해 무엇을 '해야' 할까?" 하지만 예수님처럼 되기 위해 우리에게 정말 필요한 것은 더 분명한 '비전'과 새로운 '의도'다. 윌라드는 '비전'을 새롭게 하는 데, 일상을 잠깐 떠난 수련회가 특히 효과적이라고 생각했다. 이 말에 분명 매키도 동의할 것이다.

오랫동안 매키의 경우에는, 성경을 어떻게 이해하는지가 하나님을 어떻게 경험할 수 있는지를 결정했다. 하지만 이제 처음으로 하나님을 어떻게 경험하는지가 성경을 어떻게 이해할 수 있는지를 결정하고 있다. 이 변화는 바로 기도회에서 시작되었다.

매키는 월굴을 보기 시작했고, 월굴은 사방에 있다.

멈추고 듣는 수련회

호주의 리처드 보몬트는 15년 동안 엔트러스트 재단을 충성스럽게 이끌어 왔다. 이 재단은 아프리카와 아시아에서 빈곤 퇴치 사역과 교회 개척 사역을 지원한다. 보몬트는 오랫동안 사역하면서 자신의 바쁜 삶에 수련회를 끼워 넣기 시작했다.

보몬트는 아래와 같은 방식으로 수련회를 반복한다.

- 첫 번째 달: 한나절
- 두 번째 달: 온전한 하루
- 세 번째 달: 온전한 이틀, 하룻밤은 집 아닌 곳에서 지내기

1년에 한 번씩 보몬트의 아내 줄리가 밤샘 수련회에 동참해서 그와 대화를 나누고 기도하며 계획을 세운다. 그는 일정표에 이 날짜들을 고정시켜 놓고, 기도는 실제 수련회 전부터 시작된다고 굳게 믿는다.[6]

먼저 보몬트는 수련회 날짜를 미리 정해 둠으로써 그 수련회를 우선으로 생각한다. 수련회 날짜를 바꿔야 할 때는 가능한 한 가장 빠른 날짜로 앞당긴다. 또한 사전에 수련회를 위한 기도를 시작한다. 특별히 성령의 임재를 구한다. 하나님을 만날 수련회를 고대하며 그때까지 성령 안에서 행하게 도와 달라고 요청한다.

일단 수련회 장소에 도착해서 보몬트가 집중해서 하는 일은 "멈추고 듣고 속도를 늦추고 반성하는 것"이라고 말한다. 그는 느슨한 일정이 좋다고 생각한다. 성령의 인도하심에 민감한 상태를 유지하면서도 산책하며 기도하거나 성경을 읽거나 신앙 서적을 읽거나 그냥 낮잠 자기 위한 시간을 정한다. 기도하면서 떠오르는 격려든 아이디어든, 하나님이 말씀하시는 대로 수첩에 적는다. 휴대폰이나 모바일 기기 등 스크린 보는 것을 피하고, 수련회에 금식을 포함시킨다. 효과적인 수련회를 위해 그가 추천한 사항은 이번 장 말미에 있다.

침묵할 때 들리는 세미한 음성

대부분의 리더들은 말을 많이 한다. 하지만 수련회는 다른 근육을, 바로 침묵의 근육을 사용하게 한다. 보몬트, 매키, 사드에게는, 그리고 예수님께는, 수련회가 침묵 속에서 하나님 아버지와 함께하는 시간이다.

작가인 이블린 언더힐은 이렇게 말했다. "침묵은 이 수련회의 핵심이다. … 우리를 둘러싼 침묵이 없다면, 하나님이 우리를 깨우치시고 형성하시는 내적 침묵은 불가능하다. … 이것은 '선택된 침묵'이다. 세상에서는 그런 침묵을 찾을 수 없다. … 그 침묵을 소중히 여기라. 침묵은 우리가 좋아서 듣는 그 어떤 소리보다도 우리의 영혼에 훨씬 유익하다."

왜 침묵이 중요한가? 왜 우리는 많이 침묵해야 하는가?

언더힐은 이렇게 말한다. "하나님과의 깊은 교제는 지극히 부드럽고, 우리는 그런 부드러운 교제만 감당할 수 있다. 그런 교제를 하기 위해서는 조용해져야 한다. 정신적 요동이라는 지진이나 뜨거운 불 혹은 감정의 거친 바람 속에 그런 교제는 찾아오지 않는다. 침묵 속에는 파괴적이거나 요란스러운 그 어떤 것도 없다. 오직 세미한 음성만 있다."[7]

우리가 조사한 대부분의 리더들은 묵상과 침묵 중심의 수련회를 단한 번 경험하고도 바로 그것이 자신의 삶과 리더십과 기도 생활에 반드시 필요한 것임을 알 수 있었다. 팀 매키의 말을 빌리자면, 이런 수련회는 우리가 한 해의 남은 기간을 버티게 해 주는 '낙원 맛보기'다.

주 예수님, 제 자신을 알고 주님을 알게 하소서.

그리고 오직 주님만을 바라게 하소서.

제 자신을 미워하고 주님을 사랑하게 하소서.

주님을 위해서 뭐든 하게 하소서.

제 자신을 낮추고 주님만 높이게 하소서.

오직 주님만을 생각하게 하소서.

제 자신에 대해 죽고 주님 안에서 살게 하소서.

주님에게서 오는 것이라면 뭐든 받아들이게 하소서.

제 자신을 버리고 주님을 따르게 하소서.

주님만 따르기를 원합니다.

제 자신에게서 도망치고 주님 안으로 피하게 하소서.

그래서 주님의 보호를 받게 하소서.

제 자신을 두려워하고 주님을 경외하게 하소서.

주님께 선택받은 자들 중에 속하게 하소서.

제 자신을 불신하고 주님을 의지하게 하소서.

주님을 위해 기꺼이 순종하게 하소서.

오직 주님만을 붙들게 하소서.

주님으로 인해 가난하게 하소서.

주님을 사랑하도록 저를 돌봐 주소서.

주님을 보도록 저를 불러 주소서.

주님을 영원히 누리게 하소서.

— 성 아우구스티누스

· 기도 가이드: 수련회 운영 방식 ·

1. 효과적인 개인 수련회(리처드 보몬트)
1) 수련회 장소에 간다. 우선 쉰다. 잠을 잔다. 삶의 속도를 늦춘다. 하나님이 주신 선물을 즐긴다. 안식을 누린다.
2) 모든 죄를 회개한다. 죄를 하나님께 아뢴다. 교인, 사회 구성원, 가족으로서 우리의 죄를 고백한다.
3) 하나님이 행하신 과거 역사를 돌아보며 감사한다. 복을 세어 본다. 하나님이 주신 것에 감사한다. "하나님, 감사합니다."
4) 우리를 향한 하나님의 계획을 받아들인다.
5) 성경을 많이 읽고 메모한다. 성경을 천천히 읽는다. 말씀에 귀 기울이고, 받은 말씀을 곱씹는다.
6) 자신, 가족, 사역에 관한 특별한 문제와 질문을 적는다. 자신의 고통에 대해 말한다. 정당한 불만을 제기한다. 울음이 터질 수도 있다. 기다린다.
7) 주변 사람들의 문제를 하나님께 가져간다. 그들을 생각하며 기도한다.
8) 조용한 장소에서 하나님을 만나고, 메모한다.
9) 일기를 쓴다. 질문과 논쟁점에 대해 글을 쓴다.
10) 생각을 전하고 일을 위임할 최선의 방법을 계획한다.

2. 팀 수련회 일정(할라 사드)
사드는 말한다. "우리 수련회에는 많은 교제와 재미와 식사가 포함된다. 기분 전환을 하고 이야기를 나누고 웃고 교제하는 식으로 자연스럽게 진행된다. 우리 모임은 일 중심의 삭막한 모임과는 차원이 다르다."

사드의 팀이 함께하는 시간은 대략 다음과 같이 진행된다.

첫째 날 밤: 그동안의 삶을 나눈다

"첫째 날은 자신의 현재 상황과 한 해 동안 하나님이 주신 말씀을 나누는 시간이다." 각자의 소식을 형식적으로 나누는 시간이 아니다. 영적 성장에 초점을 맞추는 시간이다. 한 해 동안 개인 차원과 조직 차원에서 하나님이 어떻게 역사하셨는지 돌아본다.

둘째 날 아침: 예배

예배 음악을 틀고 함께 찬양하며 하나님의 임재 안에 들어간다. 사드는 이렇게 말한다. "예배는 사흘간의 수련회에서 중요한 부분이다. 예배는 여유롭게 진행된다. 몇 시간 동안 하나님의 임재 안에 앉아 있기만 해도 된다." 어느 때가 되면, 사드가 조직, 프로그램, 재정, 영적 측면과 관련한 사항을 전달한다. 구체적이고 자세한 내용을 아는 것이 중보기도에 도움이 된다. 사드는 이 점을 알기 때문에, 믿을 만한 동료들에게 실제 상황과 기도 대상자 이름과 필요한 사항을 자세하게 구체적으로 이야기한다.

둘째 날 오후: 집중적인 기도

몇 가지 주제가 정해지면 그룹은 사역의 여러 측면에 대해 집중적으로 기도한다. 기계적으로 하지 않고 하나님이 이끄시는 대로 따라간다. 뭐든 하고 싶은 질문을 해도 된다. 성령의 음성에 귀를 기울이고 하나님과 서로에게 질문할 때 성령께서 상황을 점점 더 분명히 보여 주신다.

셋째 날 아침: 개인 기도

수련회 마지막 날 아침에는 사역에 관한 기도에서 서로를 위한 기도로 넘어간다.

Lead with
Prayer

PART 3

황폐한 땅을 치유하는

공동체 기도 습관

11.

공동체 안에
창의적인 기도 문화를 심으라

기도는 우리가 더 위대한 일을 하기 위해 필요한 것이 아니
라, 기도 자체가 더 위대한 일이다.
_ 오스왈드 챔버스

마크 배터슨은 힘든 과제에 부딪혔다.

기도에 관한 베스트셀러인 《서클 메이커》의 저자 배터슨은 기도의
힘을 믿었다. 그는 자신이 기도의 사람이 될 뿐 아니라 자신의 공동체, 교
회, 조직, 리더들 팀 내에 기도 문화를 정착시키고 싶었다. 하지만 워싱턴
DC는 엄청난 속도로 돌아가는 도시였고, 이것이 큰 걸림돌이었다.

미국 수도에 소재한 내셔널커뮤니티교회 설립자이자 담임목사로서

배터슨은 세계에서 가장 바쁜 사람들을 이끌고 있다. 교인들이 삶의 속도를 늦추고 기도하게 만드는 것은 보통 힘든 과제가 아니었다.

기도의 사람으로 성장하려는 차원을 넘어 기도 문화를 만들려는 모든 리더가 이와 같은 과제에 직면하고 있다. 기도에 대한 개인의 열정을 어떻게 조직, 공동체, 리더 팀의 기도 문화로 전환할 수 있을까?

이 질문으로 우리는 기도하는 리더들을 인터뷰하고 연구했다. 이제부터 기도 문화를 만들기 위한 그들의 방법과 추천 사항을 풀어 놓으려 한다.

기도의 본을 보이는 것이 중요하다

이 책의 처음 열 장이 '개인적인' 기도 습관과 자세에 초점을 맞춘 것은 우연이 아니다. 먼저 자신이 기도의 '사람'이 되지 않고서는 기도의 '문화'를 만들 수 없다. 뭐든 퍼뜨리려면, 자신이 먼저 본을 보여야 한다.

사도행전에 보면, 나날이 교회가 성장하면서 연합을 회복하기 위해 지혜와 리더십이 시급해지자 열두 제자는 이 책임을 "성령과 지혜가 충만" 한 사람들에게 위임했다. 자신들은 "기도하는 일과 말씀 사역에" 전념하기 위해서였다(행 6:3-4). 복음을 전파하고 운동으로서의 기독교를 세우는 일에 가장 직접적인 책임이 있는 사람들은 자신의 시간을 가장 생산적으로 사용하는 방법이 기도하는 일이라 여겼다.

앞에서 보았듯이, 예수님은 개인 기도에 헌신하는 본을 보여 주셨다. 그분의 시간은 제한되어 있었다. 공식적으로 사역하신 기간은 겨우 3년밖에 되지 않았다. 하지만 그 짧은 기간에도 예수님은 기도의 본을 보여 주시고 기도에 관해 공개적으로 가르치기도 하셨다(눅 11장). 사람들에게 기도하라 권면하시고 기도 문화를 창출하셨다. 누가복음 18장 1절을 보면 예수님은 제자들에게 "항상 기도하고 낙심하지 말아야 할 것을 비유로" 말씀해 주셨다. 물론, 이것은 새로운 가르침이 아니다. 제자들은 예수님이 내내 기도를 실천하시고 우선시하시는 모습을 보았다.

초대교회의 모습에서 우리는 예수님이 제자들과 함께 만드신 기도 문화의 파급 효과를 볼 수 있다. 가룟 유다가 배신하고 죽은 다음에 후임을 뽑아야 했을 때, 남은 열한 제자는 "여자들과 예수의 어머니 마리아와 예수의 아우들과 더불어 마음을 같이하여 오로지 기도에 힘"썼다(행 1:14). 이 집중적인 기도 후에 성령은 교회를 탄생시키셨다(행 2장).

베드로가 감옥에서 재판과 처형을 기다리고 있을 때 교회는 함께 모여 그를 위해 기도했다. 사도행전 12장 12절을 보면 "여러 사람이 거기에 모여 기도하고" 있을 때 천사가 기적적으로 베드로를 감방에서 이끌어 냈다. 안디옥의 초대교회는 금식과 기도 후에 성령의 인도하심에 따라 바나바와 사울을 리더로 세웠다(행 13:1-3). 성경에는 리더들이 사람들을 초대해서 리더 자신들을 '위해서'뿐 아니라 자신들과 '함께' 기도하게 한 사례가 가득하다. 그렇게 그들은 함께 기도의 문화를 만들어 갔다.

본을 보일 때, 사람들이 따라온다

자신이 먼저 기도 생활을 하면서 기도 문화를 만들어 나가는 모든 리더가 그렇듯, 마크 배터슨은 그 문화가 리더의 모본에서 비롯해야 한다는 사실을 깨달았다.

배터슨의 생활 규범에는 성경 읽기와 더블샷라떼로 하루를 시작한다는 원칙이 있다. 그는 특별히 떠오르는 생각과 기도, 성경 구절을 수첩에 기록한다. 그는 그것이 하나님이 자신에게 하시는 말씀이라고 믿는다. 그런 다음, 수첩을 다시 읽어 보고, 프로젝트와 하나님이 주신 말씀과 자신이 기록한 구절들에 대해 기도하고, 특히 수첩에서 밑줄 그은 부분에 대해 기도한다.

배터슨은 기도 시간이 저절로 예수님과의 교제 시간으로 이어진다고 말하면서 미소를 지었다.[1] 그는 하나님과 함께하는 '허비하는 시간'을 정기적으로 즐긴다. 그의 책, 블로그, 설교, 꿈, 비전, 전략이 모두 기도 시간에서 나온다.

기도 문화 만들기

배터슨이 자신의 개인 기도 리듬을 확립한 후, 내셔널커뮤니티교회에 기도 문화를 정착시키기 위해 처음으로 한 일은 "문화를 창출하기 위해 창의성을 발휘하는" 것이었다.

배터슨은 자신의 팀과 교인들에게 아침 7시 14분과 저녁 7시 14분에 기도하자고 했다. 시간을 7시 14분으로 정한 것은 역대하 7장 14절에 주신 약속 때문이다. "내 이름으로 일컫는 내 백성이 그들의 악한 길에서 떠나 스스로 낮추고 기도하여 내 얼굴을 찾으면 내가 하늘에서 듣고 그들의 죄를 사하고 그들의 땅을 고칠지라."

배터슨은 본 교회에 기도실을 만들고, 직원들에게 일주일에 세 번씩 중보기도에 동참해 달라고 요청했다. 이 기도회는 내셔널커뮤니티교회의 문화적 기초가 되었다.

리더는 가장 중요한 일을 맡길 전문 인력을 뽑는다. 그런 의미에서 배터슨은 기도 코디네이터를 전임 사역자로 고용했다. 이 사역자는 기도 사역을 담당하는 것과 기도하는 것 외에는 아무런 공식 책임을 맡지 않게 했다.

배터슨은 기도 문화를 창출하기 위한 또 다른 핵심 요소가 "간증 문화"를 만드는 것이었다고 말한다. 어릴 적에 그는 주일 밤에 성도들이 간증을 하고 화요일 밤에 기도회를 하는 전통적인 오순절 교회에 다녔다. 그는 하나님이 극적으로 기도 응답을 주셔서 인생들이 변한 이야기들을 아직도 생생하게 기억한다.

이런 이야기의 효과를 기억한 배터슨은 화요일 밤 기도회를 시작했다. 이 기도회에는 몇 천 명까지는 아니어도 몇 백 명은 꾸준히 참석하고 있다. "다락방에 120명이 모이는 것만으로도 성령이 임하시기에 충분했다." 배터슨이 그렇게 말하며 뿌듯한 표정을 지었다.

화요일 밤 기도회에서 교인들은 하나님이 기도에 어떻게 응답하셨고 그들이 어려운 상황 속에서 하나님의 임재를 어떻게 경험했는지를 나눈다. 이런 이야기가 교회 전체에 퍼지면 너도나도 믿음의 열정을 품고 "멈춰서 하나님을 찾는다."

또한 기도가 조직 문화를 형성해 나가도록, 배터슨은 기도하라고 촉구하는 독특한 신호를 정했다. 그는 동료들과 갈등이 생기면 기도하라고 권한다. "우리를 힘들게 하는 사람은 우리의 기도 제목이다." 배터슨은 그렇게 말하며 미소 지었다. 답답하거나 짜증이 날 때, 그것을 기도하라는 특별한 신호 곧 '종소리'로 받아들이는 습관은 하나님과 사람들에게 더 가까이 다가가기 위한 더없이 아름다운 방법이 아닐 수 없다. 이 습관은 조직 전체의 태도와 분위기에 영향을 미친다.

기도를 통해 조직 문화를 쇄신하다

역시 눈코 뜰 새 없이 바삐 돌아가는 대서양 연안 도시에서 스티브 섀컬퍼드[2]는 기도 운동을 부흥시키고 조직 문화를 갱신했다. 섀컬퍼드는 20여 년 전에 팀 켈러와 공동 설립한 사역 단체인 리디머 시티투시티 (Redeemer City to City)를 이끌고 있다. 팀 켈러는 뉴욕시에서 목회를 시작할 때부터 교회 개척을 향한 열정을 품고 있었고, 멀리 다른 나라 도시의 리더들은 1990년대 초 맨해튼에서 일어난 일을 보고 이 비전과 사역을 전 세계로 확장했다. 리디머 시티투시티는 목사와 리더들이 약 천 개 교회를 개척하는 데 도움을 주었다. 또한 전 세계 주요 도시와 문화 중심지에서 79,000여 명 리더들을 훈련하거나 그들에게 영향을 미치도록 도왔다.

섀컬퍼드가 사역의 길로 들어선 과정은 독특했다. 그는 2017년 리디머 시티투시티에 합류하기 전에 십 년간 국제 회계 및 감사 업체인 PwC에서 일하면서 주로 월트 디즈니 컴퍼니와 파리 디즈니랜드를 고객으로 상대했다. 이후 그는 공공 부동산 투자 신탁의 CFO, COO, 회장으로 재직했고, 기업에서 일하던 마지막 5년간은 미국 최대 기업 성장 투자 기구에서 일했다. 하지만 만약 리디머 시티투시티의 관계자들이 조직 운영 능력만을 보고서 섀컬퍼드를 새로운 CEO로 영입했다면 나중에 그의 본모습을 제대로 알고서 적잖이 놀랐을지도 모른다.

리디머 시티투시티에 합류하고 나서 처음 6개월 동안 섀컬퍼드는 사람들의 말을 잘 듣고 유심히 관찰했다. 팀 켈러에게 큰 영향을 받은 사역 단체들이 으레 그렇듯, 리디머 시티투시티에는 박학다식한 사상가, 모험심 강한 목사, 교회 개척자, 사명과 비전에 깊이 헌신하는 인재들이 포진해 있었다.

이런 강점에도 불구하고 새컬퍼드는 문화 및 리더십과 관련해서 이 조직의 문제점을 발견했다. 당시 팀 켈러는 리디머 시티투시티의 회장이자 리디머장로교회 담임목사로 사역하고 있었다. 한 컨설턴트가 새컬퍼드에게 농담조로 사용한 표현을 빌리자면, 리디머 시티투시티는 "20년 된 스타트업"이었다. 그만큼 아름다움과 기회도 있었지만, 정돈되지 않은 모습은 상처와 분열로 이어질 수 있었다.

시간이 지나자 새컬퍼드는 핵심 리더 팀을 인도할 리더를 찾기 시작했다. 시티투시티의 모험적인 아름다운 정신을 올바르게 구조화할 수 있는, 조직하고 관리하는 기술을 갖춘 리더가 필요했다.

새컬퍼드는 리디머 시티투시티의 궁극적인 목표가 전 세계 도시에서 복음 운동을 쇄신하는 것임을 알았고, 기도 없이는 그 일이 불가능하다고 판단했다. 그는 존 스메드의 *Prayer Revolution*(기도 혁명)이라는 책에 나오는 글귀를 자주 인용한다. "모든 하나님 나라 운동은 기도로 시작된다."

글로벌 조직 내에 기도 문화를 구축하는 일은 보통 힘든 일이 아니었다. 하지만 리디머 시티투시티에서 사역자 대표로 섬기는 킴벌리 헌트를 비롯한 리더들이 새컬퍼드의 짐을 함께 감당했다. 헌트는 새컬퍼드가 리디머 시티투시티의 수장에게 원하는 특성을 두루 갖춘 인물이다. 헌트는 뛰어난 조직 관리 기술을 가졌을 뿐 아니라 새컬퍼드에게 계속해서 복음을 이야기한다. 또한 새컬퍼드에게, 기도로 하루를 시작하고 기도로 하루를 마치며 개인적으로나 공동체 차원에서나 기도의 근육을 기르라고 격려한다.

2017년 이전에도 리디머 시티투시티에서 기도 소리가 들리지 않았던 것은 아니지만, 당시 기도는 조직의 핵심이 아니라 곁가지 같았다. 조직의 운전자가 아니라 사이드카와 같았다. 새컬퍼드는 하나님이 그들에게 지식이나 신학적 범위나 성과가 아니라 기도에 더 초점을 맞추라고 말씀하고 계심을 확신했다. "이 일에는 기도가 특히 더 중요하다. 우리가 하는 일에 기도를 불어넣기 위해 노력하고 있다. 이 요소가 극히 중요하다. … 내가 볼 때 이 요소 없이는 이 일을 이룰 수 없다."[3]

리디머 시티투시티는 한 해 동안 사역자 모임에서 *Prayer Revolution* (기도 혁명)을 읽고 토론하는 시간을 가졌다. 코로나 팬데믹 기간에 사역자들은 매주 정해진 날 아침에 온라인으로 모여 기도했다. 리더들이 개인적인 기도 습관을 일의 리듬에 접목하면서 부서별 기도회가 활성화되기 시작했다. 조직 내에서 기도가 집중적이고도 유기적으로 이루어졌다. 심지어 몇몇 도시의 후원자들은 매달 모금 사역을 위한 기도회로 모였다.

팀들이 주기적으로 모여서 긴 시간 기도하자 놀라운 결과가 계속해서 나타나고 있다. "기도에 특별히 전념하면 그 기도에서 특별한 결과가 나타난다. 나는 수첩에 40가지 이상의 간구와 소망과 문제를 기록했다. 리디머 시티투시티와 관련된 그 모든 기도 제목을 하나님이 기적적으로 응답해 주셨다고 믿는다." 새컬퍼드는 그렇게 말했다.

우리는 새컬퍼드와 이야기를 나누던 중, 그가 리디머 시티투시티로 오기 전에 사역 기회를 달라고 '20년 넘게' 기도했다는 사실을 듣고 깜짝 놀랐다. 그 20여 년 동안 하나님은 적절한 기술을 갖추도록 그를 준비시키셨을 뿐 아니라, 그가 이 시기에 리디머 시티투시티에 필요한 기도의 리더가 되기까지 그의 인격을 다듬고 그의 신앙을 성장시켜 주셨다.

샤컬퍼드는 자신이 글로벌 팬데믹 기간에, 그리고 조직의 기둥과도 같은 팀 켈러 없이 이 조직을 이끌게 될 줄은 전혀 예상치 못했다. 이 역할을 6년 반 동안 충실히 감당한 뒤 그는 농담 반 진담 반으로 이렇게 말했다. "내가 직업적으로나 영적으로나 정서적으로 준비되지 않은 젊은 나이(그는 현재 59세다)에는 하나님이 내게 이런 기회를 주시지 않았을 것 같다. 이 일은 내 평생에 가장 힘든 일이다."

샤컬퍼드는 바울이 빌립보서 2장에서 말하는 '자기를 비운 리더'가 어떤 사람인지를 이해하기 위해 계속 노력하고 있다. 그 과정에서 하나님은 그의 리더십을 성장시켜 주고 계신다. "힘을 포기하고 약함으로 이끈다" 곧 "조직을 이끌 때 내 힘이 아니라 내 약함을 사용한다"라는 개념을 조직 운영에 어떻게 적용해야 할까? 자신을 높이려는 유혹을 어떻게 거부할 수 있을까? 수많은 리더의 실패 원인인 "흥하려는 욕구"를 어떻게 억누를 수 있을까? 샤컬퍼드는 헨리 나우웬의 말을 살짝 바꾸어 "그리스도인 리더의 길은 위로 올라가는 길이 아니라 아래로 내려가는 길이다"라고 말한다.

샤컬퍼드의 소원은 리디머 시티투시티가 "계속해서 기도 문화를 키우고 성장시키는 것"이다. 진정으로 중요한 것은 기도라고 믿기 때문이다. 인터뷰 끝에 그가 던진 질문은 우리에게 여운을 남겼다. "당신은 하늘의 자원을 이용할 수 있는데 왜 자신의 힘으로 사람들을 이끌려고 합니까?" 샤컬퍼드처럼 기도하는 리더들은 수천 년 동안 하늘의 자원을 이용해 왔다.

팀은 감독의 성격을 닮아 간다

토드 피터슨은 주목할 만한 경력을 가지고 있다. 그는 12년 동안 NFL 플레이스키커로 뛰었다. 커리어의 대부분을 시애틀 시호크스(1996년 올해의 NFL 선수로 선정), 캔자스시티 치프스, 샌프란시스코 포티나이너스에서 보냈고, 마지막으로 2006년 애틀랜타 팰컨스에서 뛰다가 은퇴했다. NFL 커리어의 후반부에서부터 지금까지 그는 일루미네이션스(illumiNations)라는 국제적인 연합에 사재와 영향력을 투자하여 성경 번역 사역을 후원하고 있다.

이 "영향력 있는 자들의 연합"은 2033년까지 구약의 일부라도 전 세계 모든 언어로, 신약을 전 세계 언어의 99.9퍼센트로, 성경 전체를 전 세계 언어의 95퍼센트로 번역하는 것을 꿈꾸고 있다.[4] 성경 번역자들이 최소한 2150년은 지나야 모든 언어로 성경이 번역될 것이라 추정했다는 사실을 감안하면 이것은 불가능해 보이는 비전이다. 일루미네이션스는 협력을 통해 목표를 백 년 이상 앞당기기 위해 노력하고 있다.

말할 것도 없이 피터슨은 기도하는 리더다. "큰일을 하려면 기도를 무시해서는 안 된다."[5] 그는 NFL 선수다운 열정을 담아 말했다. "세월이 흐를수록, 내가 더 많이 기도하지 않았던 것이 얼마나 어리석은 일이었는지를 깨닫는다. 하나님과 오래 동행할수록, 아무리 많이 기도해도 지나치지 않음을 깨닫는다."

피터슨은 계속해서 말했다. "사람마다 리더로서 맡은 역할이 다르고 다른 환경에서 섬기지만, 기도하는 리더들은 하나같이 겸손한 모습을 보인다." 겸손은 기도 생활을 강화하고, 다시 기도는 겸손의 삶을 강화한다. 열한 개의 다국적 비영리단체가 모여서 전 세계적으로 성경 번역을 위해 노력하도록 만든 데는 피터슨의 겸손과 기도 생활이 큰 역할을 했다.

피터슨은 많은 NFL 감독 밑에서 선수 생활을 하면서 문화 형성에 관한 중요한 교훈을 얻었다. "조직은 리더의 성격을 닮고, 팀은 감독의 성격을 닮는다. 마찬가지로, 기도 문화는 기도에 관해 말만 하는 리더가 아니라 실제로 기도하는 리더만이 창출할 수 있다. 리더가 팀원들을 위해 실제로 기도하고 팀원들이 그것을 알면 모든 것이 변한다."

이런 통찰을 바탕으로 피터슨과 그의 동역자들은 성경 번역 리더들과 후원자들이 계속해서 기도하게 했다. 그들은 전 세계 참여자들과 전화로 통화하며 기도한다. "잡담은 하지 않는다. 우리는 기도만 한다." 피터슨은 그렇게 강조했다. 전화 통화로 그들은 관련된 성경 구절을 놓고 기도하고, 각 참여자가 가장 큰 문제를 하나님께 맡겨 드릴 때 아멘으로 동참한다.

이런 기도회는 기도 문화의 기초가 되었다. 이 기도 문화는 모든 언어로 하나님의 말씀을 읽을 수 있게 한다는 불가능해 보이는 목표가 달성되는 시점을 계속 앞당기고 있다.

하나님을 깊이 의지하다

플로렌스 무인디는 사역을 시작하기에 앞서 수년간 준비했다. 1999년 무인디는 라이프 인 어번던스 인터내셔널(Life in Abundance International)을 설립했다. 이 단체는 지역의 교회들 및 리더들과 힘을 합쳐 아프리카와 카리브해 지역의 사회, 경제, 교육, 건강 문제를 다룬다. 라이프 인 어번던스 인터내셔널은 설립된 이후로 전인적(holistic) 사역 모델로 백만여 명을 섬겼

다.[6]

무인디는 케냐에서 자랐지만 이웃 나라인 에티오피아에서 사역하라는 하나님의 부르심을 느꼈다. "에티오피아로 인해 처음 마음이 아팠던 날"로부터 16년 후, 마침내 사역을 위해 그곳에 갈 기회를 얻었다.[7]

그러기까지 16년 동안 하나님은 무인디를 의과대학교로 인도하셔서 특별한 훈련을 받게 하신 다음, 에티오피아에서 맡기실 일을 할 수 있도록 사역 경험을 쌓게 하셨다. 그 기간은 무인디가 하나님을 더욱 의지하고, 하나님의 음성을 더 잘 분별하며, 예수님과의 교제에서 더 성장하는 데 도움이 되었다. "모든 것을 하나님께 아뢰고 하나님의 인도하심에 귀를 기울였다." 무인디는 그렇게 회상한다. "긴 산책을 하며 하나님께 함께 가 달라고 간구했다. 하나님이 마치 나와 나란히 걷고 계신 것처럼 이야기를 나누었다. … 이 모든 것이 다가올 일을 위한 준비였다. … 기다리는 시간은 낭비가 아니다."

무인디는 에티오피아에서 사역을 시작할 때 첫 단계가 중보기도였다고 말한다. 새로운 프로그램을 도입하기 전에는 항상 현지 교인들과 함께 마을을 거닐며 "하나님 나라가 임하게" 해 달라고 기도했다.

몇 년 뒤 사역은 번창하는 것처럼 보였다. 능력 있는 리더들을 영입하면서 팀은 나날이 성장하고 사역은 일사천리로 진행되었다. 하지만 무인디는 호시절만 있을 때의 위험성을 깨달았다. 기도를 그만하게 될 수도 있다는 것이다. "일이 잘 풀리면 우리는 어차피 '영적인' 일을 하고 있으니 기도는 필요하지 않다고 생각하기 쉽다. 이 얼마나 잘못된 생각인가!" 무인디는 그 사실을 깨달았다. "하나님의 인도하심을 늘 구하지 않으면서 하나님의 일을 한다는 것은 큰 아이러니다. 하나님은 청사진을 갖고 계신다. 하지만 우리가 그 청사진을 알아내야 한다. 우리가 무엇을 하기 원하시는지를 하나님께 여쭈면서 해야 한다. 나는 나 자신의 이해력을 의지하여 내 방식대로 일하고 싶은 욕구와 수없이 싸워야 했다."

하나님은 라이프 인 어번던스 인터내셔널을 향한 그분의 비전을 계속해서 보여 주시면서 무인디를 끊임없이 미지의 영역으로 부르셨다. 그 과정에서 그녀와 그녀의 팀은 하나님을 더 깊이 의지하게 되었다. "나는 내 힘으로 감당할 수 있는 것보다 훨씬 더 큰 것을 추구하고 있다. 하나님의 인도하심과 능력 주심 없이는 이루거나 유지할 수 없는 하나님 크기의 비전을 추구하고 있다. 따라서 내게 기도는 필수적이다. 기도의 필요성을 진정으로 느끼고 있다."

라이프 인 어번던스 인터내셔널은 초창기부터 매달 마지막 금요일에 철야 기도회를 하고 있다. 아울러 매주 월요일 아침에는 기도와 금식으로 일주일을 하나님 앞에 올려 드린다. 화요일 저녁에는 다양한 사역에 참여하는 참여자들과 함께 기도하는 시간을 따로 정해 놓고 있다. 언제든 난관을 만나면 기도가 첫 번째 해결 수단이다. "무엇을 해야 할지 모를 때는 무조건 기도부터 한다."

기도 중에 하나님은 새로운 방향과 소명을 보여 주셨다. 하나님은 무인디에게 모래를 한 움큼 집게 하고서 라이프 인 어번던스 인터내셔널이 그 손 안에 있는 모래알만큼 많은 리더를 훈련시키게 될 것이라고 말씀하신 적도 있다. 당시는 라이프 인 어번던스 인터내셔널이 리더 훈련은 전혀 하지 않던 때였다. 하지만 그 이후 리더 2만여 명을 훈련했다.

또 하나님은 라이프 인 어번던스 인터내셔널이 언젠가 항공 회사를 소유하게 될 것이라고 말씀하기도 하셨다. 그것은 무인디의 계획에는 전혀 없던 일이었지만 그녀는 팀원들에게 그 비전을 밝히고 기도를 부탁했다. 몇 년 뒤 그 비전은 현실로 이루어졌다.[8]

"기도 중에 우리는 하나님 크기의 비전과 목표를 얻고 그에 따라 전략을 세운다. 우리가 상상할 수도 없었고 계획하지도 않은 목표를 추구하게 되며, 그 목표는 다시 우리를 기도하게 만든다. 그런 목표 앞에서는 하나님의 역사가 절실해진다."

질 오덴달은 새들백교회의 에이즈 사역 글로벌 책임자이며, 월드 릴리프와 메디컬 앰배서더스 인터내셔널의 고위 리더 역할을 포함해서 여러 글로벌 기관에서 리더 역할을 맡아 왔다. 그는 2002년부터 라이프 인 어번던스 인터내셔널에 참여하면서 그 조직의 놀라운 기도 문화를 직접 보았다. "라이프 인 어번던스 인터내셔널이 하고 있는 일이 어떻게 가능한지 알고 싶은가? 나는 그 조직의 리더에게서 답을 찾고 싶다. 무인디는 이 조직을 시작했을 때 말 그대로 무릎으로 밀며 나아갔다."[9]

오덴달은 이렇게 말한다. "라이프 인 어번던스 인터내셔널에서 인상 깊었던 점은 기도가 문화의 일부로 자리 잡은 것인데 이는 기도가 모든 것을 바꾼다는 믿음이 있기 때문이다." 그들의 기도 문화는 선순환을 일으켰다. 기도가 모든 것을 바꾼다고 믿을수록 더 많이 기도하고, 더 많이 기도할수록 더 많은 것이 바뀐다.

리더들이 기도의 중요성을 믿어도 '기도의 문화'를 만들고 정착시키기는 쉽지 않다. 리더들에게 그것은 버겁고, 심지어 불가능한 일처럼 보일 수도 있다. 하지만 기도하는 리더들을 인터뷰한 결과 우리는 기도 문화를 형성하는 것이 가능하다는 사실을 알았다. 앞으로 이 내용을 더 자세히 탐구해 보자.

오, 내 마음의 주님이시여, 주님을 보게 하소서.

밤이나 낮이나 주님을 묵상하게 하소서.

제가 잘 때도 주님을 보게 하소서.

제 말과 제 지식이 되어 주소서.

제가 주님과 함께할 수 있도록 저와 함께하소서.

제가 주님의 자녀가 될 수 있도록 제 아버지가 되어 주소서.

제가 주님의 것이 될 수 있도록 저의 하나님이 되어 주소서.

저의 방패요 검이 되어 주소서.

저의 존엄이요 기쁨이 되어 주소서.

저의 피난처요 요새가 되어 주소서.

저를 천사들의 반열로 올려 주소서.

제 몸과 영혼에 모든 좋은 것이 되어 주소서.

땅과 하늘에서 제 나라가 되어 주소서.

제 마음의 유일하고 중심적인 사랑이 되어 주소서.

오, 하늘의 높은 왕이시여,

제 보물이요 제가 사랑하는 분이시여,

주님의 크신 사랑을 통해

제가 주님의 품에 들어갈 때까지

오직 주님과만 함께하게 하소서.

모든 소유물과 모든 삶의 변함없는 보관자가 되어 주소서.

저희의 타락한 욕구는 주님을 보기만 해도 죽기 때문입니다.

오, 하늘의 왕이시여,

주님의 사랑이 제 마음과 영혼에 가득하게 하소서.

만왕의 왕이시여, 제가 신앙심으로 승리를 거둔 뒤

해가 밝게 빛나는 하늘나라에 있게 하소서.

오, 제 마음의 중심이시여, 제게 무슨 일이 닥치든,

오, 만물의 통치자시여, 주님을 보게 하소서.

— 댈런 포게일(6세기)

· 기도 가이드: 기도 문화 형성 8단계 ·

1. 기도하는 리더가 되라.
기도 문화는 열심히 기도하는 리더에게서 시작된다. E. M. 바운즈는 말했다. "기도하는 리더만이 기도하는 추종자를 얻을 수 있다."[10] 이 책의 1장에서 소개한 바나 그룹의 연구도 같은 결론을 보여 준다. "기도가 우선 사항"이라고 대답한 사역 단체들 중 89퍼센트는 리더들이 "기도의 본을 보인다"라고 대답했다. 더 자세한 내용은 이 책의 1-4장을 보라.

2. 당신이 이끄는 사람들을 위해서 기도하라.
리더의 특별한 책임 중 하나는 기도로 팀원들을 지원하는 것이다. 팀원들로 인해 감사 기도를 할 뿐 아니라 그들을 위해 간구를 해야 한다. 당신이 이끄는 사람들을 위해 기도하면 기도 문화를 받아들일 수 있도록 그들의 마음이 준비된다. 이 책의 12장을 보라.

3. 자신과 함께, 그리고 자신을 위해 기도해 줄 팀을 만들라.
기도하는 리더들은 기도하는 사람들을 자기 곁에 둔다. 존 마크 코머가 프랙티싱 더 웨이 초대 대표 자리에 나(캐머런)를 불렀을 때 우리가 가장 먼저 한 일은 우리 교회 동역자들과 후원자들로 기도 팀을 꾸리는 것이었다. 우리는 비영리단체로 등록하기 전에 강력한 기도 팀부터 갖추었다.

예수님은 그룹이 모이는 자리에 함께 계신다(마 18:19-20). 그리스도와 그분의 나라를 섬기는 테네시주 소재의 매클렐런 재단은 리더들에게 중보자를 보내 달라고 기도하게 한다. "함께 모여 기도하며 땅을 밟으라. 비전을 제시해 줄 중보자들을 모으고 그들이 말해 주는 비전을 적으라." 이 책의 13장을 보라.

4. 조직 안에 있는 그리스도인을 위해, 그리고 그들과 함께 기도하는 본을 보이라.
기도 문화를 퍼뜨리기 위해 리더는 기도 프로그램을 선포하기 전에 자신이 실제로 기도하는 모습을 보여 주어야 한다. 그다음에는, 기도할 소그룹을 구성해야 한다. 다른 것은 몰라도 기도만은 남에게 위임할 수 있는 것이 아니다(행 6:2-4). 이 책의 5-10장을 보라.

5. 팀원들의 기도를 지원하라.
리더는 팀원들이 기도할 수 있도록 배려해야 한다. 나는 팀원들이 '근무 시간'의 10퍼센트까지 기도 시간을 가질 수 있게 한다. 또한 나는 회의를 잠시 멈추고 기도하는 본을 보임으로써 팀원들도 그렇게 할 수 있도록 한다. 기도 사역에 투자하는 방법을 다룬 이 책의 14장을 보라.

6. 모여서 기도하는 시간을 꾸준히 가지라.
팀원들이 자유롭게 혼자 기도할 수 있어야 한다. 하지만 기도 문화를 확립하기 위해서는 모여서 기도하는 시간도 정해야 한다. 성령은 말씀과 리더의 본보기를 통해 팀에 기도의 열정을 불어넣으신다. 기도가 조직 안에서 중요한 그룹 활동이 되면(행 20:36), 연합(대하 5:13-14; 행 1:13-14), 강력한 역사(행 12:5-11), 하나님의 인도하심(행 13:1-3)이 나타난다. 하나님의 역사가 강력하게 나타나는 사역 단체들은 대개 시간을 정해 함께 모여서 꾸준히 기도하고 있다.

꾸준히 기도하기 위한 계획의 중요성에 관해서는 이 책의 2장을 보라. 이것은 개인적인 차원만이 아니라 조직적인 차원에도 적용된다.

7. 기도 장소를 마련하고 사역자를 세우라.

기도는 "첫째" 우선사항이기 때문에(딤전 2:1-4) 사역 단체들은 실제로 기도에 초점을 맞추어야 한다. 많은 사역 단체들이 중보기도를 하고 정해진 기도회를 진행하고 주요한 기도 제목을 점검해 주는 기도 코디네이터를 세운다. 팀원들이 언제라도 일을 멈추고 기도할 수 있도록 기도실을 준비한 단체들도 있다. 이 책의 14장을 보라.

8. 기도 사역 예산을 편성하라.

기도 사역에 상당한 양의 시간과 자원을 투자해야 한다. 이런 비용을 예산 항목으로 추가해서 기도를 중시한다는 점을 공식적으로 표현하는 방법을 고려해 보라. 기도 사역에 시간과 시스템과 자금을 투자하면 구성원들이 기도를 더 열심히 하고 평소에도 기도에 관해 더 많이 생각하게 된다. 이 책의 14장을 보라.

기도를 좀 더 쉽게 하기 위해서 우리는 에코 프레어(Echo Prayer) 앱과 협력해서 에코 포 미니스트리즈(Echo for Ministries) 앱을 개발했다. 조직 안에서 기도 제목을 모으고 다른 이들에게 나누기 위한 좋은 도구다. 우리가 몸담고 있는 단체들이 기도의 양과 구체성을 높이기 위해 이 앱을 개발하는 데 귀한 투자를 해 주었다. 우리와 함께 하고 싶다면 www.leadwithprayer.com을 방문해 보라.

12.

구성원들의 영적 성숙을 위해
기도하라

우리도 항상 너희를 위하여 기도함은….
_ 데살로니가후서 1장 11절

래디컬 멘토링(Radical Mentoring)의 설립자 레지 캠벨은 한 가지 비밀을 간직하고 있었다. 이 비밀은 그가 죽기 전까지 드러나지 않았다.

세상은 캠벨을 투자자, 기업가, 젊은이들의 멘토로 알았다. 그는 네 개 회사의 CEO였고 네 권의 책을 쓴 저자였다. 2007년 그는 멘토링 사역을 확장하기 위해 래디컬 멘토링을 설립했고, 그가 세상을 떠날 당시까지 수백 개 교회가 래디컬 멘토링에 교인 제자 훈련을 의뢰했다.

미국 기독교 재단(National Christian Foundation)의 회장 데이비드 윌스는 캠벨의 절친한 친구였다. 캠벨이 세상을 떠난 뒤 캠벨에게 멘토링을 받았던 한 청년이 캠벨의 집에서 찍은 사진을 윌스에게 보냈다. 캠벨의 기도실 사진이었다. 기도실 안에는 여섯 개의 세로 칸에 작고 깔끔한 글씨로 이름들이 빼곡히 적혀 있는 커다란 화이트보드가 있었다. 래디컬 멘토링의 설립 초기부터 캠벨이 이끌어 온 멘토링 그룹에 참여한 사람들의 이름이었다. 캠벨의 일기와 글로 볼 때, 이 이름들은 출석부나 점수판이 아니라 기도 목록이었다.

윌스는 이렇게 말했다. "이 모든 이름에 놀라움을 금할 수 없었다. 캠벨의 기도실 안에 있으면 거룩한 땅을 밟고 있는 기분이다."[1]

우리가 캠벨을 만났을 때 데이비드 시코라는 뉴햄프셔주 제약회사에서 팀을 이끌고 있었다. 시코라는 캠벨에게 멘토링을 받고 싶은 마음이 간절한 나머지, 매달 애틀랜타로 날아가 그 옆에 앉아 있었다. 청년들과 함께하는 모임에서 캠벨은 모임의 시작과 끝에, 그리고 특별한 문제에 대해 청년들 중 누군가에게 기도를 부탁하곤 했다.

시코라는 이렇게 말했다. "캠벨이 기도해 주면 뭔가 달랐다. 그는 기도해 줄 사람에게 다가가 그에게 손을 얹고 '주님, 말씀해 주십시오. 주님의 종이 귀를 기울이고 있습니다'라고 말했다. 그의 기도는 마치 하나님과 대화하는 것 같았다. 그는 하나님이 자신의 질문에 답해 주실 줄 확실히 믿는 것처럼 보였다."[2]

캠벨은 이 청년들에게 자신이 꽤 긴 시간 동안 기도하고 있으며 하나님과 함께하는 조용한 시간으로 하루를 시작한다고 말했다.

시코라는 캠벨이 기도실에서 늘 하던 중보기도의 말들이 그들 대화에도 그대로 흘러나오고 있음을 알았다. "캠벨은 내 마음에 와닿는 단어들을 항상 알고 있었다."

> 그가 당신에게 "이보게, 자넬 사랑하네"라고 말한다면, 그것은 그냥 형식적인 인사가 아니다. 당신은 그의 진심을 느낄 수 있다. 그는 가만히 서서 당신을 응시하며 그 말을 한 번 더 할 것이다. 그 말 뒤에 있는 의미가 피상적이지 않음을 분명히 알 수 있다. 그것은 그가 나를 비롯해서 자신이 이끄는 사람들을 향해 품은 초자연적 사랑에서 나오는 말이다. 이런 초자연적인 사랑은 기도 없이는 생길 수 없다. 그는 언제나 각 사람과 각자의 상황에 맞는 방식으로 도전적 과제를 제시했다. 이렇게 깊이 사랑하려면 상대방을 위해 기도하고 있어야 한다. 캠벨은 당신의 말을 진심으로 듣고자 했다.

캠벨이 원래부터 하나님의 말씀과 사람들의 말을 잘 경청했던 것은 아니다. 캠벨은 커리어 초기에 통신업계에서 승승장구했다. MBA로 학업을 마치고 조지아주에서 '올해의 기업가'로 선정되기까지 그의 삶은 위험할 만큼 빠른 속도로 질주하고 있었다. 사업은 성장하고 기회는 잇따랐다. 한번은 새로운 자리를 제안받았는데 그 자리를 맡는다면 다른 도시로 이사 가야 했다. 캠벨은 여느 사업가들처럼 그 자리를 받아들였다. 하지만 여느 사업가들과 달리 먼저 그 사실을 아내와 상의하지 않았다.

캠벨의 아내 미리암은 나중에 이 사실을 알고 결국에는 그를 떠났다. 그 충격에 그의 눈에서 비늘이 벗겨졌고, 그는 뒷마당에서 무릎을 꿇고 하나님께 부르짖었으며, 그때 구원이 임했다. 그는 믿음이 깊어졌고 나중에는 아내도 하나님이 그를 변화시키고 계심을 믿게 되었다. 그는 사업과 삶의 균형을 찾기 시작했다.

캠벨은 기적적인 기도 응답을 경험했다. 한번은 그의 아들 로스가 다니던 의과대학교에서 집으로 오던 중 타이어에 펑크가 나서 차가 뒤집혔다. 주일 아침에 캠벨은 아들이 사망했다는 소식을 들었다. 그는 이 사실을 즉시 목사에게 알렸고, 목사는 예배를 멈추었다. 그리고 온 교인이 합심 기도를 드리는 순간, 로스의 맥박이 돌아왔다. 캠벨은 그전에도 이미 기도의 사람이었는데, 이 기적이 기도의 불에 기름을 부었다.

우선순위를 바로잡으면서 캠벨의 사업은 더욱 번창했다. 아울러 그의 신앙생활도 나날이 성장하고 가정도 전에 없이 화목해졌다. 한편, 그의 성공을 보고 조언을 구하기 위해 그에게 만남을 요청하는 사람들이 많아지기 시작했다. 그는 언제나 사람들을 환영하고 그들에게 좋은 질문을 던졌다. 그러다 보니 점점 더 많은 사람이 그와 만나기를 원했다. 자신의 시간은 한정되어 있어서 사람들의 요청을 다 들어줄 수 없음을 깨달은 그는 어떻게 해야 할지 하나님께 방향을 구했다.

캠벨은 기도 후에 이런 결론을 내렸다. "사람들이 내 시간을 원하면 얼마든지 내줄 수 있다. 하지만 그들도 진지한 태도를 가져야 한다." 그는 여덟 사람이 함께하는 멘토링 프로그램을 개발했다. 각 사람이 프로그램에 지원해서 합격해야 했다. 그렇게 모인 여덟 명은 매달 10일간 만나고, 모임 전에는 필요한 자료를 읽고 준비해야 했다. 프로그램이 끝나면 함께 수련회를 갔다. 이것이 래디컬 멘토링으로 발전했고, 지금까지 수천 명이 이 프로그램의 효과를 경험했다.

그래서 시코라가 처음 만남을 요청했을 때 캠벨은 정중히 거절하면서 시코라에게 다른 사람들처럼 프로그램에 지원하라고 권했다. 시코라는 그렇게 해서 캠벨의 기도실에 있는 화이트보드의 명단에 이름을 올렸다.

시코라는 이렇게 말했다. "캠벨의 기도는 성령의 음성을 듣는 시간이었다. 그는 아내의 말도 듣지 않던 사람에서 누구보다 경청을 잘하는 사람으로 변화되었다. 그는 하나님과 아내와 우리에게 진심으로 귀 기울였다."

시코라는 이런 이야기도 했다. "그는 우리를 생각하고 있다고 전화나 문자 메시지로 말하곤 했다. 마지막 수련회에서 그는 각 사람을 위해 일일이 기도해 주었다. 여덟 사람을 위해서 기도할 시간이 두 시간이었기 때문에 각 사람을 위해서 15분씩 기도했다. '하나님, 제 친구이자 형제인 시코라를 위해서 기도합니다. 지금 저희에게 하고자 하시는 말씀은 무엇입니까?' 그는 잠시 기도를 멈췄다가 내게 말했다. '시코라, 하나님이 자네에게 가장 하고 싶으신 말씀은 자네를 사랑하신다는 것이네.'"

캠벨은 2020년 세상을 떠나기 전까지 4년간 병을 앓았다. 이 땅에서의 생명이 끝나갈 무렵, 누군가가 그에게 예수님에 대해 질문했다. 그는 40년 동안 기도실에서 예수님과 대화해 온 사람답게 대답했다. "어서 예수님을 만나고 싶습니다."[3]

기도에 관한 특권 의식을 조심하라

디모데전서 2장 1-2절에서 바울은 디모데에게 권면한다. "간구와 기도와 도고와 감사를 하되 임금들과 높은 지위에 있는 모든 사람을 위하여 하라." 리더를 위해 기도하는 것은 매우 중요하다. 리더의 역할을 맡고 있는 '당신'을 위해 많은 사람이 기도하고 있기를 바란다.

그런데 우리 자신을 포함해서 이 필요성이나 이 구절에 관해 알고 있는 리더들은 자칫 특권 의식에 빠질 수 있다. 즉 사람들은 우리를 위해 기도해야 하지만, 우리는 리더로서 해야 할 시급한 많은 일로 인해 그들을 위해 기도하지 않아도 된다고 착각할 수 있다. 권위를 가진 사람들을 위해 기도하라고 촉구하는 강연과 글과 설교는 많다. 하지만 리더가 자신이 이끄는 사람들을 위해 기도해야 한다고 강조하는 목소리는 듣기 힘들다. 많은 리더들이 팀원들을 위한 기도에서 '면책권'을 사용해 왔다.

성경은 다른 모델을 보여 준다. 구약에서 신약까지 등장하는 리더들은 자신이 이끄는 사람들을 위해서 기도했다. 그들은 열정적이고 구체적인 기도의 본을 보였다. 다음 사례를 생각해 보라.

모세는 광야에서 반항하는 이스라엘 백성을 위해 중보기도 했다(출 32:11-14, 31-32; 민 14:13-19). 그는 자신이 이끄는 사람들을 안타깝게 여기는 마음이 너무 큰 나머지, 하나님께 그들이 받아 마땅한 벌을 자신에게 내려 달라고 요청하기도 했다.

느헤미야는 예루살렘 성벽이 무너지고 성문이 불탔다는 소식을 듣고 하나님께 부르짖었다. "이제 종이 주의 종들인 이스라엘 자손을 위하여 **주야로** 기도하오며 우리 이스라엘 자손이 주께 범죄한 죄들을 자복하오니 주는 귀를 기울이시며 눈을 여시사 종의 기도를 들으시옵소서…"(느 1:6).

골로새서에서 사도 바울은 잘 알려지지 않은 리더인 에바브라에게 성경 어디에서도 찾아보기 어려운 큰 칭찬을 한다. 에바브라는 골로새교회 설립의 공로를 인정받았다(골 1:7-8). 바울은 그를 "항상 너희를 위하여 애써 기도"한 "그리스도 예수의 종"이라고 불렀다(골 4:12). 바울도 자신이 이끄는 골로새교회 제자들이 영적으로 성숙하게 해 달라고 눈물로 기도했다.

바울이 쓴 서신서에는 초대교회와 그 교회의 특정 교인들을 위한 기도가 중요한 내용으로 포함되어 있다. 바울은 리더의 자리에 있는 사람들을 위해 기도하라고 가르쳤을 뿐 아니라 자신이 이끄는 사람들을 위해 기도하는 본도 보여 주었다.

바울이 서신서에서 기도를 언급하거나 실제로 기도한 내용을 세어 보니 36개다. 이 기도는 때로는 현재 시제이고, 때로는 과거 시제다. 예를 들어, 에베소서 1장 16절에서 바울은 이렇게 썼다. "내가 기도할 때에 기억하며 너희로 말미암아 감사하기를 그치지 아니하고." 골로새서 1장 9절에서는 이렇게 썼다. "너희를 위하여 기도하기를 그치지 아니하고 구하노니 너희로 하여금 모든 신령한 지혜와 총명에 하나님의 뜻을 아는 것으로 채우게 하시고." 이 36개 중에서 29개는 편지 수신자에게 초점을 맞춘 기도이고, 4개는 다른 것에 초점을 맞춘 기도(예를 들어, 디모데전서 1:12, "나를 능하게 하신 그리스도 예수 우리 주께 내가 감사함은 나를 충성되이 여겨 내게 직분을 맡기심이니")이다. 나머지 3개는 기쁨의 기도다.

바울은 기도 목록을 작성해서 제자들에게 떠넘기지 않았다. 그의 기도 중 80퍼센트는 자신이 이끄는 사람들을 '위한' 기도이며, 그들을 위한 29개 기도 중 12개는 그들로 인해 감사하는 기도다. 17개에는 그들을 위해 하나님께 간구하는 구체적인 요청이 들어 있다. 바울은 자신이 이끄는 사람들을 위해 하나님께 뭔가를 요청하는 기도만큼이나 그들에 대해 하나님께 감사하는 기도를 중시했다.

우리는 우리가 인도하는 사람들의 문제를 해결해 달라고 기도하곤 한다. 때로는 그들이 우리가 하나님께 해결해 달라고 요청해야 할 걸림돌이나 문제인 것처럼 기도하기도 한다. 하지만 자신이 이끄는 사람들에 대해 하나님께 감사드렸던 바울의 본을 따라 우리도 그렇게 해야 한다. 리더로서 우리가 이끄는 사람들에 대해 기쁨으로 감사하는 것부터 시작하자.

기도로 싸우다

인신매매를 근절하기 위한 사역 단체인 A21의 설립자 크리스틴 케인은 아직 어린 신자였을 때 중보기도를 오해했던 이야기를 해 주었다. 케인은 중보기도가 자신보다 훨씬 영성이 뛰어나고 거룩한 신자만의 전유물이라고 생각했다. 하지만 나중에는 자신이 이끄는 사람들을 위해 기도하기를 즐겨 하는 사람으로 성장했다.[4]

수백 명 사역자들이 15개 국가 19개 지부에서 사역하다 보면 위기가 없는 날이 없다. 케인은 불안정한 정부, 전쟁, 자연재해, 의료 위기 때문에 중보기도 없이는 주저앉을 수밖에 없다고 말한다. 리더로서 그녀가 도무지 감당할 수 없는 상황이 끊이지 않기 때문이다. "중보기도는 우리가 이 짐을 지실 수 있는 유일한 분의 어깨를 의지할 수 있게 한다."

케인의 중보기도 모델은 동심원 구조를 택한다. 우선 가장 가까운 사람들을 위한 기도부터 시작한다. "남편과 딸에게 필요한 것을 항상 주님께 아뢴다." 그녀는 중보기도가 다른 사람을 대신해서 "전쟁터에 나가는 것"이라고 비유한다. 그렇게 늘 가족과 친구들과 팀원들을 위해서 기도로 전쟁터에 나간다. "그리고 나서 내 사역으로 범위를 확장한다. 우리가 사역하며 기도하고 있는 문제들의 목록을 작성한다. 세계 여러 지역 지부들의 문제들을 놓고 기도한다. 그다음에는 그 지부들의 사역자 개개인들이 갖고 있는 문제, 그 가족들에게 필요한 것, 그들의 건강 문제를 놓고 기도한다."

케인은 기도하면서 머릿속으로 불가리아, 남아프리카공화국, 멕시코, 우크라이나를 비롯해서 A21이 사역하는 세계 여러 지역을 여행한다. 그러면서 그곳의 팀들에게 필요한 것을 공급해 달라고 하나님께 간구한다.

"한번 해 봐"

크리스틴 케인과 성경 속 기도하는 리더들에게 감명을 받은 나(라이언)는 내가 이끄는 사람들을 위해 적극적으로 기도하는 여정을 시작했다. 먼저, 그들을 위해 구체적으로 무엇을 구해야 할지 하나님께 여쭈면서 시작한다. 하나님 음성에 조용히 귀 기울인다. 그러면 하나님은 내 중보기도 대상인 동료에게 말해 줄 특정한 단어나 이미지나 어구가 생각나게 해 주신다. 내가 알고 이끄는 사람들을 위해 어떻게 기도해야 할지 하나님께 여쭈면, 때로 아름답고 기적적인 결과가 나타나기도 한다.

최근 내가 수년간 멘토링하고 있는 리더를 위해 기도하던 중, 그에게 "한번 해 봐"라는 간단한 문자 메시지를 보내야 한다는 생각이 강하게 들었다. 나는 용기를 내서 그에게 문자를 보내, 당신이 한번 해 보는 것이 하나님 뜻이라는 느낌을 받았다고 말했다. 그런데 그는 그 문자를 받고 내게 전화를 걸어왔다. 마침 그는 자신의 삶과 가족에게 큰 영향을 미칠 중차대한 결정을 놓고 하나님께 기도하던 중이었다. 그날 아침 그는 하나님께 표적을 구했고, 한 시간도 채 되지 않아서 갑자기 "한번 해 봐"라는 문자 메시지를 받았다. 그는 뜬금없는 문자 메시지를 통해 찾아온 하나님의 개인적인 사랑에 기뻐했다.

내가 경험해 보니, 하나님 음성 듣는 법을 배우려고 할 때, 중보기도보다 더 좋은 방법은 없다. 중보기도를 할 때는 개인적인 감정이 덜 개입되기 때문에 마음을 가라앉혀 그들을 위한 하나님 음성을 알아듣기가 더 쉽다.

안타깝게도 우리는 기도가 오용되는 사례를 경험해 본 적이 있다. 어떤 리더는 직원들을 자기 뜻대로 통제하기 위한 수단으로서 "하나님이 기도 중에 내게 …라고 말씀하셨네"라고 주장한다. 나는 이런 경우를 원천 차단하고자 하나님이 그를 격려하거나 힘을 주시는 말씀을 듣게 하실 때만 그 말씀을 그에게 전한다. 혹은 하나님이 그 사람에게 직접 주신 말씀을 확인해 주기만 한다. 리더로서 지시를 내릴 때, 혹은 프로젝트를 변경하거나 자리 이동이 있을 때는 "하나님이 내게 …라고 말씀하셨다"라는 표현을 절대 사용하지 않는다.

조직도를 보며 기도하기

우리가 이끄는 사람들을 위해 시작한 기도 방법은 조직도를 보면서 각 개인을 위해 구체적으로 기도하는 것이었다. 그들 중에는 우리가 잘 아는 이들도 있고, 우리가 직접 대면하는 경우가 별로 없는 이들도 있다. 하지만 그에 상관없이 우리는 조직 내의 모든 사람을 위해 기도하기로 했다.

모든 구성원을 위해 개인적으로 기도하려면 관심과 신뢰가 있어야 한다. 우리가 이끄는 사람들과의 관계가 깊어질수록 더 구체적인 기도로 그들을 지원할 수 있다. 혹시 기도할 대상에 대해 전혀 모른다면 그들과 더 많은 시간을 보내며 그들의 기쁨과 문제에 귀를 기울일 좋은 기회라고 생각하라.

우리는 리더에게 기도가 중요함을 점점 더 깊이 이해하면서 우리의 중보기도가 그저 사랑과 관심의 몸짓에 불과한 것이 아님을 깨달았다. 우리가 이끄는 사람들을 위해서 기도하는 것은 곧 예수님의 본을 따르는 것이다.

제자들을 위해 기도하신 예수님

제자들은 예수님의 십자가 죽음을 목전에 두고서도 그분의 리더십 모델이나 사명을 전혀 이해하지 못하고 있었다. 예수님은 그분의 나라가 세상의 그 어떤 나라와도 다르다는 점을 수만 가지 방법으로 보여 주셨건만, 야고보와 요한은 여전히 높은 자리를 차지하고 싶어 했다. 그들은 예수님의 우편과 좌편에 앉아 그 나라의 실세가 되고 싶었다. 힘과 지위는 늘 우리 인간들을 유혹해 왔다. 다른 제자들은 야고보와 요한의 뻔뻔함에 격노했고, 예수님은 말씀하셨다. "이방인의 집권자들이 그들을 임의로 주관하고 그 고관들이 그들에게 권세를 부리는 줄을 너희가 알거니와 너희 중에는 그렇지 않아야 하나니 너희 중에 누구든지 크고자 하는 자는 너희를 섬기는 자가 되고 너희 중에 누구든지 으뜸이 되고자 하는 자는 너희의 종이 되어야 하리라 인자가 온 것은 섬김을 받으려 함이 아니라 도리어 섬기려 하고 자기 목숨을 많은 사람의 대속물로 주려 함이니라"(마 20:25-28).

예수님이 제자들의 발을 씻겨 주신 사건은 너무도 유명하다. 하지만 그분은 거기서 멈추지 않으셨다. 예수님은 계속해서 제자들을 위해 기도하셨다. 사실, 성경에 기록된 예수님의 가장 긴 기도인 요한복음 17장은 제자들의 보호와 성화와 연합에 초점을 맞추고 있다.

요한복음 17장 이전을 보면, 우리는 이 발 씻기와 기도 이면에 무엇이 있는지를 이해할 수 있다. 사실 그것은 예수님의 모든 사역 이면에 있는 것이기도 하다. 그것은 바로 사랑이다. 요한복음 13장 1절은 이렇게 말한다. "예수께서 자기가 세상을 떠나 아버지께로 돌아가실 때가 이른 줄 아시고 세상에 있는 자기 사람들을 사랑하시되 끝까지 사랑하시니라."

성경에 예수님의 기도가 많이 기록되어 있지는 않지만, 성경에 나타난 예수님의 기도 생활로 볼 때 예수님이 제자 전체를 위해서뿐만 아니라 제자들 개인을 위해서도 자주 기도하셨다고 추측할 수 있다. 누가복음 22장 31-32절에 한 가지 사례가 있다. 그 구절에서 예수님은 특별히 베드로를 위해 기도하신다. "사탄이 너희를 밀 까부르듯 하려고 요구하였으나 그러나 내가 너를 위하여 네 믿음이 떨어지지 않기를 기도하였노니…."

강요하지 않고 제안하다

앙드레 만(André Mann)은 기도의 본을 보여 준 어머니 밑에서 자랐다. "어머니는 모든 사람과 모든 것을 위해 기도하셨다." 만은 그렇게 회상했다.[5] 어머니가 보여 준 열정적인 기도의 본은 그들이 살았던 멕시코 마을에도 강한 영향을 미쳤다. 거기서 어머니는 "산타 윌마"(성(聖) 윌마)로 불린다.

만이 처음 기적적인 기도 응답을 받은 것은 32살에 우즈베키스탄에서 살던 때였다. 하루는 가족들과 함께 사경을 헤매는 어떤 할머니의 집을 방문했다. 그때 만은 자신이 알고 있는 몇 안 되는 타지크족 단어를 다 동원해서 그 할머니의 치유를 위해 기도했다. 그날 밤 집에 돌아온 그는 하나님이 기도를 들어주시지 않을지 모른다고 걱정했다. '괜히 나선 거 아닌지 몰라.' 그런 생각을 하며 잠이 들었다.

이튿날 만은 동네를 거닐다가 어젯밤 자신이 기도해 주었던 할머니의 집을 찾아갔다. 할머니는 기운을 되찾은 것처럼 보였고 그가 예수님의 이름으로 기도해 준 덕분에 나은 것이라고 말했다. 만은 기분 좋은 충격을 받았고, 그때부터 마을 사람들이 기도해 달라고, 예수님에 관해서 알려 달라고 그의 집을 찾아오기 시작했다. 앙드레 만과 그의 가족은 "기도하는 사람들"로 알려지게 되었다.

만은 그 할머니가 기적적으로 치유된 것이 자신이나 자신의 기도 때문이 아니라 하나님의 능력 덕분이라고 믿었다. 그는 하나님이 지역 주민들을 예수님께로 인도하시기 위해 그 할머니를 치유하기로 선택하셨음을 깨달았다.

수년이 흐른 뒤 만의 가족은 아프가니스탄에서 살고 있었다. 거기서 그들은 병원에 입원해 있는 민병대 일원의 아들을 방문했다. 소년은 뇌에 물이 많이 찼는데, 만의 가족은 그 아이가 수술받기 전에 기도해 주었다. 한 달 뒤, 소년의 아버지가 만을 찾아와 그의 기도 덕분에 아들이 나았다고 말했다.

만은 자신의 기도 때문이 아니라 수술이 잘된 덕분이라며 손사래를 쳤다. 하지만 소년의 아버지는 신자가 아니면서도 만의 말에 즉시 반박했다. "아니에요. 당신이 예수님의 이름으로 기도해 준 덕분이에요. 예수님의 이름으로 기도하는 사람은 한 번도 본 적이 없어요." 그는 그리스도를 더 알고 싶다고 말했다. 만의 가족은 그와 더 깊은 대화를 나누기 위해 그를 집으로 초대했다.

그 대화는 45일간의 제자 훈련으로 발전했다. 15일간의 성경 읽기와 대화 후에 그 남자는 예수님을 영접했다. 하지만 더 양육받기 위해 만의 집에서 30일간 더 머문 뒤에야 그는 자기 집으로 돌아갔다. "하나님의 크신 역사를 경험하고 싶다면 일상이 크게 불편해지는 것까지도 감수해야 한다." 앙드레 만이 했던 말이다.

만이 여러 기업에서 일하면서 그의 기도 생활은 달라졌다. 그는 피앤지(Proctor & Gamble)를 비롯한 다양한 글로벌 기업에서 리더의 역할을 맡았다. 그때 그는 자신이 선교사로 사역할 때 중보기도했던 것처럼 자신과 함께 일하는 사람들을 위해서도 기도해야 한다고 믿었다. 그는 하나님의 지시를 기다렸다가 동료들이 기도에 마음을 열었다는 판단이 서면, 그들에게 다가갔다. 그들은 그가 기도하는 모습에 주목했고, 많은 사람이 그와 함께 기도하고 싶다고 말했다.

현재 앙드레 만은 다양한 리더의 역할을 맡고 있으며 모든 상황에서 자기 팀들을 위해 기도하고 있다. 그는 기도를 받으라고 누구에게도 강요하지 않지만, 단체로 모인 상황에서는 적극적으로 기도하자고 권한다. "사람들이 복음에는 마음을 열지 않아도 기도를 받는 것에는 마음을 열 가능성이 높다."

만은 기도가 직원들의 마음속에 큰 평안을 주는 것을 보았다. 그는 그 할머니와 소년을 치유해 주신 하나님이 지금도 여전히 기적적으로 기도에 응답하고 계심을 두 눈으로 확인하고 있다.

이로 말미암아 주 예수 안에서 너희 믿음과 모든 성도를 향한 사랑을 나도 듣고 내가 기도할 때에 기억하며 너희로 말미암아 감사하기를 그치지 아니하고 우리 주 예수 그리스도의 하나님, 영광의 아버지께서 지혜와 계시의 영을 너희에게 주사 하나님을 알게 하시고 너희 마음의 눈을 밝히사 그의 부르심의 소망이 무엇이며 성도 안에서 그 기업의 영광의 풍성함이 무엇이며 그의 힘의 위력으로 역사하심을 따라 믿는 우리에게 베푸신 능력의 지극히 크심이 어떠한 것을 너희로 알게 하시기를 구하노라

— 에베소서 1장 15-19절

이러므로 내가 하늘과 땅에 있는 각 족속에게 이름을 주신 아버지 앞에 무릎을 꿇고 비노니 그의 영광의 풍성함을 따라 그의 성령으로 말미암아 너희 속사람을 능력으로 강건하게 하시오며 믿음으로 말미암아 그리스도께서 너희 마음에 계시게 하시옵고 너희가 사랑 가운데서 뿌리가 박히고 터가 굳어져서 능히 모든 성도와 함께 지식에 넘치는 그리스도의 사랑을 알고 그 너비와 길이와 높이와 깊이가 어떠함을 깨달아 하나님의 모든 충만하신 것으로 너희에게 충만하게 하시기를 구하노라 우리 가운데서 역사하시는 능력대로 우리가 구하거나 생각하는 모든 것에 더 넘치도록 능히 하실 이에게 교회 안에서와 그리스도 예수 안에서 영광이 대대로 영원무궁하기를 원하노라 아멘

— 에베소서 3장 14-21절

· 기도 가이드: 구성원을 위해 중보기도하는 법 ·

당신이 이끄는 사람들을 위해서 더 제대로 기도하고 싶다면 직원 명단이나 조직도를 인쇄해 놓고 보면서 기도해 보라. 동료들을 위한 집중적인 기도 시간을 따로 떼어 일정표에 기록하라.

1. 구성원들의 자녀를 위해 기도하라.

내(라이언)가 시작한 좋은 기도 습관은 직원들뿐 아니라 그들 자녀의 이름을 일일이 불러 가며 매일 기도하는 것이다. 이런 기도가 직원들에게 말할 수 없이 큰 격려가 된다는 사실을 알았다. 한 리더는 내게 말했다. "내게 잘해 주시는 것도 감사하지만 우리 아이들을 위해 해 주신 기도는 평생 잊지 못할 겁니다." 팀원들의 자녀를 위해 기도하는 것만큼 그들에게 진정한 관심을 보여 줄 수 있는 더 좋은 방법은 없다.

2. 구성원들에게 축복 기도를 해 주라.

리더가 구성원을 위해 할 수 있는 첫 번째 일상적인 기도는 축복 기도다. 그들의 삶, 가족, 하나님과의 관계를 축복하라. 두 번째 일상적인 기도는 그들의 영적 성장을 위한 기도다. 그들이 영적으로 성장하고 예수님과 깊은 관계를 맺도록 기도하라.

3. 구성원들을 위해 기도하면서 공감을 표현하라.

바울은 기도하는 리더인 에바브라에 관해서 "그가 항상 너희를 위하여 애써 기도하여"라고 말했다(골 4:12). 여기서 "애써"라는 단어는 괴로워한다는 뜻이다. 기도하려면 결심과 시간과 의지가 필요할 뿐 아니라 공감하는 마음도 필요하다. 다시 말해, 우리가 이끄는 사람들의 고통을 함께 느껴야 한다.

4. 구성원들을 위해서 성경으로 기도하라.

당신이 구성원들을 위해 기도할 수 있는 강력한 방법은 성경으로 기도하는 것이다. 이 모험을 시작하고 싶다면 우선 에베소서 1장과 3장, 빌립보서 1장, 골로새서 1장으로 기도해 보라.

13.

리더의 사역을 뒷받침할
기도 팀을 만들라

또 나를 위하여 구할 것은….
_ 에베소서 6장 19절

"경비원들이 저를 알고 있었어요!" 샬롬은 처음 예수님을 믿었던 시절을 이야기하면서 환하게 웃었다.

십 대 시절에 예수님을 영접한 샬롬은 교회에서 일주일에 서너 번씩 철야 기도를 하고 있었다. 그는 성경책과 무릎 꿇고 앉을 작은 깔개를 가지고 교회에 갔는데, 때로는 친구 한두 명이 동행하기도 했다. "하나님께 우리를 그분의 도구로 사용해 달라고 기도했다." 그렇게 하루가 멀다 하고 찾아와 기도를 하니 교회 경비들이 이 기도하는 십 대들과 친해지지 않을 수 없었다.

하나님이 "땅끝까지"(행 1:8) 복음을 전할 증인으로 부르셨을 때, 샬롬은 그때까지 자기 나라인 에티오피아의 수도에 가는 길도 몰랐다. "집에서 50킬로미터 밖에 나가 본 적도 없었다." 샬롬은 그렇게 회상했다.

2장에서 말했듯이 샬롬은 수천 명을 전도한 강력한 기독교 사역 단체를 설립했다. 이 운동의 기초를 바로 그의 십 대 시절 기도 팀이 놓은 것이다.

오랜 시간이 지난 지금, 샬롬이 시작한 단체에는 중보기도자 2천 명, 기도 기지 30개, 유급 기도 코디네이터 10명이 있다. 그의 사역을 필요로 하는 곳이 늘어나면서 그는 기도로 사역을 지원해 줄 사람들을 공식적으로 모집했다. 그의 개인적인 기도 팀은 매일 아침 8시 30분에 모여 40분간 기도한다. 매주 수요일에 금식하며 기도하고, 1년에 네 차례 사흘간 금식하며 기도하고, 1년에 두 번씩 6일간 금식하며 기도한다. "우리는 불가능한 일이 가능해질 때까지 기도한다."

어떤 교회의 담임목사가 에티오피아에서도 복음에 적대적인 지역에서 복음 전도 훈련을 진행하고 있었다. 그때 성난 폭도가 그들이 모인 집을 둘러싸고 닫힌 문을 흔들며 리더와 훈련생들에게 나오라고 소리 질렀다. 이 리더는 얼마나 위험한 상황인지를 알고 있었다. 전에 비슷한 상황에서 부상을 입거나 심지어 목숨을 잃은 사람도 있었기 때문이다. 그때 그가 처음 전화를 건 곳은 경찰서가 아니었다. 경찰들은 이미 그곳에 와 있었다. 경찰들도 폭도와 한 패거리였다. 이 리더는 샬롬의 사역 단체에 속한 수석 기도 코디네이터에게 전화를 걸었다. 코디네이터는 즉시 중보기도 팀을 소집했고, 1시간도 채 지나지 않아 기적처럼 군용 유개 차량 한 대가 나타나 폭도 사이를 뚫고 리더와 훈련생들을 구했다.

샬롬의 팀은 가장 전도하기 힘든 750만 명 부족을 전도한다는 "불가능한", 그래서 아무도 원치 않는 목표를 받아들였다. 선교 사역 조사 기관인 여호수아 프로젝트(Joshua Project)는 이 부족의 복음주의 그리스도인은 불과 0.2퍼센트밖에 되지 않는다고 추정한다. 하지만 부분적으로는, 샬롬과 그의 팀이 기도로 행하는 사역 덕분에 그곳에서 복음이 급속도로 전파되고 있다.

샬롬의 팀은 새로운 지역에서, 혹은 새로운 부족에게 사역을 행하기 전에 반드시 기도부터 한다. 그곳으로 들어갈 시간이 다가오면 그들은 밤새 기도할 팀을 소집한다. "이 미전도종족의 한복판에서 우리는 열흘간 기도했다." 샬롬은 그렇게 말한다. 그러고 나서 샬롬의 팀이 복음을 전하자 한꺼번에 수많은 사람이 제자가 되겠다고 하는 바람에 이동식 침례소를 설치해야 했다. 한때 '미전도' 지역이었던 이곳에 지금은 교회가 100개 이상 세워졌다.

10년이라는 기도 기간에는, 많은 일이 일어날 수 있다. 건강상 위기가 왔다 가기도 한다. 사랑하는 사람이 세상에 태어나기도 하고 세상을 떠나기도 한다. 어떤 날에는 더 큰 사명을 위해서 기도하지 못하고 그저 사망의 골짜기를 무사히 지나가게 해 달라고만 기도하기에 급급할 수 있다. 이것이 기도 팀이 중요한 이유다.

출애굽기에는 특별한 기도 이야기가 있다. 이 유명한 이야기는 이스라엘 군대와 아말렉 군대 사이의 치열한 전투 장면으로 시작된다. 모세는 산 위에서 두 팔을 하늘을 향해 들고 있다(출 17:8-13). 그런데 모세의 힘이 점점 빠지면서 팔이 내려가기 시작하자 전세는 아말렉 군대 쪽으로 기운다. 하지만 모세가 다시 팔을 들고 있는 동안에는 이스라엘 군대가 이긴다. 전투가 오래 지속되자 모세는 이 자세를 유지하기 힘들었다. 아론과 훌이 그의 팔을 붙들어 주어야 했다.

기도 팀은 바로 아론과 훌이 모세에게 한 것과 같은 일을 한다. 기도 팀은 리더가 기도와 섬김을 끝까지 감당하도록 뒷받침한다.

전 세계에 있는 우리 친구들은 기도 팀의 중요한 역할을 이렇게 언급했다.

- "나와 함께하는 중보기도 팀이 있다. 우리 교회의 한 친구는 항상 하나님이 기도 중에 주신 말씀에 발 빠르게 순종하여 열매를 맺는다."
- "내가 기도에 관해서 배운 것은 대부분 중보기도 팀과 함께 기도하면서 배운 것이다."
- "우리를 파송해 준 교회에는 항상 우리를 위해 중보기도해 주는 팀이 있다. 그들은 충성스러우며, 매달 우리에게 기도 제목을 달라고 요청한다."
- "나는 우리 팀원들에게 가서 이렇게 말했다. '우리는 담대한 기도를 드려야 합니다. 지금까지 우리는 수천 명에게 복음을 전했습니다. 하지만 이제 하나님께 수백만 명을 달라고 기도합시다.' 하나님은 실제로 그렇게 행하셨다."

공동체로의 초대

전 세계 교회들은 예수님이 공동 기도를 강조하셨다는 점을 알고 있다. 예수님은 공동 기도의 본을 보여 주셨고, 공동 기도를 지시하셨으며, 공동 기도 중에 함께하실 것이라 약속하셨다. 성경은 "두세 사람이" 기도하기 위해 "모인 곳에" 예수님이 계시며(마 18:20) "너희 중의 두 사람이 땅에서 합심하여 무엇이든지 구하면 하늘에 계신 내 아버지께서 그들을 위하여 이루게 하시리라"라고 말씀한다(마 18:19).

예수님은 자주 한적한 곳으로 사라져 기도하셨지만 이런 '개인' 기도 시간에도 다른 사람들과 함께하신 경우가 많았다. 예를 들어, 누가복음 9장 18절은 "예수께서 따로 기도하실 때에 제자들이 주와 함께 있더니"라고 기록한다. 예수님은 사적으로 기도하실 때도 제자들과 함께하셨다.

또 다른 사례를 보면, 예수님이 개인적으로 기도하실 때 "제자 중 하나가 여짜오되 주여 요한이 자기 제자들에게 기도를 가르친 것과 같이 우리에게도 가르쳐 주옵소서"(눅 11:1)라고 말하자 예수님은 기도를 가르쳐 주셨다. 지금 우리에게 주기도문이 있는 것은 예수님이 제자들 옆에서 기도하셨기 때문이다.

작가이자 목사인 존 온우체콰(John Onwuchekwa)는 산상수훈에 나오는 대명사가 모두 단수형임을 지적한다("너는 세상의 소금이다", "너를 사랑하는 자들을 사랑하면", "네가 가난한 사람들에게 주면"). 단 하나 예외가 있는데, 기도에 관해 말씀하실 때다.[1] 그때 예수님은 복수형을 사용하신다. 기도에 관한 예수님 말씀은 "너희가 모두 기도할 때", "너희는 모두 이렇게 기도하라"로 번역할 수 있다(마 6:5, 9).

전 세계적으로 공동체 문화가 있는 곳에서는 기도 팀들이 성장하고 있다. 하지만 미국에서는 기도를 흔히 개인적인 습관으로 여긴다. 2017년 바나 그룹 조사에서는 지난 3개월 사이에 기도한 적이 있는 미국 성인 중 94퍼센트가 주로 혼자서 기도했다는 결과가 나왔다.[2] 우연의 일치인지, 구글에 "기도"를 검색할 때 나오는 이미지의 94퍼센트는 사람이 홀로 기도하는 이미지다.[3]

서구의 그리스도인들은 대개 기도를 혼자서 하는 것으로 생각한다. 하지만 이는 예수님이 보여 주신 기도의 모습과 초대교회의 기도, 전 세계 리더들의 기도 방식을 역행하는 흐름이다. 이제 리더들이 골방에서 하던 기도를 공동 기도실로 가져가야 할 때가 아닐까?

사역자를 위한 기도 팀

"내가 기도 제목을 늦게 제출하면 80대 할머니들이 당장 전화를 하신다." 신시내티주 오하이오에서 활동하는 투자은행가인 피터 쿠바섹은 그렇게 말했다.[4]

쿠바섹은 15년 동안 매주 40명의 헌신적인 중보기도 팀에 자신이 당면하고 있는 난관들로 인한 기도 제목을 보내고 있다. 이 팀에는 꾸준하고 끈기 있는 80대 할머니들도 있다. "15년 동안 기도 제목을 보내지 않은 때는 2주밖에 되지 않는다." 그는 그 팀이 매주 기도해 줄 수 있도록 자신의 일정표도 공개한다.

쿠바섹은 힘 있는 사역 리더이며, 투자은행이 그가 사역하는 곳이다. 그는 총 수십억 달러 규모에 달하는 500건 이상의 인수 합병에 깊이 관여했다. 나날이 번창하는 사업 덕분에 그는 전 세계에서 하나님 나라를 확장하는 일에 막대한 헌금을 하고 있다.

중보기도 팀의 83세 할머니는 쿠바섹에게 예수님의 보혈을 의지해서 기도하는 법을 처음 가르쳐 주었다. "전투에 돌입할 때는 예수님의 보혈로 무장하는 기도가 필요해요." 할머니가 하신 말씀이다. 그래서 쿠바섹은 매일 압박이 극심한 하루가 시작되기 전에 예수님의 보혈과 하나님의 전신갑주로 무장하기 위한 기도를 드린다. 자신도 기도할 뿐 아니라 중보기도 팀에게 자신과 자신의 가족과 사업을 위해 기도해 달라고 부탁한다.

쿠바섹은 1990년에 사업 수익으로 하나님 나라를 확장하겠다는 결심으로 회사를 설립했다. 그가 신뢰하는 친구들이 그에게 말했다. "자네가 시작하려는 회사는 마귀에게 치명타를 가할 것이기 때문에 기도로 무장해야 해."

쿠바섹은 마귀와 싸우기 위해서는 충성스러운 기도 동역자 팀이 필요하다고 판단했다. 하지만 회사 차원에서는 어떻게 기도해야 할지 몰랐다. 그래서 그리스도인 사업가들에게 조언을 구했다. 그는 펜과 종이를 들고 물었다. "당신 회사의 기도 전략은 무엇입니까?" 하지만 딱히 적을 것이 없었다. "대부분은 기도 전략이 없었다. 그건 문제다!"

쿠바섹은 자신이 세우려는 조직에 맞게 기도 전략을 세우도록 도와줄 컨설턴트를 모았다. 그 결과, 12명의 비즈니스 및 사역 리더들이 모여서 하루 종일 기도하며 쿠바섹이 회사 운영에 기도를 전략적으로 접목할 방안을 고민했다. 그들은 함께 머리를 맞대고 고민한 끝에, 기도 코디네이터 한 명과 중보기도자 일곱 명을 고용하기로 했다. "우리 회사에서는 여러 층에서 기도가 이루어지고 있다. 여러 명이 함께 기도해 주는 것은 실로 놀라운 경험이다." 쿠바섹은 자원봉사 중보기도자들, 유급 중보기도자들, 기도하는 팀원들, 개인적인 기도자들을 언급하며 그렇게 말했다.

쿠바섹은 회의 전에 참가자들과 함께, 심지어 믿지 않는 이들과도 함께 기도하곤 한다. 그는 가끔 회의를 중단하고 "하나님, 우리가 지금 여기에서 무엇을 해야 합니까?"라고 묻는 것으로 유명하다. 그의 사업 팀은 자주 모여 기도한다. 팀으로서 그들은 "서로 감사할 거리를 이야기하고 귀를 기울인다."

쿠바섹이 기도를 열심히 한다고 해서 그의 사업이 항상 원활하게 성공한다는 뜻은 아니다. 2012년 그는 피부암 진단을 받았다. 그가 수술 후 회복되는 와중에 한 동료가 몇 달 치 회사 임대료를 횡령했다는 사실이 밝혀졌다. 결국 그의 회사는 그 건물에서 쫓겨났다. 미국 증권거래위원회는 그의 동업자가 저지른 비리와 관련해서 그를 소환했고, 결국 그 동업자는 기소되었다. "여섯 가지 혹은 여덟 가지 일이 동시에 벌어졌고, 모두 큰일이었다. 모든 것이 엉망이었다." 그는 힘들었던 그 시기를 그렇게 회상했다.

쿠바섹이 기도 팀에 문제를 투명하게 밝히고 하나님께 기도로 의지하자 하나님이 보이지 않는 곳에서 역사하기 시작하셨다. "다섯 가지 계약을 성사시키지 못했다면 우리 회사는 파산했을 것이다. 4분기에 그 다섯 가지 계약이 성사되면서 전에 없이 많은 수익을 냈다. 하나님이 충분하게 공급해 주셨다." 쿠바섹 주변의 사람들, 특히 믿지 않는 사람들은 하나님이 그의 회사를 파멸에서 기적적으로 구해 주신 일에 놀라움을 금치 못했다.

쿠바섹은 자신의 안위를 위해 돈을 벌게 해 달라고 기도하지 않고, 다른 이들에게 나눌 기회를 얻기 위해 기도한다. 그는 세속적인 환경에서도 기도 팀을 운용하고, 기도의 삶을 살며 기도의 본을 보여 주고 있다. 하지만 리더십을 지원하는 그의 중보기도 팀이 기도 팀의 유일한 모델은 아니다.

기도 팀인 동시에 사역 팀

주다 무니는 파라과이 아순시온에서 그리스도 중심의 금융 서비스 및 교육을 제공하는 비영리단체인 디아코니아(Diaconía)를 이끌고 있다. 이 단체는 자본과 기본적인 경제 훈련에서 소외되는 파라과이 여성들을 주로 섬긴다. 파라과이 인구의 약 4분의 1이 빈곤에 처해 있기 때문에 이 사역이 절실히 필요하다.

"자신이 할 수 있는 일의 범주에서 벗어나게 되면, 하나님이 시키신 일을 하기 위해 무엇보다도 하나님 그분이 필요하다는 점을 이해하게 된다." 무니는 그렇게 말했다. 그는 자신의 부족함을 겸손히 인정한 덕분에 기도의 사람으로 성장하고 있다. "질병과 가난 속에서 허덕이는 사람들을 만나면 내가 이런 문제를 해결할 수 없음을 절감한다. 하지만 하나님은 답을 갖고 계신다. 하나님은 언제나 인간의 문제에 대해 답을 갖고 계신다." 기도 가운데 그는 이렇게 고백했다. "하나님, 저는 이 일을 할 수 없습니다. 하나님이 해 주시겠습니까?"

무니는 하나님이 기도에 응답해 주시려고 일하실 때 그 일에 자신도 참여시켜 달라고 기도하고 있다고 말한다. "나는 계속해서 이렇게 묻는다. 어떻게 하면 제가 회복을 위한 하나님의 계획에 참여할 수 있습니까? 하나님께서는 지금 여기서 무슨 역사를 펼치고 계십니까? 어떻게 하면 제가 이 상황에서 하나님의 계획과 일치된 방향으로 갈 수 있습니까?"

이 방향으로 가기 위해 무니는 자신의 팀을 기도에 참여시키려고 한다. 디아코니아의 사역자들 대부분은 이미 개인적으로 기도를 열심히 하고 있었다. 한 사역자는 알람시계를 맞춰 놓고 15분마다 하던 일을 멈추고 그 순간 성령의 역사에 집중한다. 그것이 습관으로 완전히 굳어져서 더이상 알람이 필요 없어질 때까지 그렇게 했다. 2018년 디아코니아의 리더 팀은 기도를 조직의 핵심 가치로 공식화했다. "인생들을 변화시키는 분은 하나님이시기 때문에 우리는 기도한다."

"하나님이 역사하시며, 그분은 선하시다. 우리가 기도하는 것은 하나님이 항상 사람들을 회복시키고 기도에 응답하신다고 믿기 때문이다." 무니는 그렇게 말한다.

디아코니아의 사역자 전체는 사역 문제와 개인 문제를 놓고 합심하여 기도하는 시간을 가진다. 매일 아침 15분간 모임에는 그날에 필요한 것을 위해 기도하는 시간이 포함된다. 일주일에 한 번씩 모여 장시간 기도하며 동료, 고객, 예산, 훈련 계획, 전략적 결정과 관련된 문제를 하나님께 올려 드린다. 그들은 하나님 자신이 디아코니아와 고객들과 사역자들의 문제에 대한 답이라고 진심으로 믿기 때문에 모든 것을 하나님 앞으로 가져간다. 매달 그들은 함께 모여 하나님께 찬양과 경배를 드리고, 그분의 역사를 간증하며 그분의 신실하심을 다시 기억한다. 또한 주기적으로 검토해서 과거의 기도 응답을 돌아보며 하나님의 공급하심을 찬양한다. 그렇게 하면 어떤 난관도 끝까지 기도로 이겨 낼 힘을 얻는다.

"우리가 기도로 모임을 시작하는 것은 형식적으로 하는 일이 아니다. 팀으로서 우리는 인생들을 변화시키는 분이 어디까지나 하나님이심을 이

해하고 있다." 무니가 한 말이다.[5]

팀 기도에 대한 세 가지 접근법

우리는 기도하는 리더들과 대화한 결과, 세 가지 유형의 기도 그룹이 있음을 알았다. 서로 기능이 겹칠 때도 있지만, 이 세 그룹은 개인적인 팀, 조직 중심의 팀, 외부 지향적인 팀이다.

개인적인 팀은 대개 규모가 작으며, 특별히 리더와 그의 가족, 그의 일을 위해서 기도하려고 모인다. 피터 쿠바섹의 중보기도 팀이 그 예다.

조직 중심의 팀은 대개 규모가 크며, 조직 내 사역자들이 함께 참여한다. 주로 그 조직의 팀과 열매와 재정을 위해서 집중적으로 기도한다. 디아코니아의 사역자들은 조직 중심의 기도 팀을 이루고 있다.

외부 지향적 팀은 사역 단체가 사역 대상을 위해 함께 기도하자고 소집한 팀이다. 에티오피아의 특정 미전도종족을 전도하기 전에 10년간 기도했던 샬롬의 팀이 그런 경우다.

초대교회의 기도

사도행전의 거의 모든 페이지마다 기도 그룹이 있다. 제자들은 기도에 전념했다(행 2장). 과부들에게 음식을 분배하는 일에 더 많은 인력이 필요해지자 제자들은 하던 일을 멈추고 기도하고 분별하는 시간을 가졌다(행 6장). 베드로가 감옥에 갇혔을 때 교인들은 '모여서' 기도했다(12장). 다 나열하자면 끝이 없다.[6]

바울의 13개 서신서 중 '절반 이상'에 이 세 가지 범주의 기도 요청이 있다. 즉 바울은 자기 자신, 자신의 사역, 자신이 목회하는 이들을 위해 기도를 요청했다. 그는 사람들에게 기도를 요청하기 위해 그들이 영적으로 성숙해질 때까지 기다리지 않았다. 그는 '모두'가 기도하기를 원했다. 그래서 누구에게나 서슴없이 중보기도를 부탁했다.

바울의 기도 제목은 다음과 같다.

- 담대함을 위해: "또 나를 위하여 구할 것은 내게 말씀을 주사 나로 입을 열어 복음의 비밀을 담대히 알리게 하옵소서 할 것이니"(엡 6:19)
- 복음 전파를 위해: "형제들아 너희는 우리를 위하여 기도하기를 주의 말씀이 너희 가운데서와 같이 퍼져 나가 영광스럽게 되고"(살후 3:1)
- 안전과 은혜를 위해: "너희를 권하노니 너희 기도에 나와 힘을 같이 하여 나를 위하여 하나님께 빌어 나로 유대에서 순종하지 아니하는 자들로부터 건짐을 받게 하고 또 예루살렘에 대하여 내가 섬기는 일을 성도들이 받을 만하게 하고"(롬 15:30-31)
- 메시지를 분명히 선포하도록: "또한 우리를 위하여 기도하되 하나님이 전도할 문을 우리에게 열어 주사 그리스도의 비밀을 말하게 하시기를 구하라 내가 이 일 때문에 매임을 당하였노라 그리하면 내가 마땅히 할 말로써 이 비밀을 나타내리라"(골 4:3-4)
- 기도로 서로를 돕도록: "여러 성도를 위하여 구하라"(엡 6:18)
- 일반적인 기도 요청: "형제들아 우리를 위하여 기도하라"(살전 5:25)

기도 팀이라는 선물

2016년 아프리카 전략적 지도자 기도 네트워크(African Strategic Leaders Prayer Network)라는 그룹이 감사하게도 나(캐머런)를 위해 기도하고 싶다며 만남을 제안했다. 그들은 일주일에 한 번씩 만나자고 제안했다. 늘 바쁘고, 일 중심적이고, 성격이 급하고 경쟁적인 나는 그렇게 자주 모여 기도하는 것이 부담스러웠다. 솔직히 처음 시작할 때는 휴대폰을 들고 이메일을 처리하면서 그들의 기도에 가끔 "네"나 "아멘"으로 건성건성 대답했을 뿐이다.

하지만 시간이 지나면서 이 팀이 내게 얼마나 아름다운 선물을 주고 있는지를 알게 되었다. 그들은 매주의 기도를 몇 달간 성실하게 한 뒤에 이렇게 선포했다. "좋습니다. 당신 위에 기도의 덮개를 덮었으니 이제 한 달에 한 번만 함께 기도해도 되겠습니다." 지금까지도 나는 매달 첫 번째 화요일에 화상 통화로 내 귀한 친구들인 케지아, 아비, 엠마누엘, 그레이스의 기도를 들으면서 동네를 산책한다. 그들은 5분간 나의 새로운 기도 제목을 듣고 열심히 기록한다. 그런 다음, 아비의 인도로 찬양을 두 곡 정도 부른 뒤에 팀원들이 돌아가면서 기도 제목마다 10분씩 기도한다. 2주 정도 지나면, 나는 다시 새로운 기도 제목을 정리해서 그들에게 보낸다.

내 개인적인 기도 팀은 내 기도 생활에 그야말로 혁명을 일으켰고, 하나님은 지금도 계속해서 이 위대한 기도의 사람들에게 응답하여 기적적으로 문을 열어 주신다. 그들의 기도 언어는 내 기도 언어가 되었다. 그들의 기도 생활은 나의 기도 생활이 되어 가고, 이 기도 팀이라는 선물은 계속해서 나와 함께 많은 사람들에게 복을 더해 주고 있다.

저의 생명을 주님께 바치니

주님 받으소서.

저의 순간들과 나날을 받으사

영원한 찬양 속에서 흐르게 하소서.

영원한 찬양 속에서 흐르게 하소서.

저의 손을 받으사

주님의 사랑으로 움직이게 하소서.

저의 발을 받으사

주님을 위해 재빠르고 아름답게 하소서.

주님을 위해 재빠르고 아름답게 하소서.

저의 목소리를 받으사

항상, 오직, 저의 왕을 위해서

노래하게 하소서.

저의 입술을 받으사

주님이 주시는 메시지로 가득 차게 하소서.

주님이 주시는 메시지로 가득 차게 하소서.

단 한 푼도 빼지 않고 드리니

저의 은과 금을 받으소서.

저의 지성을 받으사

주님이 원하시는 대로 모든 힘을 사용하소서.

주님이 원하시는 대로 모든 힘을 사용하소서.

저의 의지를 받으사 주님의 것으로 삼으소서.

그것은 더 이상 저의 것이 아닙니다.

저의 마음을 받으사 주님의 것으로 삼으소서.

그것이 주님의 보좌가 되게 하소서.

그것이 주님의 보좌가 되게 하소서.

저의 사랑을 받으소서.

저의 주님,

제 사랑의 보배를 주님의 발에 붓습니다.

제 자신을 받으사

영원히 주님만을 위해 살게 하소서.

영원히 주님만을 위해 살게 하소서.

— 프랜시스 R. 하버갈

· 기도 가이드: 기도 팀을 만드는 단계 ·

기도 팀에는 크게 두 가지 유형이 있다.

1. 작은 기도 팀: 몇몇 선택된 사람들이 서로를 위해 기도하는 소그룹이다. 예를 들어, 예수님은 십자가를 지시기 전에 가장 가까운 제자들인 베드로, 야고보, 요한에게 함께 기도할 것을 부탁하셨다(마 26:37-38).

2. 큰 기도 팀: 당신을 위해 기도하라고 하나님이 부르셨다고 생각하는 중보기도자들의 모임이다. 예를 들어, 사도 바울은 편지를 보내면서 그 교회 교인들에게 자신을 위해 기도해 달라는 부탁을 자주 했다. 간청하기까지 했다(롬 15:30-32; 엡 6:18-20; 골 4:2-4; 살전 5:25; 살후 3:1-2).

작은 기도 팀을 세우기 위한 단계

1. 팀원을 선택하라.

당신을 위해 기도해 줄 수 있는 사람 3-5명을 택하라. 개인적인 기도를 부탁할 수 있는 사람들이어야 한다. 다음과 같은 사람들에게 기도 팀 참여를 부탁하라.

- 기도를 즐겨 하는 겸손하고 인격적인 사람들
- 당신이 함께 기도하고 싶고, 기도해 주고 싶은 사람들
- 숨은 동기나 목적이 없는 사람들
- 비밀을 지킬 줄 아는 사람들, 그래서 당신이 무조건 믿을 수 있는 사람들

2. 리듬을 정하라.

이 사람들에게 당신을 위해서, 당신과 함께 기도하기로 약속해 달라고 부탁하라.

- 처음에는 1년 동안 기도해 달라고 요청하라. 1년마다 약속을 갱신하라.
- 온라인으로, 혹은 직접 만나서 함께 기도할 시간을 정하라.

3. 열린 커뮤니케이션을 하라.

- 그들이 기도해 주었으면 하는 것을 말하라.
- 당신을 위해 기도할 때 참조할 책, 기도 카드, 성경 구절, 기도문을 그들에게 제공하라.
- 실시간으로 기도 제목을 나누되, 월 단위나 주 단위로 기도 제목을 정기적으로 나누라.
- 그들의 기도를 통해 하나님이 역사하고 계심을 보여 주기 위해, 당신이 사역을 잘 해내고 인정받은 일을 함께 나누고 축하하라. 이전에 요청한 기도들이 어떻게 응답되었는지 간증하라.

4. 그들에게 주기적으로 감사를 표현하라.

- 그들에게 작은 선물을 주거나 손으로 쓴 편지를 보내거나 식사를 대접하라.
- 그들의 기도가 큰 도움이 되고 있다고 감사 인사를 전하라.

큰 기도 팀을 세우기 위한 단계

단체 이메일이나 SNS의 비공개 그룹, 문자 메시지 등을 이용해서 많은 인원이 한 꺼번에 소통할 수 있는 큰 그룹이다.

누구를 중보기도자로 택할지 특별한 기준은 필요하지 않다. 당신을 위해 기도해 줄 마음이 있는 사람이라면 누구든 참여할 수 있다. 규모가 큰 그룹이기 때문에 개 인적인 문제보다는 사역이나 리더십에 대한 기도를 요청하게 될 것이다.

1. 전화를 걸라.

- 당신의 기도 팀에 들어와 달라고 많은 사람에게 요청하라.
- 그들에게 기대할 사항을 정하라(1년간 참여, 매주 혹은 매달 기도 요청 받기 등).

2. 열린 커뮤니케이션을 하라.

- 그들이 기도해 주었으면 하는 것을 말하라.
- 당신을 위해 기도할 때 참조할 책, 기도 카드, 성경 구절, 기도문을 그들에게 제 공하라.
- 실시간으로 기도 제목을 나누되, 월 단위나 주 단위로 기도 제목을 정기적으로 나누라.
- 그들의 기도를 통해 하나님이 역사하고 계심을 보여 주기 위해, 당신이 사역을 잘 해내고 인정받은 일을 함께 나누고 축하하라. 이전에 요청한 기도들이 어떻 게 응답되었는지 간증하라.

3. 그들에게 주기적으로 감사를 표현하라.

- 그들에게 작은 선물을 주거나 손으로 쓴 편지를 보내거나 식사를 대접하라.
- 그들의 기도가 큰 도움이 되고 있다고 감사 인사를 전하라.

14.

기도 사역에
재정과 인력을 투자하라

우리의 남은 삶과 사역의 열쇠는 기도에 투자하는 것이다.
_ W. A. 크리스왈드

　"우리는 매년 기도에 수십만 달러를 투자한다. 중요한 일이라면 당연히 예산의 한 항목에 올려야 마땅하다." 존 타이슨은 강한 호주 억양을 섞어서 그렇게 주장했다. 타이슨은 타임스스퀘어에서 살짝 벗어난 맨해튼 도심의 시티뉴욕교회를 목회하고 있다. 그 교회는 세계에서 가장 붐비는 도시의 가장 붐비는 교차로 위에 서 있다. 타임스스퀘어의 휘황찬란한 불빛 아래 수백만 명이 이리저리 뛰어다니는 곳에서 그는 일부러 교회 안에 수도회 비슷한 기도 공동체를 만들었다. 그 공동체 안에서 그와 사역자들과 교인들은 하나님 앞에 조용히 앉아 기도로 그분의 뜻을 구한다. 그의 비전은 뉴욕의 심장부에 기도의 구심점을 만드는 것이다.

하지만 그는 이 비전을 이루기 위해서는 재정적인 투자를 해야 한다는 사실을 잘 알고 있다. 매년 그는 교회 예산의 상당 부분을 기도 사역에 할당한다. 그는 기도하기 좋은 공간을 만들고, 전속 기도 코디네이터를 고용하고, 사역자들이 주중에 기도회에 유급으로 참석하게 하고, 다른 교회 목사들이 와서 기도에 관해 배우도록 후원하는 데 상당한 재원을 투입한다. 타이슨은 "내 집은 만민이 기도하는 집이라 칭함을 받으리라…"(막 11:17)라는 예수님의 말씀을 진지하게 받아들이고, 그 결심을 투자로 증명해 보이고 있다.

나(라이언)는 타이슨의 본보기에 깊은 감명을 받았고, 그와 이야기를 나눈 뒤에 우리가 운영하는 벤처의 예산으로 본다면 사실 우리는 전혀 기도를 중시하지 않고 있음을 깨달았다. 변화가 필요했다. 우리는 말로만 기도 사역을 우선순위로 삼는 것이 아니라 실제로 예산의 한 항목으로 삼기로 결정했다. 그 후로 우리는 복음이 거의 전파되지 않은 여러 나라에서 24시간 기도실과 기도 코디네이터, 기도회를 운영하는 데 적극적으로 투자했다.

우리가 동남아시아에서 24시간 기도실을 운영하기 시작하자 그곳에서 교회가 개척되는 속도가 두 배로 늘었다. 또한 그 나라 정부는 300년 만에 처음으로 가장 낮은 카스트 계급의 한 그룹에 땅을 분배했고, 우리 팀원은 그 나라 대통령을 직접 만나 한 시간 이상 복음을 전할 수 있었다. 이 모든 놀라운 역사는 24시간 기도실에서 시작되었다. (우리는 이 책의 독자를 위해 기도할 사람들도 모집했다.)

기도 투자에 대한 타이슨의 열정은 열정적인 기도 생활에서 비롯한
다. 그는 성경 읽기와 신앙 서적 읽기, 개인 기도, 중보기도에 매일 3시간
씩 투자한다. 매일 아침 그는 교제, 연결, 예배, 듣기, 성경, 묵상, 예수님
임재 안에서 기뻐하기에 집중한다. 하루 종일 그는 팀원들과 기도회를 열
고, 밤에는 중보기도에 전념한다.

타이슨은 "서구 문화가 부흥을 향해 나아가도록" 돕고 싶다고 말한
다. 역사를 공부해 보니, 먼저 기도 운동을 시작하지 않고서는 그런 부흥
이 절대 불가능함을 알았기 때문이다. 그는 역사상 가장 긴 기도회를 열었
던 1700년대 모라비안 선교 운동에서 영감을 얻었다.

백 년 기도회

교회사에서 중요한 기도 사역 투자는 백 년 기도회로 알려지게 된 기
도 운동이다.

부자 귀족이자 독실한 그리스도인이었던 니콜라우스 루트비히 폰 친
첸도르프는 1700년대 독일 작센주에서 시작된 이 운동의 핵심 리더였다.
당시 선교에 열정을 품었던 개신교도인 모라비안 교도들은 가톨릭교회의
핍박을 받고 있었다. 친첸도르프는 곤경에 빠진 그들을 보며 마음이 아팠
다. 그래서 그들을 위해 자신의 사유지에 은신처를 수백 개 마련해 주었
다. 그곳에 모인 모라비안 교도들은 주님이 보호하시는 곳이란 의미의 헤
른후트(Herrnhut) 선교 공동체가 되었다.

그 뒤에 친첸도르프는 왕궁에서의 지위를 버리고 이 공동체에 전념

했다. 이 공동체는 기도하는 공동체였다. 1727년 8월 13일, 이 공동체가 기도하는 중에 "특별한 은혜"가 그들 모두에게 임했다. 이 공동체가 남긴 많은 일기장에서는 이 순간을 "오순절"이라 불렀다.[1] 그날 그들은 24시간 내내 기도했다. "불은 끊임이 없이 제단 위에 피워 꺼지지 않게 할지니라" 라는 레위기 6장 13절에 따라 함께, 때로는 혼자서 종일 기도를 드렸다.

이 기도는 멈추지 않고 백 년 이상 지속되었다.

친첸도르프는 이 공동체와 기도 운동에 막대한 재산을 투자했다. 오늘날 선교학자들은 이 기도회가 오늘날까지 이어져 오고 있는 현대 선교 혁명을 촉발한 것으로 여긴다. 이 기도회는 '현대 선교의 아버지'로 여겨지는 윌리엄 캐리와 감리교회 창시자 존 웨슬리 같은 리더들에게 영향을 미쳤다. 친첸도르프의 투자는 그야말로 전 세계 기독교의 지형을 바꿔 놓았다.

기도 투자의 실제

샬롬은 20만 명 이상이 종일 모이는 기도회를 후원하면서 기도 사역에 막대한 예산을 투입한다. 이 20만 명은 무대나 프레젠테이션 없이, 그저 함께 무릎을 꿇고 하나님께 자신의 나라와 열국을 변화시켜 달라고 눈물로 기도한다. 기도 코디네이터와 자원자들, 기도회 전후 사역자들을 위한 식사, 마케팅까지 이만한 규모의 행사에는 막대한 자금이 들어간다. 하지만 샬롬은 그만한 가치가 있다고 말한다.

2021년, 서구의 후원자들이 샬롬에게 미전도 지역의 교회 개척 예산안을 보내 달라고 요청했다. 그런데 예산안을 받아 든 후원자들은 고개를 갸웃거렸다. 보통 예산안에는 구호 물품비, 교통비, 훈련비 등이 포함된다. 하지만 샬롬의 예산안에서는 '거의 절반'이 기도 코디네이터와 기도회에 관한 것이었다. 샬롬은 후원자들과의 줌 대화에서 이렇게 답변했다. "당연하죠. 미전도종족에게 초점을 맞추기를 원하셨잖아요. 많은 사람이 함께 기도하지 않고서는 그들을 전도할 수 없습니다." 그 즉시 후원자들은 예산안을 승인했다.

하나님께 드린 그 기도는 그 지역의 영적 흐름을 바꿔 놓았고, 그 후부터는 본격적으로 교회 개척과 훈련을 진행했다. 프로젝트가 본격적으로 시작되면 샬롬은 예산의 약 10퍼센트를 기도 사역에 할당한다. "하나님은 물리적인 영역에서 역사하시기 전에 항상 영적인 영역에서 먼저 역사하신다." 샬롬은 그렇게 말한다.

영리 추구 기업이 기도 사역에 투자하기

마틴 바이오닉스(Martin Bionics)의 창립자 제이 마틴은 절단 장애인에게 운동화처럼 꼭 맞는 인공 기관을 개발해서 그들의 삶이 더 편안해지고 삶의 질이 나아지게 했다. 마틴 바이오닉스의 혁신적인 기술은 미국 인공 기관 업계에 막대한 영향을 미쳤다. 그로 인해 마틴 바이오닉스는 가난한 나라에서 가난한 사람들을 섬길 기회를 얻었다.

그전에 나사(NASA)를 위해 우주항공과 군사 용도의 외골격 옷을 개발한 마틴은 어릴 때부터 삶의 모든 영역에서 하나님을 의지하는 것이 얼마나 중요한지를 알았다. 하지만 하나님을 끝까지 붙잡는 방법을 배운 것은 대학교 시절에 병을 앓으면서였다. 그는 기적적인 치유를 위해 간절히 기도했다. 처음에는 기도가 아무런 소용이 없는 것 같았다. 하지만 계속해서 하나님을 믿고 꾸준히 기도했다.

시간이 지나면서 마틴은 영적으로 도약하기 시작했다. 하나님의 음성을 듣기도 했다. 동료 신자들이 그의 삶에 대해 예언적인 말을 해 줄 때도 있었다. 이런 경험을 통해 그는 하나님의 능력을 더 분명하게 깨달았을 뿐 아니라 하나님을 더 깊이 알고 싶은 갈망이 점점 더 커졌다.

기도로 하나님을 붙든 지 2년쯤 지났을 때 마틴의 병은 기적적으로 완치되었다. 기적적인 치유를 경험하고 나니 하나님의 임재가 더 실질적으로 다가왔다. 이제 그는 삶의 다른 영역에서도 하나님의 뜻을 추구하고 그분의 임재를 경험하기 시작했다.

오랜 세월이 지나 마틴 바이오닉스가 성장한 후, 마틴은 사업에서도 기도의 효과가 나타날지 궁금했다. 그는 존 타이슨 목사에게 연락을 취했고, 타이슨 목사는 그에게 매클렐린 재단이 조직 안에서 어떻게 기도를 우선시하는지를 기술한 백서를 보여 주었다. 마틴도 회사에서 공식적으로 기도 사역을 행하기로 마음먹었다.

마틴은 자신이 알고 지내던 뛰어난 중보기도자인 샌드라를 회사의 파트타임 중보기도 책임자로 영입했다. 그는 그해에 회사의 전반적인 성공이 "그녀를 기도 책임자로 영입한 것과 직접적인 상관"이 있다고 주장한다.[2] 샌드라는 환자 스케줄과 중요한 사업상 결정에서 인사 문제까지 모든 것을 놓고 매일 정해진 시간에 기도했다. 하나님이 그녀를 통해 주신 특별한 인도하심을 토대로 마틴은 상식에 반해 보이는 사업상 결정들을 내렸고, 그 결과 마틴 바이오닉스는 큰 성과를 거두고 결국에는 훨씬 더 많은 사람에게 선한 영향을 끼칠 수 있었다.

샌드라가 마틴에게 사업적으로 판단하지 말고 하나님의 인도하심에 따라 결정을 내리고 어떤 상황에서도 그 결정을 끝까지 밀고 나가야 한다고 말한 적이 있다. 샌드라는 하나님이 그렇게 말씀하시는 것을 느꼈다고 했다. 그날 샌드라를 만나기 전에 마틴은 인공 기관 콘퍼런스 강연 약속을 취소한 상태였다. "사업적으로 별로 이익이 없었기" 때문이다. 마틴은 샌드라가 그 결정을 언급하는 것임을 깨달았다. 그래서 생각을 바꿔 그 콘퍼런스에서 강연을 했다.

그 콘퍼런스가 끝나고 한 남자가 마틴에게 다가왔다. 그는 마틴 바이오닉스가 아이티에서 협력했던 인공 기관 클리닉의 공동 설립자였다. 짧은 대화 후, 마틴은 그가 소유한 텍사스주 오스틴의 클리닉을 인수하기로 합의했다. 그 클리닉은 본사가 있는 오클라호마시티를 제외하고 마틴 바이오닉스가 국내에서 처음으로 운영하는 클리닉이었다. 마틴이 그 클리닉을 인수할 당시는 예상하지 못했지만, 그 클리닉에서 나온 매출은 그해 회사의 수익에 엄청난 보탬이 되었다. 샌드라가 기도로 분별력을 발휘하고 마틴이 하나님의 인도하심을 따르지 않았으면 이런 일은 일어나지 않았을 것이다.

마틴은 회사 내 공동 기도의 효과를 똑똑히 본 뒤에 중보기도 팀을 확충했다. 이제 많은 파트타임 기도 팀원들이 각자 근무일 기도 시간을 맡게 되었다. 나중에 마틴은 예언과 분별, 중보기도의 은사가 있는 사람들을 모아 영적 자문 위원회를 구성했다. 그들은 기도하면서 하나님이 회사 내에서 행하고자 하시는 일을 분별하여 마틴에게 조언을 하기도 했다.

얼마 뒤에 일부 투자자들이 회사의 기도 관행에 우려를 표시하자 마틴 바이오닉스는 그들의 지분을 인수하기로 했다. 마틴은 자사의 기도 문화가 하나님께 영광을 돌리고 있다고 확신했다. 하지만 회사를 계속 돌아가게 만들고 이 투자자들의 지분을 인수하기 위해서는 자금이 필요했다. 마틴은 기도로 하나님을 의지했다. 그리고 며칠 뒤 한 회사가 상당한 투자를 하겠다고 제안을 해 왔다. 그렇게 마틴 바이오닉스는 제때 필요한 자금을 확보할 수 있었다. 무엇보다도 이 일로 마틴은 하나님을 철저히 의지하는 것이 얼마나 중요한지를 깨달았다. 하나님을 깊이 의지해야 한다는 생각이 회사 전체에 더 깊이 뿌리내렸다.

마틴 바이오닉스는 기적적인 치유도 경험했다. 하루는 마틴 바이오닉스의 임원이 업무 회의 장소로 가던 중에 극심한 편두통이 생겼다. 그 임원은 머리가 깨질 듯이 아팠지만 근처 카페에서 열리는 업무 회의에 참석했다. 그는 그리스도인이 아니었지만 마틴은 그를 위해 기도하면서 카페에 들어가자마자 편두통이 사라질 것이라고 말했다. 그리고 실제로 그렇게 되었다. 그는 카페 문을 열자마자 편두통이 말끔히 사라져서 깜짝 놀랐다. 우스운 일은 그가 카페 문을 열고 나가면서 편두통이 다시 시작되었다는 것이다.

다른 직원과 환자들도 기도를 통해 치유된 경우가 많다. 만성 편두통이 사라지고, 어깨 부상이 말끔히 치유되고, 등의 통증이 사라지고, 환각지가 완화되는 일이 있었다. 물론 이런 치유의 기적이 놀랍기는 하지만 마틴의 눈에 이런 일은 하나님이 이 회사 안에서 하실 수 있는 일들의 "사다리의 첫 번째 가로대"일 뿐이다.

중보기도의 가시적인 효과를 경험한 마틴은 새로운 직원을 고용할 때 필요한 분별력 같은 영적 은사도 회사 운영에 접목할 방안을 고민하기 시작했다.

마틴 바이오닉스에서 일하는 직원들이 다 그리스도인이거나 영적 은사를 믿는 것은 아니었다. 그럼에도 마틴은 더 많은 직원이 하나님의 능력을 온전히 경험하기를 원하고 있다.

마틴은 그리스도인이라고 해서 모두 일터에서 하는 기도를 중시하거나 실천하는 것은 아님을 인정한다. 일터에서도 기도해야 하는 것인지 모르는 사람들도 있다. 바쁜 회사에서도 영적 훈련을 할 수 있다는 점을 알지만 어떻게 시작해야 할지 모르는 경우도 많다. 회사 설립 초창기에 마틴이 그랬던 것처럼 말이다. 하나님이 직장에서 행하실 수 있는 일의 전체 범위가 주중 성경 공부나 회사 벽에 걸린 성경 구절을 훨씬 넘어서는 것임을 깨닫지 못하는 이들도 있다.

이런 오해와 무지 속에서도 마틴은 비즈니스 세계의 모든 신자들이 회사 안에서 하나님이 행하실 수 있는 일을 다 깨닫기를 원한다. 하나님이 행하시는 일에 참여하고 협력하면 실로 "뜻이 하늘에서 이루어진 것같이 땅에서도 이루어"진다(마 6:10). 마틴은 하나님께 일터에서도 역사해 달라고 기도하는 것이 얼마나 중요한지를 알고 있다. 그는 회사가 지금까지 살아남은 것은 전적으로 하나님이 이 회사를 통해 절단 장애인의 필요에 맞는 것을 공급해 주신 덕분이라고 확신한다.

앞으로 마틴은 기도가 환각지 환자들의 고통에 미치는 효과를 양적으로 측정하기 위해 기도에 관한 임상 실험을 진행할 계획이다. 언젠가 마틴 바이오닉스가 최상의 인공 기관을 제작하는 회사로만 알려지는 것이 아니라 사람들이 하나님의 사랑과 연민과 공급하심을 경험하는 치유의 장소로 알려지는 것이 마틴의 간절한 소망이다.

기도를 우선시하라

우리는 기도 문화 형성에 헌신한 일에 관해, 기도하는 리더들과 이야기를 나누었다. 그때 인력, 시스템, 자금 투자에 관한 이야기를 들을 수 있었다.

샬롬, 제이 마틴, 조니 에릭슨 타다, 피터 쿠바섹을 비롯한 여러 리더들은 조직 내에서 기도 사역을 감당할 전속 직원을 고용했다. 조직 내 기도 사역을 강화하기 위한 시스템에 투자한 이들도 있다.

프락시스(Praxis)는 우리 시대의 중요한 문제들을 신앙적으로 다루려는 창립자들과 후원자들과 혁신가들이 함께 모여 사역을 만들어 내는 생태계다. 그들은 복음 전파와 구원 사역을 지원하기 위해 존재하며, 그들이 지원하는 혁신가들은 인종 불평등, 기후 변화, 교육 기회 불평등 같은 문제를 다루고 있다.

프락시스의 대표인 메리 엘리자베스 엘레트는 5년 넘게 이 조직의 기도 사역을 이끌어 왔다.[3] 이 조직은 설립 당시부터 직원 기도회를 우선시해 왔다. 하지만 공동체가 성장하면서 공동체 구성원을 위해 체계적으로 기도하기 위한 시스템이 필요해졌다.

이 우선순위를 간과하는 일이 없도록 프락시스 팀은 공동체 구성원들에게 자동적으로 기도 제목을 받는 프로세스를 도입했다. 엘레트는 500여 명에게 이메일을 보내 그들의 기도 제목을 받아 데이터베이스에 기록한다. 매일 직원 기도 시간에 특정한 사람들을 위해 기도한다. 그렇게 해서 1년 동안 프락시스 공동체의 모든 사람에게 기도 제목을 받고 그들을 위해 집중적으로 기도한다.

기도 제목을 요청하는 이메일은 짧고 분명하고 훈훈하다.

반갑습니다! 우리는 공동체 구성원을 위해 1년 내내 기도하고 있습니다. 다음 주에는, 매일 진행되는 팀 기도 시간에 당신을 위해 기도하려고 합니다.

우리는 당신을 위해 구체적으로 중보기도를 하거나 감사하는 기도를 드리고 싶습니다. 그러니 기도 팀이 당신의 상황에 관해 알아야 할 것이 있다면 말씀해 주시겠습니까?

시간이 없어 답장을 못하셔도 괜찮습니다. 그래도 우리는 당신을 위해 감사하며 기도하겠습니다.

프락시스의 시스템은 기도의 가치를 적극적으로, 꾸준히 실현하고 있다.

기도 사역에 재정을 투자하지 않으면 제대로 된 투자라고 말할 수 없다. 기도 사역에 필요한 별도 건물이나 공간을 마련하고, 샬롬과 존 타이슨이 진행하는 기도회 같은 기도의 자리를 마련하며, 직원들에게 근무 중 일정 시간 기도하는 일을 허용하는 식의 실질적인 투자가 필요하다. 기도에 전념하는 직원을 두는 것이 필요할 수도 있다. 조니 에릭슨 타다는 조니와친구들의 모든 직원이 기도 담당자라고 말한다.

예수님은 이렇게 말씀하셨다. "네 보물 있는 그곳에는 네 마음도 있느니라"(마 6:21). 재물을 드리지 않으면서 마음으로는 예수님을 소중히 여기고 있다고 말할 수는 없다. 마음과 재물 사이에는 분명한 상관관계가 있다. 하나님과의 관계에 우리 마음을 투자한다면 기도 사역에 재정도 투자해야 한다.

기도 사역에 수백만 달러를 투자하다

IJM(International Justice Mission; 국제 정의 선교회)의 CEO이자 설립자인 게리 하우건은 우리가 뭔가를 중요하다고 말할 때는 두 가지를 의미할 수 있다고 했다.

첫 번째 의미는 그것을 가치 있게 여긴다는 뜻이다. 그것은 가족처럼 우리에게 중요한 어떤 것이다. 그것은 우리가 소중히 여기는 것이다.

두 번째 의미는 그것이 효과가 있다는 뜻이다. 예를 들어, 해변에 자외선 차단제를 가져가거나 캠핑 여행에 손전등을 가져가는 것은 중요하다. 그 물건들의 효과 때문이다. 이 두 가지는 햇볕에 그을리지 않게 하거나 보이지 않는 나뭇가지에 걸려 넘어지지 않게 해 준다.

하우건은 기도가 첫 번째 의미뿐 아니라 두 번째 의미에서도 중요하다고 힘주어 말한다. 기도는 우리에게 귀한 것일 뿐 아니라 삶에 실질적인 결과를 일으키기 때문이다.

"IJM에서는 기도가 중요함을 온몸으로 표현한다. 물론 기도가 중요한 이유는 하나님이 중요하신 분이기 때문이다. 하나님은 창조주시요 우주를 움직이는 분이시다. 그분은 세상 모든 것, 모든 역사, 모든 시공간을 다스리는 주인이시다. 그분은 정의의 하나님이시다. 모든 자비의 하나님이시다. 긍휼의 하나님이시다."[4] IJM에서 이런 확신은 기도에 대한 깊은 헌신을 이끌어 낸다.

IJM만큼 분명하거나 원대한 사명을 품고 있는 조직도 없다. 25년 넘게 전 세계 IJM 사역자들은 수많은 가난한 사람들을 노동 착취, 성 착취, 경찰의 공권력 남용, 여성과 아이들을 상대로 한 폭력과 압제로부터 구하고 보호해 왔다. IJM은 2030년까지 수백만 명을 구하고, 세상에서 취약한

10억 명 절반이 애초에 이런 폭력적인 착취를 당하지 않도록 보호할 계획이다. 그들은 기도의 결과를 똑똑히 목격하면서 이런 불같은 열정과 야망을 품고 있다.

나(피터)를 비롯한 호프 인터내셔널 리더 팀은 IJM이 조직 내에서 기도 사역을 어떻게 실천하는지 배우고 싶었다. 그래서 우리는 상호 방문을 조율했다. 정확히 아침 8시 30분에 그곳에 도착해서 엘리베이터에서 내리니 사무실이 섬뜩할 정도로 조용했다. 우리가 날짜를 착각했거나 주소를 잘못 찾아온 것이 아닌가 하는 생각까지 들 정도였다. 하지만 전 세계 모든 IJM 사무실의 직원들은 30분간 조용히 기도하면서 하루를 시작한다는 사실을 곧 알게 되었다. 하루의 시작에 그들은 이메일을 확인하는 것이 아니라 침묵 속에서 하나님을 자신의 삶으로 초대하고 있었다. 오전 11시에 다시 온 사무실이 일을 멈추고, 전 직원이 합심 기도를 드린다.

이 기관의 기도 사역은 '매일 기도'로만 끝나지 않는다. 직원들은 분기마다 전 직원 수련회를 갖는다. 근무일 중 하루(주로 금요일)는 간단한 주제별 가르침과 예배, 두 시간 동안의 숙고 시간을 갖는다. IJM 전 직원은 1년에 한 번 근무일에 개인적인 묵상과 홀로 있음의 시간을 갖는다. 이런 개인적인 기도의 날을 위해서 기도 지침서와 자료를 제공한다. 또한 모든 직원이 실제로 묵상과 기도로 그날을 보내는지 경영진이 확인한다.

IJM 직원들의 시간 중 약 14퍼센트는 영적 형성에 사용된다. 이렇게 기도에 헌신하기 위해서는 실질적인 비용이 든다. 작년에 IJM 전체가 기도 사역에 투자한 시간을 돈으로 환산하면 약 4백만 달러였다.[5] 하지만 하우건과 리더 팀은 이 비용을 꼭 필요한 지출로 여긴다.

매일 기도 시간에 하우건을 비롯한 IJM의 직원들은 자신들이 언젠가 세상 속에서 보기 원하는 기적들이 자신의 노력 때문이 아니라 하나님의 은혜를 통해 이루어질 것이라는 사실을 늘 기억한다.

"예수님이 우리에게 분명히 가르쳐 주신 것처럼, 하나님은 이 모든 일을 혼자 하지 않기로 주권적으로 선택하셨다. 하나님은 정말 중요한 일을 하실 때 우리에게도 역할을 맡겨 주기로 선택하셨다. 하나님은 우리가 노력으로만 아니라 기도로 그분의 능력을 세상에 풀어놓아 세상을 변화시키게 하신다. 우리는 하나님이 정하신 것보다 더 대단한 사람이 될 수 없다. 그렇게 하려는 것은 교만이다. 하지만 기도를 통해 하나님의 능력을 세상에 풀어놓으라는 초대를 거부하면 하나님이 정하신 것보다 덜 대단한 사람이 될 수는 있다." 하우건이 한 말이다.[6]

무엇보다도 IJM은 마음을 변화시키고 진정으로 세상의 '큰' 문제를 다루시는 분은 하나님이시라고 믿는다. 이 사실을 기억하면 겸손해지고 자유가 찾아온다.

리더들이 개인 기도와 조직 차원의 기도를 지원하려면 실질적인 재정을 투자해야 한다. 그들은 여기에 투자할 가치가 충분하다고 믿는다. 하나님은 불가사의하고 기적적인 방법으로 이 '손실'을 이익으로 전환시켜 주신다.

─────── ꙮ ───────

주님, 온 피조 세계의 가장 중요한 근원이신
주님의 이름에 소망을 두게 하소서.

저희 마음의 눈을 열어,

홀로 가장 높은 하늘의

지성소에 거하시고

교만한 자의 오만을 낮추시고,

낮은 자를 높이시고,

높은 자를 낮추시며,

모든 영의 창조주요 감독이시며,

이 땅에 나라들을 계속해서 세우시는

주님을 알게 하소서.

주님께 간구하오니

저희의 도움이요 공급자가 되어 주소서.

우리 가운데서 고난받는 이들을 구하시고,

낮은 자를 불쌍히 여기시고,

넘어진 자를 일으키시고,

가난한 자에게 주님을 보여 주시고,

불경한 자를 치유하시고,

방황하는 주님의 백성을 돌아오게 하시고,

굶주린 자를 먹이시고,

포로들을 해방하시고,

약한 자를 일으키시고,

두려워하는 자를 위로하소서.

오직 주님만이 유일한 하나님이시고,

예수님이 주님의 아들이시고,

저희가 주님의 백성이요 주님의 초장의 양 떼라는 것을

온 이방인이 알게 하소서.

오, 주님, 주님의 얼굴을 평안 가운데 저희에게 비추시고

주님의 강한 손으로 저희를 보호하시고,

주님의 손을 들어 모든 악에서 저희를 구하소서.

저희를 미워하는 악한 자들에게서 구하소서.

오, 주님, 오직 주님만이 저희를 위해 이런 것과

이보다 훨씬 더 좋은 것을 행하실 수 있습니다.

대제사장이요 저희 영혼의 수호자이신

예수 그리스도를 통해 하나님을 찬양합니다.

예수님을 통해 지금과 모든 세대에 걸쳐

영원토록 하나님께 영광을 돌려 드립니다.

아멘.

— 로마의 클레멘스(편집된 것)

• 기도 가이드: 기도 사역에 투자하는 방법 •

당신의 가정, 소그룹, 회사, 기관에서는 기도 사역을 예산의 한 항목으로 삼고 있는가? 사람들에게 기도에 관한 책(www.leawithprayer.com에 추천 도서 목록이 있다)을 사 주거나 기도회 전후에 식사를 대접하는 간단한 방법도 좋다. 기도실, 기도 코디네이터, 기도 행사에 재정을 투자하는 방법도 고려하라. 어떤 방법을 사용하든 하나님은 기도하는 리더들에게 기도 문화를 널리 퍼뜨리기 위해 투자하라고 명령하신다.

기도하는 리더들이 기도 사역에 투자한 방법들은 다음과 같다.

1. 기도 공간

기도하는 리더들은 별도 건물이나 방을 기도실로 사용하거나 다용도실을 기도실로 개조하는 식으로, 집과 교회와 회사 건물에 기도 공간을 따로 마련했다. 24시간 기도실을 마련한 사역 단체도 있다. 직원이나 교인은 물론이고, 지역 주민들까지 자유롭게 와서 기도할 공간을 마련한 단체도 있다.

2. 기도 사역자

기도하는 리더들은 두 가지 방식으로 조직 안에 기도 담당자를 세웠다. 첫 번째 방법은 기도 활동을 조율하고 모든 구성원의 기도 제목을 받고 기도실 자원봉사자를 구하고 기도 사역에 더 많은 시간을 투자하는 기도 코디네이터를 영입하는 것이다.

두 번째 방법은 조직을 위해 파트타임으로 기도할 유급 중보자를 세우는 것이다. 기도할 사람에게 보수를 지급한다는 것에 우려를 표시할 사람도 있겠지만, 따지고 보면 우리는 찬양 인도자와 설교자에게 보수를 지급한다. 기도와 예배 같은 영적 실천에 참여하는 사람에게 보수를 지급하는 것은 레위기로 거슬러 올라가는 전통이다.

3. 기도 사역 시스템

기도 제목을 모아 모두에게 전달하기 위해서 사역 단체들은 기도 요청을 받아 구글 스프레드시트에 정리하거나 데이터베이스화한다. 중보기도자들의 이메일 목록도 만든다.

우리는 교회와 사역 단체와 기업을 돕기 위해 에코 프레어(Echo Prayer) 앱과 협력해서 기도 요청을 모으고 정리하고 중보기도자들에게 전달하기 위한 좋은 도구를 만들었다. 기도를 부탁했는데, 그다음 날 세 사람이 당신을 위해서 기도했다는 말을 듣는다고 생각해 보라. 당신 공동체의 중보기도자들이 당신의 절박하고 구체적인 기도 제목을 받아 집중적으로 기도한다고 생각해 보라. www.leadwithprayer.com을 방문해서 이 도구를 사용해 보라.

4. 하루 일정에 기도 시간 포함시키기

직원들이 근무 시간에 기도할 수 있도록 허용하는 것은 양적 측정이 가능한 실질적인 투자다. 비영리단체든, 영리 기업이든, 많은 기관이 이런 투자를 하고 있다. 당신이 이끄는 팀이나 조직 안에서 기도회, 분기별 기도의 날, 매일 기도 시간 등을 허용하면 기도를 중시한다는 점을 가시적으로 전달할 수 있다.

사례 연구

건강한 기도 문화가
뿌리내린 공동체

　　2009년 어느 목요일 오후, 미국에서 존경받는 기독교 재단인 매클렐런 재단의 대표 데이비드 덴마크는 MRI 촬영을 위해 병원에 갔다. 발걸음이 느리고 움직일 때마다 고통스러웠다. 그 주에 등 부상을 입은 뒤로 계속 그랬다. 수술을 피할 수 없어 보였다. 하지만 그날 오후에는 MRI 사진을 판독할 사람이 없어서 다음 주 화요일로 수술 날짜를 잡고 병원을 나왔다.

덴마크는 곧장 집으로 가는 대신, 중보기도에 헌신적인 목사 친구를 만나기 위해 차로 45분을 달렸다. 목사가 그를 위해서 기도해 주었다. 특별한 느낌을 받지는 못했지만 조금씩 증세가 호전되기 시작했다. 주일에는 4륜 오토바이를 타고 밖에 나갔다 올 정도로 좋아졌다.

화요일에 병원에 가면서, 덴마크는 수술받을 필요가 없다는 말을 들을 것이라 예상했다. 하지만 의사의 말은 그가 전혀 생각지 못한 것이었다. 의사는 놀란 표정으로 말했다. "덴마크 씨가 두 다리로 설 수 있는 것은 고사하고 그 다리에 감각이 있는 것조차 의학적으로 말이 되지 않습니다." 의사는 MRI 사진을 보여 주면서 좌골신경이 완전히 손상되었다고 설명했다. 그 사진으로만 보면 덴마크는 하반신이 마비되었어야 한다.

이후 몇 주간 덴마크의 몸은 계속해서 기적적으로 치유되었다. 그 일을 겪고 난 후, 그는 중보기도에 호기심과 경이감을 품게 되었다. "기도가 개인의 삶에서 이런 놀라운 일을 일으킬 수 있다면, 재단의 대표로서 내가 하는 일에도 기도 사역을 접목해야 할까? 그렇다면, 어떻게 해야 할까?" 덴마크는 리더들이 모인 팀에서 기도로 온 나라를 변화시키자는 계획을 제안했고, 리더들의 팀은 그 계획을 전폭적으로 승인했다. 그리하여 그는 팀의 지지를 업고 이 비전을 실현하기 위해 백만 달러 예산을 배정했다.

덴마크는 미국의 주요 기도 사역 단체들의 대표들을 만나 통일된 전략을 세우고 세계적인 수준의 웹 사이트를 구축했다. 비전을 설득력 있게 보여 주는 동영상을 제작하고 전국 수많은 조직에 착수금을 보냈다. 하지만 훌륭한 전략과 효과적으로 보였던 많은 '활동'에도 불구하고 이 프로젝트는 몇 달 만에 중단되었다. 덴마크는 거대한 들불을 일으키고 싶었지만 실제로는 작은 불꽃 하나도 일어나지 않았다.

어떤 수에 0(zero)을 곱하면 0(zero)일 뿐이다

덴마크는 성과를 거두지 못한 투자에 대해 매클렐런 재단 이사회에 소명할 준비를 하면서 하나님께 간절히 물었다. "이 일이 성공하지 못한 이유는 무엇입니까? 하나님도 기도를 중요하게 여기시지 않습니까? 이 나라에는 기도가 절실히 필요합니다." 그 순간, 하나님은 그가 "0(zero)을 곱하려" 하고 있다며 그의 잘못을 깨우쳐 주셨다. 전국적으로 기도의 불을 일으키려는 그의 노력이 실패할 수밖에 없었던 이유는 그가 아직 기도의 '사람'이 아니었기 때문이다. 그는 성령이 이렇게 말씀하시는 것을 느꼈다. "네가 가지지 못한 것을 퍼트릴 수는 없다." 그 음성을 듣고 나자 눈앞이 환해졌다. 나아갈 길이 보였다.

덴마크는 매일 아침 사무실에서 홀로 무릎을 꿇고 기도하기 시작했다. 중요한 인물이나 안건에 대해 거창한 기도를 드리지 않았다. 그저 조용히 하나님 아버지와 이야기하고 그분의 가르침과 사랑과 지혜의 말씀에 귀 기울였다. 덴마크는 건강한 기도 문화가 전략적 프로그램보다는 기도를 우선시하는 리더에게서 시작된다는 사실을 배웠다.

몇 달간 개인 기도를 드리고 나자 이제 '다른 사람들'과 함께 기도하면서 팀원들에게 기도의 본을 보여야겠다는 생각이 들었다.

매클렐런 재단은 원래부터 기도를 중시했다. 수년간 월요일 전 직원 기도회로 한 주를 시작했다. 기도는 이미 이 조직의 리듬과 루틴으로 자리 잡고 있었다. 단, 그곳에서 기도는 영적 전투에 전략적으로 참여하기보다는 의무를 다하려는 것에 가까웠다. 어쨌든 기도 시간이라는 기초는 이미 마련되어 있었다. 이제 덴마크는 보다 집중적인 기도를 위해 별도의 공간을 마련함으로 그 기초 위에 기도 문화를 세우고 싶었다.

첫 단계는 매클렐런의 사역 동역자들을 위해 집중적으로 기도하는 주중 기도회를 추가하는 것이었다. 기존에 있던 월요일 기도회에서는 특정한 국가의 부흥에서부터 직원 이모의 다리 수술까지 다양한 제목으로 기도했다. 물론 둘 다 중요하다! 하지만 덴마크는 기도의 초점을 좀 더 명확히 하기로 했다. 이제 월요일에는 사역 동역자들(자금 지원을 받는 사역자들)을 위해서 기도하고, 화요일에는 개인 문제와 가족 문제를 위해 기도하기로 했다.

그렇게 기도가 조직의 문화로 뿌리내리면서 직원들은 사무실에서 "사명을 위한 월요 기도회"와 "가족을 위한 화요 기도회"에 대한 대화를 수시로 나누기 시작했다. 형식적인 기도회가 아니라 진지한 기도회를 추구하겠다는 결심은 더 건강한 기도 문화를 세우기 위한 전환점이 되었다.

팀원들은 기도 훈련을 하고 기도에 관한 성경의 가르침을 공부하면서 중요한 깨달음을 얻었다. 기도는 영적 목표를 이루기 위한 수단이 아니라 목적 자체라는 것이다. 우리는 필요한 것을 하나님께 받기 위해서 기도할 뿐만 아니라 하나님 그분을 받기 위해서 기도해야 한다. 덴마크는 이렇게 설명한다. "기도는 입력(input)일 뿐만 아니라 결과(outcome)이기도 하다."

이러한 '일주일에 두 번' 기도회의 리듬을 만든 지 몇 달 뒤, 덴마크는 경영대학에서 배운 격언을 기억했다. "조직이 무엇을 가치 있게 여기는지 보려면, 자원을 어디에 투입하는지 보라."

매클렐런 재단은 하나님께 방법을 여쭌 뒤에 재단과 사역 동역자들을 위해 기도할 열세 명의 해당 지역 중보기도자들을 구했다. 덴마크는 매주 그 열세 명의 "매클렐런 중보기도자들"에게 구체적인 기도 제목을 보낸다. 그는 기도가 응답되었음을 알리는 것도 중요하다고 생각해서 그에 관한 이메일도 보낸다. 매년 두 차례 매클렐런 중보기도자들을 한자리에 모아 연합하고 관계를 쌓고 격려하는 시간도 가진다. 중보기도자들은 이사회 모임이나 회사 전략 논의 모임에도 참석하여 하나님의 임재와 인도하심과 역사를 구하는 기도를 드린다.

기도회들이 활성화되면서 기도 제목과 응답을 확인하고 모으는 일에 점점 더 많은 시간을 투자하게 되었다. 또한 기도의 힘이라고밖에 설명할 수 없는 결과들이 나타나면서 덴마크는 매클렐런 재단이 영적 전투에 참여하고 있음을 더 확신하게 되었다(엡 6:12). "생사의 갈림길에 선 것처럼 절박하게 기도에 집중하는 사람은 많지 않다. 이 전쟁에서 우리의 적은 백 퍼센트 악한 영이다. 따라서 자연 세계의 것에 방해를 받지 않는다. 우리의 적은 그들 시간의 백 퍼센트를 이 싸움에 투입하고 있다. 우리는 그렇게까지 할 수는 없다. 따라서 우리는 이 전투에 전략적으로 접근해야 한다. 우리는 기도할 때 더욱 집중하기로 결심했다."

덴마크는 그런 의미에서 기도에 전념할 사람이 필요하다고 판단했다. 그는 한 팀원을 매클렐런 재단의 파트타임 기도 코디네이터로 임명했다. "기도 문화를 확립하는 일에 집중할 사람을 임명한 것이 성공의 열쇠였다." 그는 그렇게 회상했다.

중요한 것에 투자하라

매클렐런 재단은 사무실 하나를 기도실로 개조했고, 중보기도 사역자 세 명을 풀타임으로 고용했다. 기도 사역에 대한 투자가 늘어나자 일부 팀원들이 "왜 기도하는 사람들에게 급여를 지급하는가?"라고 묻기 시작했다. 덴마크는 그렇게 하는 것이 옳다고 막연히 생각하고는 있었지만, 성막에서 일하는 사람들에게 다윗 왕이 어떤 처우를 했는지를 알고는 그 이유를 정확히 설명할 수 있게 되었다. 성경은 다윗이 하나님께 찬양을 올려 드릴 숙련된 음악가 288명을 고용했다고 말한다. 역대상 9장 33절에 따르면 이 음악가들은 "골방에 거주하면서 주야로 자기 직분에 전념하므로 다른 일은 하지 아니하였"다. 다윗 왕은 이들의 재능에 돈을 지불하지는 않았지만 다른 의무를 면제해 줌으로써 그들의 시간을 샀다. 그로 인해 그들은 자신의 재능을 사용하여 하나님 일에 전념할 수 있었다.

매클렐런 재단의 대표가 월급을 받고 자신의 재능을 사용하여 조직에 방향을 제시하는 것처럼, 중보기도 담당 정직원들도 자신의 시간과 하나님이 주신 재능으로 사명을 감당할 수 있도록 급여를 받아야 한다. 덴마크는 이렇게 말한다. "우리는 중요하다고 생각하는 것을 위해 비용을 지불한다. 우리는 기도의 중요성을 회계 관리가 필요한 수준으로 끌어올렸을 뿐이다."

덴마크는 유급 중보자를 고용하되 기도를 "전문가"에게만 맡기지 않도록 조심했다. 매클렐런 재단은 직원들이 출근 후와 퇴근 전 15분을 기도실에서 보내도록 했다. 그 사이에는 유급 중보자들이 그곳에 상주했다. "재단의 모든 사람이 일정 시간 동안 기도하고 누군가는 항상 기도한다"라고 덴마크는 말한다.

수많은 동역자들이 매클렐런 재단의 자금 지원에 고마워했지만 기도실의 중보기도에 대해서는 더 많이 고마워했다. 사역 현장의 동역자들은 일정을 정해 놓고 매클렐런 재단 사무실에 와서 중보기도 팀과 함께 기도한다. 너무 멀리 있는 사역 동역자들은 줌을 통해 중보 팀과 함께 기도할 수 있다.

결론

우리 소망이 주님 뜻대로
성취될 때까지

기도에 관한 예수님의 주요한 가르침과 이야기를 종합해 보면 주된 주제는 끈기다.

- 구하고 찾고 두드리라(마 7:7).

- 항상 기도하고 포기하지 말라(눅 18:1).

- 깨어 기도하라(마 26:41).

- 이런 일은 기도와 금식으로만 가능하다(마 17:21).
- 원하는 결과를 얻을 때까지 매일 끈덕지게 재판관을 찾아가라(눅 18:6-8).

우리가 인터뷰했던 수많은 리더들이 끈덕진 기도의 힘을 보여 준, 치유와 문제 해결과 기적에 관한 놀라운 이야기를 해 주었다.

하지만 첫 기도와 응답 사이의 긴 시간을 놓치기 쉽다. 즉각적인 응답을 받지 못해도 끈기를 발휘하여 계속 기도해야 한다. 친구와 감동적인 대화를 한 적이 있는데, 그 친구는 우리에게 기적적인 기도 응답뿐 아니라 그전까지 10년간 계속된 영적 전쟁에서 경험한 실망감에 관해서도 이야기해 주었다. 그는 예수님을 믿지 않는 가족을 위해 주일마다 한 시간씩 기도하기로 마음먹었다. 그 가족들은 모두 학대를 당한 적이 있고, 그가 기도를 시작했을 때 그들은 모두 마약이나 술에 중독되어 있었다.

그가 가족을 위해 매주 한 시간씩 무려 7년이나 기도했지만 아무런 일도 일어나지 않았다. 하루, 한 달, 한 해가 지날수록 계속해서 기도하기가 점점 더 힘들어졌다. 하지만 기도를 시작한 지 십 년째, 가족들은 각기 다양한 방식으로 한 명도 빠짐없이 예수님의 헌신적인 제자가 되었다. 그들의 삶은 근본적으로 변했다.

우리는 우리 자신이 이야기의 어느 지점에 있는지 알 수 없으며, 모든 이야기가 이생에서 육체적으로 회복되거나 재정적으로 풍성해지거나 관계적으로 회복되는 것으로 끝나지는 않는다. 하지만 기도가 응답되지 않는 것 같은 고통스러운 순간에도 우리는 여전히 기도는 가치가 있는 일이라고 믿는다.

근성과 끈기는 리더십의 필수 원칙이다. 하나님은 기도 생활에도 같은 원칙을 적용하라고 권면하신다. 즉, 우리는 끝까지 계속해서 기도해야 한다.

우리는 "기도는 중요하다"라는 게리 하우건의 말에 전적으로 동의한다. 우리는 조니 에릭슨 타다처럼 기도의 핵심은 상황의 변화보다 우리 자신의 변화라고 믿는다. 무엇보다도 우리는 무릎을 꿇고 바닥에 얼굴을 댈 때 하나님을 만날 수 있음을 개인적으로 경험해서 알고 있다.

때로 우리의 기도 응답은 '기적'의 형태로 찾아온다. 하지만 하나님의 임재로 찾아올 때도 있다. 사실, 하나님의 임재야말로 가장 큰 기적이다. 어떤 경우든 기적적인 일은 끈덕진 기도를 통해 찾아온다.

리더십 분야에 이런 유명한 말이 있다. "같은 행동을 하면서 다른 결과를 기대하는 것은 미친 짓이다." 이 격언의 의도와 약간 차이가 있기는 하지만, 이 격언에 따르면 끈덕진 기도는 미친 짓이다.

하지만 그렇게 따지면 나무를 베는 일도 미친 짓이다. 나무꾼은 나무가 결국 쓰러지리라 기대하면서 도끼를 반복해서 계속 휘두른다. 기도가 더 어리석은 일처럼 보이는 것은 도끼를 휘두를 때의 결과는 눈에 보이지만, 기도의 결과는 대개 눈에 보이지 않기 때문이다. 결과가 보이지 않아도 하나님은 끈덕지게 기도하라고 명령하신다. 그래서 타락한 세상을 베어 내고, 고집스레 자기 힘으로 해내려고 하는 우리의 어리석음을 베어 내고, 우리의 삶과 리더십을 통해 하나님 나라를 이 땅에 가져오라고 명령하신다. 우리는 영원을 바라보며 그렇게 해야 한다. "우리가 주목하는 것은 보이는 것이 아니요 보이지 않는 것이니 보이는 것은 잠깐이요 보이지 않는 것은 영원함이라"(고후 4:18).

끈덕진 기도의 열매

리더로서, 특히 예수님의 제자로서, 우리는 끈덕지게 기도한다. 그럴 때 우리의 기도는 우리 자신을 넘어 계속해서 뻗어나간다. 성경은 우리가 이생에서 기도의 열매를 보지 못할지도 모르지만, 우리의 기도가 우리의 삶을 넘어 살아남을 수 있다고 가르친다(히 11:39).

나(라이언)는 어머니께 기도하는 법을 배우고 기도의 열정을 물려받았다. 내가 어릴 때, 어머니가 매일같이 밤늦게까지 기도하셨던 모습이 기억난다. 어머니는 기도실에서 우리와 이웃과 나라를 위해 하나님께 부르짖으셨다. 밤늦게 문에 귀를 대고 어머니의 기도를 들었던 순간을 잊을 수 없다. 하나님 앞에서 어머니가 절박한 심정으로 드리던 기도 소리가 지금도 귓가에 쟁쟁하다.

어머니는 저녁 기도 시간에 하나님이 해 주신 말씀이라며 내게 이런 말씀을 하신 적이 있다. "네가 수년 전에 한 기도라서 너는 잊었겠지만, 나는 지금도 여전히 그 기도를 기억하고 있단다."

하나님은 단 하나의 기도도 잊어버리지 않으신다. 심지어 수 세대가 흘러도.

우리의 마지막 인터뷰에서 마크 배터슨은 할아버지의 기도 유산 이야기를 해 주었다. 배터슨은 섬김의 삶을 실천하고 교회 리더로 사역하고 있는 것이, 오래전 할아버지가 드린 기도의 응답이라고 말했다. 할아버지는 수십 년 전에 세상을 떠나셨지만 그 기도는 지금도 계속해서 이루어지고 있다.

우리는 미래에 응답될 기도, 지금부터 수 세대 뒤에 이루어질 기도를 드릴 힘이 있다. 기도는 현재의 소망일 뿐 아니라 미래의 복을 위한 기초

이기도 하다.

예수님은 체포와 고문과 죽음을 당하기 전날 밤, 늦은 시각에 겟세마네 동산에서 세대를 초월한 기도를 드리셨다. 예수님은 십자가를 넘어 미래를 바라보시며 제자들뿐 아니라 미래 세대를 위해서도 기도하셨다. "내가 비옵는 것은 이 사람들만 위함이 아니요 또 그들의 말로 말미암아 나를 믿는 사람들도 위함이니"(요 17:20). 예수님의 기도는 시간의 강을 건너 우리 세대까지 이어져 왔다.

한 친구는 공산주의가 무너진 러시아로 선교 여행을 갔다가 이 개념을 감동적으로 보여 주는 일을 경험했다. 그의 선교 팀은 과거 강제 노동 수용소, 즉 포로들이 끔찍한 생활을 했던 수용소 건물을 허물고 돌을 가져오는 일을 맡았다. 그 돌을 새로운 교회 건물의 기초로 쓸 계획이었다.

고된 노동 중에도 팀원들은 절망의 장소였던 수용소의 돌을 예배 장소의 기초로 새롭게 쓴다는 생각에 힘든 줄 모르고 일했다. 그런데 수용소 건물 해체가 시작된 지 며칠 지났을 때, 한 팀원이 돌들 사이에서 양철통 하나를 발견했고, 그 안에는 메모지 한 장이 들어 있었다. 그 메모를 팀 담당 목사에게 가져갔고, 목사는 그 글을 읽고 울음을 터뜨렸다.

우리는 우리 교회를 허물어 그 돌로 우리 자신의 감옥을 짓도록 강요받은 신자들의 공동체다. 언젠가 하나님이 우리의 간구를 들으시고 이 돌들로 다시 교회를 지어 주시기를 기도한다.

우리가 드리는 모든 기도는 이 세상의 돌무더기 속에 양철통을 숨기는 것과도 같다. 사랑 많으신 하나님 아버지께서는 우리의 기도를 하나도 잊지 않겠노라 약속하셨다.

　가족, 회사, 직원들을 비롯해서 우리의 사역으로 섬기려는 대상을 위해 기도할 때, 우리는 그 기도를 미래 세대를 위해 양철통에 집어넣을 수 있다. 우리가 다른 사람들에게 기도 훈련을 시킬 때, 그들의 기도 역시 수 세대에 걸쳐 이어질 것이다. 우리가 예수님의 면전에서 우리의 모든 소망과 기도와 꿈의 성취를 볼 때까지, 그 기도들이 계속 이어지고 또 이어질 것이다.

　주 예수여, 어서 오시옵소서.

———————　ℰℭ　———————

예수님,

제게 기도하는 법을 가르쳐 주십시오.

제가 찬양과 감사로 새벽을 깨우도록 도와주십시오.

제가 매일 매 순간 주님 안에 거하도록 도와주십시오.

제가 주님을 보고 주님과 함께 기도하며 밤을 맞이하도록 도와주십시오.

제가 직면한 시련 속에서 주님 임재의 기쁨을 누리게 해 주십시오.

제가 사는 곳과 열국에서 주님의 기적적인 능력을 보여 주십시오.

비밀스러운 곳에서 제게 주님의 지혜를 보여 주십시오.

주님의 용서에서 오는 자유를 제게 보여 주십시오.

어두움의 세력에 맞서 무릎을 꿇고 싸우는 법을 가르쳐 주십시오.

이 세상의 소음 속에서 주님의 속삭이심을 듣는 법을 가르쳐 주십시오.

세상이 저를 짓누를 때 주님의 힘을 의지하는 법을 가르쳐 주십시오.

걱정이 솟아날 때 염려를 주님께 맡기는 법을 가르쳐 주십시오.

제 마음이 방황할 때 항복하는 법을 가르쳐 주십시오.

겸손히 무릎을 꿇는 법을 배우기 원합니다.

부활의 능력으로 일어서는 법을 배우기 원합니다.

어두운 밤에 주님의 사랑을 굳게 붙들기를 원합니다.

밝은 날에 주님이 주신 복을 잊어버리지 않기를 원합니다.

서늘한 날에 제 영혼이 주님과 함께 동산을 거닐기를 원합니다.

주님, 제게 기도하는 법을 가르쳐 주십시오.

제게 기도하는 법을 가르쳐 주십시오.

— 라이언 스쿡

우리는 여러분이 이 책을 읽을 뿐 아니라 이 책의 내용을 실천하기를 원한다. 여러분의 기도 생활이 더 나아지고 여러분이 조직 내에서 기도 문화를 형성하도록 돕기 위해 추가적인 도구와 자료를 마련했다. www.leadwithprayer.com에서 다음 자료를 구할 수 있다.

- 당신의 기도 생활이 더 나아지고, 당신이 이끄는 사람들에게 기도하는 법을 가르치기 위한 기도 카드 세트
- 개인 기도 평가 도구
- 조직 차원의 기도 평가 도구
- 기도 생활을 더 깊게 만들어 줄 추천 도서
- 기도하는 조직(기관)에 관한 사례 연구
- 추가 인터뷰 자료

조직들은 중요한 (거의) 모든 문제를 다루기 위한 시스템을 갖추고 있다. 즉 돈 관리를 위한 회계 시스템, 직원을 관리하기 위한 인사 관리 시스템, 커뮤니케이션을 위한 메시지 전달 시스템 등을 갖추고 있다. 하지만 대부분의 조직들이 사역에 가장 중요한 프로세스, 즉 기도 프로세스에 관한 시스템은 전혀 갖추지 않고 있다.

우리는 에코 프레어(Echo Prayer)와 협력해서 기도 제목 나눔 앱을 비롯하여 리더들이 기도 시스템을 실행하도록 도울 도구를 개발했다. 이 도구들은 리더들이 기도에 대해 이야기만 하지 않고 더 적극적으로 기도 팀과 기도 사역을 구축하는 데 도움이 될 것이다.

물론 기도 자체는 소프트웨어나 프로세스가 아니라 관계다. 하지만 우리는 기도하는 리더들에게서 시스템이 있으면 기도 제목을 모으고 점검하고 나누는 프로세스가 더 원활해질 수 있음을 배웠다. 그래서 우리는 사람들이 기도 사역에 헌신하도록 도울, 단순하지만 구조화된 방법을 개발했다. 우리 웹 사이트를 방문하면 더 많은 자료가 있다.

서론_____

1. 이 이야기는 빌리 그레이엄의 손자 스테판 차비진(Stephan Tchividjian)이 말해 준 것이다. 그는 할아버지가 하나님 앞에 겸손히 엎드려 그분이 은혜로 자신을 만져 주시지 않으면 사람들 앞에서 말할 수 없다고 고백한 기도의 사람이라고 기억한다. 라이언 스쿡이 인터뷰함, 2023년 2월 24일.

2. "Most Pastors Unsatisfied with Their Personal Prayer Lives," Baptist Press, 2005년 6월 6일, https://www.baptistpress.com/resource-library/news/most-pastors-unsatisfied-with-their-personal-prayer-lives/.

3. "The Greatest Needs of Pastors," *Lifeway Research*, 2021년 3-4월, https://research.lifeway.com/wp-ontent/uploads/2022/01/The-Greatest-Needs-of-Pastors-Phase-2-Quantitative-Report-Release-.pdf.

4. 연구를 의뢰한 재단은 익명을 요구하되, 우리 팀원들이 연구 결과를 검토하도록 허락해 주었다.

5. Tim Keller, "New York City Gathering NYC 2018: The Primacy of Prayer," *New City Network*, 2018년 6월 7일, video, https://www.youtube.com/watch?v=KeKWjd4fe5E&t=44s.

6. Tim Keller, "Bonus Episode: A Conversation with Tim Keller," 마이크 코스퍼(Mike Cosper)가 인터뷰함, *The Rise and Fall of Mars Hill*, 2022년 7월 1일, podcast, 1:02:14, https://www.christianitytoday.com/ct/podcasts/rise-and-fall-of-mars-hill/tim-keller-mike-cosper-mars-hill-bonus.html.

7. J. Robert Clinton, "Listen Up Leaders!" Barnabas Publishers (1989): 18, https://clintonleadership.com/resources/complimentary/ListenUpLeaders.pdf. 클린턴은 1990년

대 초에 연구를 시행했다. 그가 확인한 모든 리더에 대해서 평가할 수 있을 정도로 자세한 기록이 있지는 않다. 하지만 자세한 기록이 있는 리더들 중 30퍼센트만 그의 기준에서 마무리가 좋았다. 그의 기준은 이렇다. "역동적으로 인격적인 관계를 맺으며 하나님과 동행하고, 하나님이 주신 잠재력을 적합한 능력으로 발전시키고, 하나님이 기뻐하시고 인정하시는 최고의 유산을 남기는 것." 클린턴은 역사 속 리더와 이 시대 리더 1,200명 이상에게도 이런 기준을 적용했는데 역시나 충격적인 결론에 도달했다. "오늘날을 보면, 이 비율이 그나마 후한 것일지 모른다는 점을 보여 준다. 오늘날에는 마무리를 잘하는 리더가 세 명 중 한 명꼴도 되지 않는다." J. Robert Clinton, *The Making of a Leader*, 2nd ed. (Colorado Springs: NavPress, 2012)를 보라.

8. J. Robert Clinton, *The Making of a Leader*, 2nd ed. (Colorado Springs: NavPress, 2012), 210.

9. "Status of Global Christianity, 2022, in the Context of 1900–2050," *Center for the Study of Global Christianity at Gordon-Conwell Theological Seminary*, 2023년 3월 6일 확인, https://www.gordonconwell.edu/center-for-global-christianity/wp-content/uploads/sites/13/2022/01/Status-of-Global-Christianity-2022.pdf; Aaron Earls, "Ten Encouraging Trends in Global Christianity in 2020," *Lifeway Research*, 2020년 6월 10일, https://research.lifeway.com/2020/06/10/10-encouraging-trends-of-global-christianity-in-2020/; Y Bonesteele, "How the Growing Global Church Can Encourage American Christians," Lifeway Research, 2021년 3월 17일, https://research.lifeway.com/2021/03/17/how-the-growing-global-church-can-encourage-american-christians/.

10. 우리 인터뷰 대상들의 안전과 그들의 지속적인 사역을 위해서 그들이 원하는 경우에 성을 뺀 이름만 쓰거나 가명을 사용하고 정확한 장소를 공개하지 않았다.

11. David Watson and Paul Watson, *Contagious Disciple Making: Leading Others on a Journey of Discovery* (Nashville: Thomas Nelson, 2014); Ying Kai and Grace Kai, *Ying & Grace Kai's Training For Trainers: The Movement That Changed the World* (Monument, CO: Wigtake Resources LLC, 2018). 연구가 David Garrison의 저작들도 보라.

12. Justin Taylor, "George Verwer's Conversion: 60 Years Ago Today God Created a Global Evangelist," *The Gospel Coalition*, 2015년 3월 3일, https://www.thegospelcoalition.org/blogs/justin-taylor/george-verwers-conversion-60-years-ago-today-god-created--global-evangelist/.

13. "History," *Operation Mobilization USA*, 2023년 3월 6일 확인, https://www.omusa.org/about/history/.

14. "Silent and Solo: How Americans Pray," *Barna Group*, 2017년 8월 15일, https://www.barna.com/research/silent-solo-americans-pray/.

15. Stephen Macchia, *Crafting a Rule of Life: An Invitation to the Well-Ordered Way* (Downers Grove, IL: InterVarsity Press, 2012), 29.

16. Christian Dawson, "Ephesians: Immeasurably More: Part 10: Stand," *Bridgetown Audio Podcast*, 2022년 9월 4일, bridgetown.podbean.com/e/part-10-stand/.

17. "Be Thou My Vision," 아일랜드 찬송 "Bí Thusa 'mo Shúile"의 번역, 1905년 영어로 번역.

1

1. "Prayer in Christian Organizations," *Barna Group*, 2020.

2. Rosebell, 라이언 스쿡이 인터뷰함, 2019년 2월 11일. 안전을 위해 로스벨의 위치나 성은 밝힐 수 없다.

3. Oswald Chambers, "Are You Fresh for Everything?" *My Utmost for His Highest*, 2023년 9월 11일 확인, https://utmost.org/are-you-fresh-for-everything/.

4. John Kim, 라이언 스쿡이 인터뷰함, 2021년 12월 7일.

5. Ibrahim Omondi, 피터 그리어가 인터뷰함, 2023년 2월 3일.

6. C. S. Lewis, *Letters to Malcolm: Chiefly on Prayer* (San Francisco: HarperOne, 2017), 125. (C. S. 루이스, 《개인 기도》, 홍성사 역간).

7. G. K. Chesterton, *Orthodoxy* (London: John Lane Company, 1909), 298. (G. K. 체스터턴, 《정통》, 아바서원 역간).

8. Gerard Manley Hopkins, "As Kingfishers Catch Fire," 2023년 3월 6일 확인, https://www.poetryfoundation.org/poems/44389/as-kingfishers-catch-fire.

9. Jacob Hess, "Celebrating the Relentless Love of God: A Conversation with the Beloved Rev. Francis Chan," *Deseret News*, 2021년 12월 5일, https://www.deseret.com/2021/12/4/22796535/celebrating-the-relentless-love-of-god-a-conversation-with-the-rev-francis-chan-evangelical-lds.

10. 이 부분의 인용문들은 특별한 언급이 없는 한 프랜시스 챈의 말이다. 캐머런 두리틀이 인터뷰함, 2023년 2월 19일.

11. Francis Chan, "Prayer Makes a Leader," BRMinistries, 2:33 and 5:13, 2018년 11월 30일, video, https://www.youtube.com/watch?v=y9AUr6xic2Q&t=327s&ab_channel=BRMinistries.

12. Hess, "Celebrating the Relentless Love of God."

13. Henri Nouwen, *Beloved: Henri Nouwen in Conversation* (Norwich, UK: Canterbury Press, 2007), 30–31. (헨리 나우웬, 《이는 내 사랑하는 자요》, IVP 역간).

14. Mother Teresa, 댄 래더(Dan Rather)가 인터뷰함, Ron Mehl, *What God Whispers in the Night* (Sisters, Oregon: Multnomah, 2000), 97에 인용.

15. St. Teresa of Kolkata, *Everything Starts from Prayer* (Ashland, OR: White Cloud Press, 2018), 1.

16. Summer Allen, "The Science of Awe," Greater Good Science Center at UC Berkeley, 2018년 9월, https://ggsc.berkeley.edu/images/uploads/GGSC-JTF_White_Paper-Awe_FINAL.pdf.

17. Charles Austin Miles, "In the Garden," 1912.

2

1. Marjorie J. Thompson, *Soul Feast: An Invitation to the Christian Spiritual Life* (Louisville, KY: Westminster John Knox, 2014), 150.

2. John Piper, "If You Don't Pray, You Won't Live," Desiring God, 2018년 10월 31일, https://www.desiringgod.org/messages/put-in-the-fire-for-the-sake-of-prayer/excerpts/if-you-dont-pray-you-wont-live.

3. John Mark Comer, "Prayer Part 9: Fixed Hour Prayer," Bridgetown Church, 2017년 7월 3일, https://vimeo.com/224118521.

4. John Ortberg, *Soul Keeping: Caring for the Most Important Part of You* (Grand Rapids, MI: Zondervan, 2014), 89에 인용. (존 오트버그, 《내 영혼은 무엇을 갈망하는가》, 국제제자훈련원 역간).

5. Comer, "Prayer Part 9: Fixed Hour Prayer."

6. Daniel Kahneman, *Thinking, Fast and Slow* (New York: Farrar, Straus and Giroux, 2011). (대니얼 카너먼, 《생각에 관한 생각》, 김영사 역간).

7. Barbara Bradley Hagerty, "Prayer May Reshape Your Brain…and Your Reality," *NPR*, 2009년 5월 20일, https://www.npr.org/2009/05/20/104310443/prayer-may-reshape-your-brain-and-your-reality.

8. Andrew Newberg, "How Do Meditation and Prayer Change Our Brains?" 2023년 3월 7일 확인, http://www.andrewnewberg.com/research.

9. 뉴버그의 연구에 관해서 더 알고 싶다면 다음을 보라. http://www.andrewnewberg.com/research, Andrew Newberg and Mark Robert Waldman, *How God Changes Your Brain: Breakthrough Findings from a Leading Neuroscientist* (New York: Ballantine Books, 2009), 23–27. 뉴버그의 책은 불교의 명상이 뇌를 어떻게 변화시키는지에 관한 연구를 언급한다. 나중에 그는 기도하는 수녀들을 대상으로 비슷한 실험을 반복했다. 그 결과, 열성 두정엽 (inferior parietal lobe)뿐 아니라 전두엽(frontal lobes)의 활동이 증가한 것을 확인할 수 있었다. 그의 연구 결과는 온라인에서 볼 수 있다. 2023년 4월 5일 확인.

10. Peter Boelens, Roy Reeves, William Replogle, Harold Koenig, "A Randomized Trial of the Effect of Prayer on Depression and Anxiety," *International Journal of Psychiatry in Medicine* 39, no. 4 (2009): 377–92, https://doi.org/10.2190/ PM.39.4.c.

11. Andrew Newberg, 마이클 샌들러(Michael Sandler)가 인터뷰함, "How God Changes the Brain! Neuroscience of Prayer, Spirituality and Meditation!" Michael Sandler's Inspire Nation, 2020년 7월 28일, https://www.youtube.com/watch?v=qp_sqMIOMcs&ab_channel=Michael Sandler%27sInspireNation.

12. Hagerty, "Prayer May Reshape Your Brain…and Your Reality."

13. Newberg, 마이클 샌들러(Michael Sandler)가 인터뷰함.

14. Amy Wachholtz and Kenneth Pargament, "Is Spirituality a Critical Ingredient of Meditation? Comparing the Effects of Spiritual Meditation, Secular Meditation, and Relaxation on Spiritual, Psychological, Cardiac, and Pain Outcomes," *Journal of Behavioral Medicine* 28, no. 4 (2005년 8월): 369-384, https://doi.org/10.1007/s10865-005-9008-5.

15. Christine Larson, "Health Prayer: Should Religion and Faith Have Roles in Medicine?" *U.S. News & World Report*, 2008년 12월 22일, https://health.usnews.com/health-news/articles/2008/12/22/health-prayer-should-religion-and-faith-have-roles-in-medicine.

16. '샬롬'은 인터뷰 대상과 그의 사역을 보호하기 위해 사용한 가명이다.

3_____

1. Brother Lawrence, *The Practice of the Presence of God: The Best Rule of Holy Life* (Grand Rapids: Christian Classics Ethereal Library, 1994), https://ccel.org/ccel/l/lawrence/practice/cache/practice.pdf. 로렌스 형제의 이 책은 2천만 부 이상 팔렸다. (로렌스 형제, 《하나님의 임재 연습》, 두란노 역간)

2. Henri J. M. Nouwen, *The Practice of the Presence of God* 서문, John Delaney 번역 (New York: Image, 1977), 10.

3. "Loves, Hobby Lobby Recognized among Forbes Largest Private Companies List," *News 9*, 2010년 11월 9일, https://www.news9.com/story/5e35b38e83eff40362bee303/loves-hobby-lobby-recognized-among-forbes-largest-private-companies-list.

4. David Green, 라이언 스쿡이 인터뷰함, 2018년 2월 3일.

5. David Green, *Giving It All Away ... and Getting It All Back Again: The Way of Living Generously* (Grand Rapids, MI: Zondervan, 2017).

6. David Green, "The Importance of Family Legacy with David Green Pt. 1," 레이 힐버트(Ray Hilbert)가 인터뷰함, *Truth at Work*, 2018년 9월 25일, podcast, 7:22, https://truthatwork.org/theimportance-of-family-legacy-with-david-green-pt-/.

7. Green, *Giving It All Away*.

8. "God be in my head," *The Oxford Book of Prayer*, ed. Appleton, ©1985, 1992.

9. J. D. Watson, *A Word for the Day: Key Words from the New Testament* (Chattanooga, TN: AMG Publishers, 2006).

10. Dallas Willard, *The Great Omission: Reclaiming Jesus's Essential Teachings on Discipleship* (San Francisco: HarperCollins, 2006), 125. (달라스 윌라드, 《잊혀진 제자도》, 복있는 사람 역간).

11. 제호라는 인터뷰 대상과 그의 사역을 보호하기 위해 사용한 가명이다.

12. Zehra, 캐머런 두리틀이 인터뷰함, 2023년 1월 26일.

13. Dolores Smyth, "What Is the Origin and Purpose of Church Bells?" Christianity.com, 2019년 7월 16일, https://www.christianity.com/wiki/church/what-is-he-origin-and-purpose-of-church-bells.html.

14. Mark Zhou, 캐머런 두리틀이 인터뷰함, 2021년 11월 10일.

15. HELPS Word-studies, s.v. "Proseuchomai," 2023년 3월 16일 확인, https://biblehub.com/greek/4336.htm.

16. Brother Lawrence, *The Practice of the Presence of God*.

17. 토머스제퍼슨대학교의 신경과학자 앤드류 뉴버그와 커뮤니케이션 전문가 마트 로버트 왈드먼은 《왜 생각처럼 대화가 되지 않을까》(*Words Can Change Your Brain*, 알키 역간)라는 책에서 이렇게 말한다. "단어 하나는 육체적, 정서적 스트레스를 조절하는 유전자 발현에 영향을 미치는 힘이 있다."

4

1. Justin Whitmel Earley, 피터 그리어가 인터뷰함, 2023년 1월 6일.

2. Justin Whitmel Earley, *The Common Rule: Habits of Purpose for an Age of Distraction* (Grand Rapids, MI: InterVarsity Press, 2019), 37.

3. Earley 인터뷰.

4. Eusebius Pamphilus, *The Ecclesiastical History of Eusebius Pamphilus: Bishop of Cesarea, in Palestine*, Christian Frederick Crusé 번역 (New York: T. N. Stanford, 1856), 76. (유세비우스, 《유세비우스의 교회사》, 은성 역간).

5. Edward Bounds, *E. M. Bounds on Prayer* (Peabody: Hendrickson Publishers, 2006), 6.

6. Pope Emeritus Benedict XVI, "The Theology of Kneeling," *Adoremus*, 2022년 11월 15일, https://adoremus.org/2002/11/the-theology-of-kneeling/.

7. John Ortberg, 캐머런 두리틀이 인터뷰함, 2023년 3월 13일.

8. Don Millican, 피터 그리어가 인터뷰함, 2023년 1월 18일.

9. Kathryn Reid, "1994 Rwandan Genocide, Aftermath: Facts, FAQs, and How to Help," World Vision, 2019년 4월 1일, https://www.worldvision.org/refugees-news-stories/1994-rwandan-genocide-facts.

10. Christine Baingana, 피터 그리어가 인터뷰함, 2022년 5월 20일.

11. "Angaza Awards 2022 Top Finalist; Christine Baingana," *Kenyan Wall Street*, 2022년 1월 18일, https://kenyanwallstreet.com/angaza-awards-2022-top-finalist-christine-baingana/.

5

1. 나(라이언)의 형제이자 동업자가 이 기사를 위해 인터뷰를 했다. Rachel Siegel, "Congress Needs to Weigh In on Expanding Main Street Loan Program to More Businesses, Boston Fed Chief Says," *Washington Post*, 2020년 9월 8일, https://www.washingtonpost.com/business/2020/09/08/main-street-fed-loans.

2. C. S. Lewis, *Till We Have Faces* (San Francisco: HarperOne, 2017), 269. (C. S. 루이스, 《우리가 얼굴을 찾을 때까지》, 홍성사 역간).

3. Joni Eareckson Tada, *Seeking God: My Journey of Prayer and Praise Reflections* (Brentwood, TN: Wolgemuth & Hyatt, 1991).

4. Joni Eareckson Tada, "Heartfelt, Honest Prayers," *Joni and Friends*, 2022년 1월 2일, https://www.joniandfriends.org/heartfelt-honest-prayers/.

5. Joni Eareckson Tada, 피터 그리어가 인터뷰함, 2023년 2월 2일.

6. "Joni Eareckson Tada Shares Her Story," *Joni and Friends*, 2014년 1월 28일, video, 6:45, https://www.youtube.com/watch?v=VVXJ8GyLgt0.

7. Tom Fowler, "No. 1 Private Company: Texon," *Houston Chronicle*, 2011년 6월 6일, https://www.chron.com/business/article/No--rivate-company-Texon-1683065.php.

8. Terry Looper, *Sacred Pace: Four Steps to Hearing God and Aligning Yourself with His Will* (Nashville: Thomas Nelson, 2019). (테리 루퍼, 《하나님의 속도》, 규장 역간).

9. Terry Looper, 라이언 스쿡이 인터뷰함, 2022년 7월 25일.

10. 가네시는 인터뷰 대상을 보호하기 위해 사용한 가명이다.

11. Ganesh, 라이언 스쿡이 인터뷰함, 2022년 7월 26일.

12. Mike Cosper, "Bonus Episode: Paint the Beauty We Split: A Conversation with Chad Gardner," *The Rise and Fall of Mars Hill*, 2022년 5월 5일, podcast, https://www.christianitytoday.com/ct/podcasts/rise-and-fall-of-mars-hill/mars-hill-podcast-chad-gardner-kings-kaleidoscope.html.

13. Helen H. Lemmel, "Turn Your Eyes upon Jesus," 1922.

*6*_____

1. Tim Mackie, 캐머런 두리틀에게 보낸 이메일, 2023년 5월.

2. Tim Mackie, "Paradise Now," *24-7 Prayer USA*, 2022년 10월 12일, video, https://www.youtube.com/watch?v=HQlH-WfmZms&t=735s.

3. Tim Mackie, 캐머런 두리틀이 인터뷰함, 2020년 4월 21일.

4. 위와 같음.

5. Tim Mackie, "Paradise Now."

6. Japhet Yanmekaa, 캐머런 두리틀에게 보낸 이메일, 2023년 2월 17일.

7. Japhet Yanmekaa, 캐머런 두리틀이 인터뷰함, 2020년 12월 11일.

8. 이 모두가 기도는 아니지만 샤리 애보트(Shari Abbott)는 예수님이 시편을 인용했을 때의 목록을 만들었다. 다음에서 전체 목록을 확인할 수 있다. https://reasonsforhopejesus.com/old-testament-book-jesus-quote-often/.

9. Alexander McLean, "Justice Defenders *Lectio Divina*" (소개, 2023년 1월 26일 줌 모임).

10. Alexander McLean, 피터 그리어가 인터뷰함, 2021년 7월 2일.

11. John Piper, "How Do I Pray the Bible?" *Desiring God: Ask Pastor John*, 2017년 2월 6일, podcast, 0:45, https://www.desiringgod.org/interviews/how-to--pray-the-bible.

12. John Piper, "How to Pray for Half-an-Hour," *Desiring God*, 1982년 1월 5일, https://www.desiringgod.org/articles/how-to-pray-for-half-an-hour.

13. John Piper, "Should I Use the Bible When I Pray?" *Desiring God*, 2007년 9월 28일, https://www.desiringgod.org/interviews/should--use-the-bible-when--pray.

14. Piper, "Should I Use the Bible When I Pray?"

15. Piper, "How to Pray for Half-an-Hour."

16. John Piper, "Learning to Pray in the Spirit and the Word, Part 1," *Desiring God*, 2000년 12월 31일, https://www.desiringgod.org/messages/learning-to-pray-in-the-spirit-and-the-word-part-1.

17. 허락을 받고 다음 자료에서 인용했다. https://www.soulshepherding.org/lectio-divina-guides/.

18. Henri Nouwen, *Spiritual Direction: Wisdom for the Long Walk of Faith* (New York: Harper

Collins, 2006), xvii–xviii. (헨리 나우웬, 《영성수업》, 두란노 역간).

19. 빌 고티에(Bill Gaultiere)와 소울 셰퍼딩(Soul Shepherding)의 허락을 받았다.

7_____

1. Brother Andrew, *God's Smuggler*, ex. ed. (Minneapolis: Chosen, 2015), 60.

2. Timothy D. Wilson 등, "Just Think: The Challenges of the Disengaged Mind," *Science*, 2014년 7월 1일.

3. Terry Looper, 라이언 스쿡이 인터뷰함, 2022년 7월 25일.

4. Aila Tasse, 캐머런 두리틀이 인터뷰함, 2022년 8월 25일.

5. Aila Tasse, 캐머런 두리틀에게 보낸 왓츠앱 메시지, 2023년 2월 16일.

6. Tasse 인터뷰.

7. Priscilla Shirer, "Learn How to Recognize God's Voice," *Praise on TBN*, 2022년 3월 3일, https://www.youtube.com/watch?v=iyBQXFYQ3P0.

8. Philip Yancey, "Where the Light Fell," 데이브와 앤 윌슨(Dave and Ann Wilson)이 인터뷰함, *Family Life Today*, 2023년 2월 16일, podcast, https://www.truthnetwork.com/show/family-life-today-dave-ann-wilson-bob lepine/56629/.

9. John English, *Spiritual Intimacy and Community: An Ignatian View of the Small Faith Community* (Mahwah, NJ: Paulist Press: 1993).

10. George Müller, *Answers to Prayer*, 2023년 4월 5일 확인, http://storage.cloversites.com/mountainview/documents/Answers%20To%20Prayer%20by%20George%20Mueller.pdf,2–3.

8_____

1. Jamie Rasmussen, "Unveiled," Scottsdale Bible Church, 2022년 11월 20일, video, 1:05:37, https://scottsdalebible.com/message/?enmse=1&enmse_sid=121&enmse_mid=622.

2. Rob Ketterling, 라이언 스쿡이 인터뷰함, 2023년 2월 6일.

3. 진은 인터뷰 대상을 보호하기 위해 사용한 가명이다.

4. George Aschenbrenner, *Consciousness Examen*, 2022년 12월 8일 확인, https://www.ignatianspirituality.com/ignatian-prayer/the-examen/consciousness-examen/.

5. St. Ignatius, *The Spiritual Exercises of St. Ignatius* (New York: Random House, 2000), 20.

6. Rachel Adelman, "The Burning Bush: Why Must Moses Remove His Shoes?" *TheTorah.com*, 2021년 1월 7일, https://www.thetorah.com/article/the-burning-bush-why-must-moses-remove-his-shoes.

7. Ignatius, *The Spiritual Exercises of St. Ignatius*.

9_____

1. Patrick Johnson, 캐머런 두리틀이 인터뷰함, 2022년 1월 24일.

2. Patrick Johnson, 캐머런 두리틀에게 보낸 이메일, 2023년.

3. Japhet Yanmekaa, 캐머런 두리틀이 인터뷰함, 2020년 12월 11일.

4. 우리는 인터뷰 대상의 지속적인 사역을 위해 자기 이름과 장소를 밝히지 말아 달라는 요청을 따랐다.

5. 파벨은 인터뷰 대상과 그의 사역을 보호하기 위해 사용한 가명이다.

6. Stan Parks, 라이언 스룩이 인터뷰함, 2021년 9월 23일. 그는 모든 미전도 종족과 지역에서 교회 개척 운동이 일어나도록 노력하는 공동체인 24:14를 이끈다.

7. Pavel, 라이언 스룩이 인터뷰함, 2021년 11월 27일.

8. R. Joseph Owles, *The Didache: The Teaching of the Twelve Apostles* (CreateSpace, 2014), 14.

9. St. Basil, Kent Berghuis, "Christian Fasting, Appendix 1: Basil's Sermons About Fasting"에 인용, Bible.org, https://bible.org/seriespage/appendix-1-basil%E2%80%99s-sermons-about-fasting#P1625_606319, 2023년 4월 1일에 확인.

10. St. John Chrysostom, Sergei Bulgakov, "Fasting according to the Church Fathers"에 인용, *Orthodox Christianity Then and Now*, https://www.johnsanidopoulos.com/2013/03/fasting-according-to-church-fathers.html, 2023년 4월 1일.

11. St. Isaac the Syrian, Sergei Bulgakov, "Fasting according to the Church Fathers"에 인용, *Orthodox Christianity Then and Now*, https://www.johnsanidopoulos.com/2013/03/fasting-according-to-church-fathers.html, 2023년 4월 1일 확인.

12. Joan Brueggeman Rufe, *Early Christian Fasting: A Study of Creative Adaptation* (Ann Arbor: UMI, 1994), iii.

13. Kent Berghuis, *Christian Fasting: A Theological Approach*, 2007년, https://bible.org/book/export/html/6521.

14. Dallas Willard, "Real Lyfe-Dallas Willard-Hooked (Extra: fasting)" *Lyfe videos by Bible Society*, 2010년 10월 11일, 0:38, https://www.youtube.com/watch?v=oocf0eoAy5I&t=37s.

15. Dallas Willard, "Dallas' Personal Daily Practices?", 바비 슐러(Bobby Schuller)가 인터뷰함, *Tree of Life Community*, 2011년 8월 16일, https://www.youtube.com /watch?v=GqLmeubS65Q.

16. Dallas Willard, *Life without Lack* (Nashville: Nelson Books, 2018), 14.

17. Willard, *Life without Lack*.

18. Yanmekaa 인터뷰.

*10*_____

1. Hala Saad, 캐머런 두리틀이 인터뷰함, 2022년 1월 17일.

2. Richard Foster, *Devotional Classics*, rev. ed. (New York: HarperCollins, 2005), 85. (리처드 포스터, 《신앙 고전 52선》, 두란노 역간).

3. Brian Cavanaugh, *Sower's Seeds of Encouragement: Fifth Planting* (New York: Paulist Press,

1998), 32.

4. Tim Mackie, "Paradise Now," *24-Prayer USA*, 2022년 10월 12일, video, https://www. youtube.com/watch?v=HQlH-WfmZms&t=735s.

5. Dallas Willard, *Renovation of the Heart*, 20th anniv. ed. (Colorado Springs: NavPress, 2021), 84. (달라스 윌라드, 《마음의 혁신》, 복있는사람 역간).

6. Richard Beaumont, 캐머런 두리틀에게 개인적으로 보낸 이메일, 2022년 9월 6일.

7. Evelyn Underhill, *The Ways of the Spirit* (New York: Crossroad, 1994), 50–51.

11_____

1. Mark Batterson, 라이언 스쿡이 인터뷰함, 2022년 12월 20일.

2. Steve Shackelford, 라이언 스쿡이 인터뷰함, 2023년 1월 9일.

3. Steve Shackelford, Redeemer City to City, 2022년 3월 9일, https://facebook.com/ RedeemerCTC/videos/449542340289304.

4. "History Is Being Made, Right Now. Be a Part of It," YouVersion, 2017년 5월 8일, https:// blog.youversion.com/2017/05/history-made-right-now-part/.

5. Todd Peterson, 캐머런 두리틀이 인터뷰함, 2023년 3월 26일.

6. "Who We Are," *Life in Abundance International*, 2023년 3월 23일에 확인, https:// lifeinabundance.org/who-we-are/.

7. 이 인용문과 다음 인용문들은 특별한 언급이 없는 한 플로렌스 무인디의 말이다, *The Pursuit of His Calling: Following in Purpose* (Nashville: Integrity Publishers Inc., 2008).

8. Florence Muindi, 크리스 호스트(Chris Horst)와 질 헤이시(Jill Heisey)가 인터뷰함, 2020년 10월 19일.

9. Gil Odendaal, 피터 그리어가 인터뷰함, 2021년 10월 26일.

10. Edward Bounds, *E. M. Bounds on Prayer* (Peabody, MA: Hendrickson Publishers, 2006), 165.

12_____

1. David Wills, 캐머런 두리틀에게 개인적으로 보낸 이메일, 2023년 3월 13일.

2. David Sykora, 캐머런 두리틀이 인터뷰함, 2023년 1월 13일.

3. David Syokra, 캐머런 두리틀이 인터뷰함, 2023년 1월 13일.

4. Christine Caine, "Intercession with Christine Caine," 타일러 스테이튼(Tyler Staton)이 인터뷰함, *Praying Like Monks, Living Like Fools*, 2022년 10월 31일, https://www.youtube. com/watch?v=eldI4RHxhUY.

5. Andre Mann, 피터 그리어가 인터뷰함, 2021년 6월 15일.

13_____

1. John Onwuchekwa, *Prayer: How Praying Together Shapes the Church* (Wheaton, IL: Crossway,

2018), 41.

2. "Silent and Solo: How Americans Pray," *Barna Group*, 2017년 8월 17일, https://www.
   barna.com/research/silent-solo-americans-pray/.

3. 2022년 9월 30일 검색했을 때 처음 나온 이미지 50개를 토대로 함.

4. Peter Kubasek, 캐머런 두리틀이 인터뷰함, 2021년 1월 20일.

5. Judah Mooney, 피터 그리어가 인터뷰함, 2023년 3월 30일.

6. 사도행전의 그룹 기도들: 1:13–14; 2:42–46; 4:24–31; 8:14–15; 12:5–12; 13:1–3; 14:23;
   16:13–16; 20:36; 21:5–6; 27:29.

14＿＿＿＿＿＿

1. Leslie Tarr, "A Prayer Meeting That Lasted for 100 Years," *Christian History* 1, no. 1, 1982,
   https://www.christianitytoday.com/history/issues/issue-/prayer-meeting-that-lasted-100-
   years.html.

2. Jay Martin, 피터 그리어가 인터뷰함, 2021년 6월 16일.

3. Mary Elizabeth Ellett, 피터 그리어가 인터뷰함, 2021년 11월 12일.

4. Gary Haugen, "GPG 2015: Prayer Matters—An Introduction," *International Justice
   Mission*, 2015년 4월 18일, 5:07, https://www.youtube.com/watch?v=lBwdRuuz8Y.

5. Jim Martin, IJM(International Justice Mission) 부회장, 피터 그리어가 인터뷰함, 2021년 6월
   30일.

6. Haugen, "GPG 2015: Prayer Matters—An Introduction."